走向大国品牌

吴纲　尹杰◎主编

中华工商联合出版社

图书在版编目（CIP）数据

走向大国品牌 / 吴纲，尹杰主编. —北京：中华
工商联合出版社，2020.1
ISBN 978-7-5158-2701-8

Ⅰ. ①走… Ⅱ. ①吴… ②尹… Ⅲ. ①品牌 – 企业管
理 – 研究 Ⅳ. ① F273.2

中国版本图书馆CIP数据核字（2020）第 011506 号

走向大国品牌

作　　者：吴纲　尹杰
责任编辑：胡小英　马维佳
封面设计：王玉美
责任审读：李征
责任印制：迈致红
出版发行：中华工商联合出版社有限责任公司
印　　刷：北京飞帆印刷有限公司
版　　次：2020 年 6 月第 1 版
印　　次：2020 年 6 月第 1 次印刷
开　　本：710mm×1000mm　1/16
字　　数：318 千字
印　　张：24
书　　号：ISBN 978-7-5158-2701-8
定　　价：98.00 元

服务热线：010-58301130
销售热线：010-58302813
地址邮编：北京市西城区西环广场 A 座
　　　　　19-20 层，100044
http: //www. chgslcbs. cn
E-mail: cicap1202@sina.com（营销中心）
E-mail: gslzbs@sina.com（总编室）

编　委　会

主编

吴纲　尹杰

编委会成员

杨颖　许适灵　何晓亮

推 荐 序

PREFACE

创新 质量 市场：走向世界的大国品牌

品牌是综合国力的体现。习近平总书记高度重视品牌建设，他关于品牌建设的重要论述具有重要意义。加强品牌建设，有利于激发企业创新创造活力，促进生产要素合理配置，提高全要素生产率，提升产品品质，实现价值链升级；有利于引领消费，创造新需求，更好发挥需求对经济增长的拉动作用，满足人们更高层次的物质文化需要；有利于促进企业诚实守信，强化企业环境保护、资源节约、公益慈善等社会责任。在经济全球化的时代，一个国家或地区经济崛起的背后，往往是一批品牌的强势崛起。十八大以来，党和国家全面推进实施品牌强国战略，不断推动中国品牌向全球价值产业链中高端迈进。本书集中展示的我国各行业的18个代表性品牌，展现了中国品牌的发展成就，记录了中国品牌的发展轨迹，也是新中国成立70周年特别是党的十八大以来，政治、经济、社会、文化快速发展的重要见证。

品牌是企业的核心竞争力和重要资产，是企业产品、营销、管理、人才等综合实力的体现，是文化、是使命，更是传承。在互联网信息化的时代、产品同质化程度越来越高的今天，品牌越来越成为消费者做出选择的主要因

素。品牌是企业的无形资产，是消费者对于企业及其产品、售后服务、文化价值的信任。品牌是企业做大做强，不断从低附加值转向高附加值升级的砝码，也是企业向产品开发优势、质量优势、文化创新优势高层次转变的着力点，更是企业走向世界的通行证。

品牌的中国需要"中国创造"，没有创造就无法实现差异化，更无法实现企业向高附加值生产模式的迈进。品牌想要保持旺盛的生命力，需要始终坚持不断创新。技术创新是品牌间实力抗衡的重要维度，产品创新、服务创新、管理创新、营销创新、理念创新等成为塑造品牌和打造品牌缺一不可的要素。

品牌的中国一定是高质量发展的大国，高质量发展将让中国产品从替代走向优化。随着社会主义市场经济体制的建立，国外品牌加入国内市场竞争，中国产品的质量不断提升，中国品牌正逐步实现从"跟随"到"引领"的转变，中国制造、中国创造、中国建造共同发力，越来越多的中国品牌走出国门，走向世界，推动中国经济进入大国品牌时代，已经具备与国际大牌较量的资本。

我们也要看到，中国品牌的建设依然有很长的路要走。2019年全世界最有影响力、最有价值的100个品牌中，中国上榜企业屈指可数，与中国第二大经济体的地位并不相称，建设大国品牌之路任重而道远。发挥品牌引领作用，推动供给结构和需求结构升级，是深入贯彻落实创新、协调、绿色、开放、共享发展理念的必然要求，是今后一段时期加快经济发展方式由外延扩张型向内涵集约型转变、由规模速度型向质量效率型转变的重要举措。让我们一起努力，共同促进中国品牌向世界舞台迈进，为新时代大国品牌建设做出新的贡献！

是为序。

新华书店总店总经理　茅院生

序言

早在2010年，中国的名义GDP已达到58786亿美元，超过日本4044亿美元，由此成为世界第二大经济体，同时也终结了日本自1968年以来保持了40多年仅次于美国的经济地位。

新中国成立以来，中国经济社会发展取得了巨大成就，产品和服务质量明显改善。但作为全球规模最大的制造业国家，中国在全球市场上的分工是"体力劳动者"，而西方世界则扮演"脑力劳动者"的角色，通过品牌溢价获得高额利润，这直接导致中国企业只能赚取产业链中附加值最低的那一部分，阻碍了产业升级。

上海交通大学品牌研究所所长余明阳曾在一篇文章中指出："中国有15000个老字号品牌，有1500个还活着，150个活的还算不错，但只有10个能够称得上活得很好。"这段话道出了中国品牌在过去相当一段时间的发展状况。

两个例子可以佐证。

30年前，夏利车曾是销量冠军，30年后，却因无人问津连续多月零销量而在2017年停产。究其原因，是产品质量、品牌建设、创新和营销意识没跟上时代的发展，在当今高速发展的行业市场，失去了竞争力。

国产的"回力"鞋在上世纪七八十年代曾是国产运动鞋的代表品牌，一度风靡全国，然而在九十年代的市场经济冲击下却日渐没落。2010年，"回力"重返商圈，以品牌的英文名"Warrior"为视觉导入。然而，其后劲不足，使得"回力"的售价偏低，一双鞋仅售一两百元。

2017年，我国商标注册申请量为738.9万件，同比大幅增长33.9%。全球知名品牌咨询公司Interbrand发布的2018年度"全球最具价值100大品牌"排行榜中，进入百强的中国品牌却只有华为。虽然中国已经成为商标大国，但享誉世界的国产品牌却屈指可数，依然处于品牌弱国阶段。

归根结底，新世纪的国家竞争是以经济实力为基础的综合国力的较量，品牌竞争力是国家综合竞争力的重要体现。中国品牌能否崛起，影响的不仅是中国企业的市场收益和自身地位，更关乎中国国家形象的塑造，决定着未来中国发展的战略空间。

为了推动中国企业更加注重品质制造，打造中国品牌的竞争力，近几年，国家助力品牌建设的政策接二连三，一场关于中国品牌的战略性布局已经悄然展开——

2014年5月，习近平总书记在河南考察时强调，要"推动中国制造向中国创造转变、中国速度向中国质量转变、中国产品向中国品牌转变"。

2016年6月，国务院办公厅印发《关于发挥品牌引领作用推动供需结构升级的意见》，进一步明晰了中国品牌战略的时间表、路线图。

2017年5月10日，国务院批准将每年的5月10日设立为"中国品牌日"，提出讲好中国品牌故事，提高自主品牌影响力和认知度，鼓励企业加强品牌培育，提供优质供给，提高中国制造"含金量"。

2018年，《政府工作报告》明确提出，"全面开展质量提升行动，推进与国际先进水平对标达标，弘扬工匠精神"，"来一场中国制造的品质革命"。

国家品牌战略的实施，标志着发挥品牌的引领示范作用已被提升到国家战略高度，塑造中国自主品牌良好形象、树立品牌经济发展理念、坚定自主品牌发展信心、促进品牌强国建设已成为全社会的共识和行动。

大国崛起呼唤大国品牌。中国要融入全球经济快车道，实现弯道超车，需要进一步发挥自主品牌作用，呼唤和培育社会品牌意识，让"品牌"更受尊重，让自主品牌深入民心。

今天，中国品牌崛起迎来更多新的机遇，品牌强国的目标也越来越近。我们相信，以国家之力、企业家精神、消费者体验为根本，不远的将来，中国必将诞生出更多优秀的品牌，推动这个伟大的国家，赢得世界的尊重。

——《大国品牌养成记》总出品人、总策划　吴纲

目录

C O N T E N T S

TCL：

以平凡成就不凡

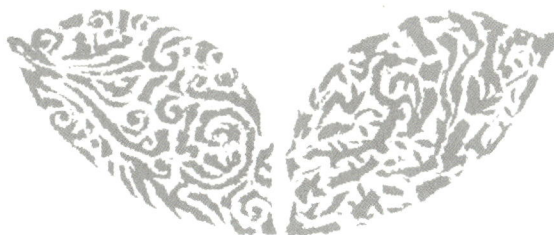

从一个生产录音磁带的小公司到业务涵盖电话、电视、手机、冰箱、洗衣机、空调、小家电、液晶面板等领域，业务遍及全球160多个国家和地区，致力于成为全球领先的智能科技公司，书写着大国品牌的传奇。

一【事件】一

2019年10月30日，TCL科技公布前三季度业绩，公司实现营业收入411.6亿元，同比增长19.2%；净利润为33.9亿元，同比增长38.5%，其中归属于上市公司股东的净利润为25.8亿元，同比增长19.3%。

就在2019年，TCL 完成重组，拆分为TCL集团股份有限公司（已更名为"TCL科技集团股份有限公司"，简称"TCL科技"）和TCL实业控股股份有限公司（简称"TCL实业"）。未来，TCL科技将转型成为科技产业集团，聚焦半导体显示产业，并向上下游产业拓展；TCL实业将聚焦智能终端产品与服务业务，发展成为全球领先的智能科技集团。作为TCL科技重组后的核心资产，TCL华星通过高效的产线投资布局、产业链协同优势和领先的管理水平，在主要面板厂商亏损不断放大的情况下，持续保持运营效率和效益的全球领先，并表现出显著优于同行业的周期抵御能力。

随后，TCL科技推出极致效率成本，同时变革创新开拓的经营理念，优化组织，重构业务流程，再次凭借亮眼的财报数据为投资者注入了"强心剂"。

同时，TCL科技也在积极布局新型显示技术、材料及核心工艺开发与生态建设。TCL旗下的广东聚华作为业内唯一的"国家印刷及柔性显示创新中心"，已推出31寸4K RGB全量子点印刷QLED样机制备，有望在下一代新型显示技术中实现弯道超车。华睿光电研发具有自主IP的新型OLED关键材料，基于蒸镀工艺的红、绿光材料与溶液加工型红光材料的性能处于行业领先地位，在量子点电致发光领域的公开专利数量位居全球前二。

就技术趋势和特点而言，大、中尺寸的OLED和QLED必然成为市场的下一个引爆点。作为主动显示的新兴显示技术，其光电性能主要依赖发光材料、与其适配的功能层材料及器件结构，因此OLED和QLED的重要核心竞争力就是材料技术。

TCL科技积极推动新型显示技术、材料及核心工艺开发与生态建设的诸多举措，将有助于其全面领跑下一代显示技术的发展。

《大国品牌养成记》节目图片

—【TCL的发展历程】—

前身为中国首批13家合资企业之一的TCL，经历了三十几年的发展，已成为全球领先的智能科技公司，TCL科技在深交所上市（SZ.000100），旗下拥有半导体显示的龙头企业华星光电，以及华显光电（00334.HK）、翰林汇（835281）两家上市公司；TCL实业旗下有TCL电子（01070.HK）、通力电子（01249.HK）等上市公司和TCL空调、TCL白电等大型企业。从一个生产录音磁带的小公司到业务涵盖电话、电视、手机、冰箱、洗衣机、空调、小家电、液晶面板等领域，业务遍及全球160多个国家和地区，致力于成为全球领先的智能科技公司，TCL不断书写着一个大国品牌的传奇。

1981年，在惠阳地区机械局电子科的基础上，组建惠阳地区电子工业公司，开始TCL科技的早期创业。其前身为中国首批13家合资企业之一——TTK家庭电器（惠州）有限公司，从事录音磁带的生产制造。

1985年，兴办内地与香港合资的TCL通讯设备有限公司。

1986年，TCL商标在国家工商行政管理局注册；同时开发出我国最早的免提式按键电话，通过生产鉴定，创立"TCL"品牌。

1989年，TCL电话机产销量跃居全国同行业第一名，并一直名列前茅。

1991年，TCL在上海成立第一家销售分公司，随后又在哈尔滨、西安、武汉、成都等地建立销售分支机构，成为今天TCL全国性销售网络的雏形。

1992年，TCL研制生产王牌大屏幕彩电，投放市场后一炮走红。同时，着手导入CI系统，成为国内较早实施CIS的国有企业之一。

1993年，TCL将品牌拓展到电工领域，并成立TCL国际电工（惠州）有限公司，成立TCL电子（香港）有限公司。TCL通讯设备股份有限公司股票在深交所上市，是国内通讯终端产品企业中第一家上市公司。

1994年，TCL率先推出国内第一部无绳电话。

1995年，TCL科技公司改组，下设"通讯""电子""云天"三大集团。TCL电话获国务院发展研究中心市场经济研究所授予的"中国电话大王"称号。

1996年，TCL科技兼并香港陆氏公司彩电项目，开创国企兼并港资企业并使用国有品牌之先河。

1997年，TCL科技公司调整企业结构，撤销三个专业集团，重组为TCL科技有限公司。

1998年，中国进出口银行与TCL签定"20亿元人民币出口卖方信贷一揽子授信协议"，为TCL开拓海外市场提供了有力的资金支持。

1999年，TCL国际控股有限公司股票在香港成功上市。TCL斥资控股翰林汇软件产业公司，大举进军信息产业。

2001年，TCL移动通讯全年销售手机130万台，销售收入突破30亿元，成长为集团又一重要经济增长点。

2002年，TCL手机在中国市场排名第三，位列国产手机首位。

2003年，TCL科技以319亿元人民币销售收入排名中国电子信息百强企业第四位。

2004年，TCL科技在深圳证券交易所正式挂牌上市。

2005年，TCL彩电销量雄居全球首位。

2007年，TCL彩电核心技术获美国国家电视学院艾美奖，这是中国公司历史上首次获得该奖项。

《大国品牌养成记》节目图片

2008年，TCL科技公布2007年盈利性年报并摘掉"*ST"帽子。5月19日，"TCL科技"（000100）重返深证100指数。中国彩电业年度行业总评揭晓，TCL一举夺得"中国数字电视年度国际成功大奖""年度液晶电视大奖""年度绿色健康产品大奖"以及"消费者最喜爱的彩电品牌"四项大奖。

2009年，TCL王牌电器（惠州）有限公司、惠州TCL移动通信有限公司等7家公司被认定为首批"国家级高新技术企业"。

2010年，由深圳市政府和TCL科技共同投资245亿元的华星光电8.5代液晶面板项目隆重开工。

2011年，"TCL助力中国男篮主赞助商签约仪式暨TCL 30周年珍藏版新品发布"活动在北京隆重举行。

2012年，TCL科技发布公告，2012年度LCD电视销量1578.10万台，跻身全球彩电三强，这也是中国彩电企业首次冲入全球液晶彩电第一阵营。第45届国际消费电子展（CES）上，TCL荣获技术创新单项大奖"年度智能云计算电视奖"，同时蝉联全球消费电子TOP50和全球电视品牌第六名。由华星光电研制成功的110寸四倍全高清3D液晶显示屏"中华之星"在京正式发布。

2013年，好莱坞星光大道地标性建筑"好莱坞中国大剧院"，正式更名为"TCL好莱坞中国大剧院"。这是该剧院建成85年来，首次与企业进行冠名合作。TCL家电（合肥）产业园项目在合肥市肥西县桃花工业园举行奠基仪式，TCL计划总投资70亿元，年产800万台冰箱、洗衣机的中高端冰洗生产线项目正式启动。

2014年，TCL科技发布互联网转型时代下全新的转型战略——"智能+互联网"与"产品+服务"的"双+"战略，以互联网思维全面构建TCL科技的战略转型和新商业模式，重新定义TCL科技以用户为中心的新价值观和愿景。TCL宣布投资5亿元启动O2O平台项目建设，同时宣布成立TCL文化传媒公司，发力文化和内容营销领域。第五届"亚洲最佳雇主品牌奖"在新加坡揭晓，TCL连续三年获此奖项。

2015年，TCL提出国际化再出发阶段的"双轮驱动发展"战略，并发布了TCL企业的新定位：全球化的智能产品制造及互联网应用服务企业集团。TCL科技董事长兼CEO李东生获评2015互联网时代最具影响力企业家20强。在"第五届娱乐营销论坛暨5S金奖"颁奖典礼上，TCL独揽三项2015年度娱乐IP营销大奖，成为当晚最大赢家。

2016年2月，TCL携手紫光集团在北京举行产业并购基金启动发布会。发布会上，双方共同宣布，将充分利用双方在各自行业强大的影响力、产业上下游丰富的投资经验及横跨境内外的资本市场平台优势，协同打造百亿规模的产业投资平台，兼具产业协同效应和资本效应，促进中国半导体和消费电子产业的转型与升级。TCL科技通过全资子公司与美国无线移动宽屏顶尖品牌Novatel Wireless（NASDAQ：MIFI）签署协议，收购Novatel Wireless旗下MIFI（智能移动热点设备及移动宽带）业务，对价为5000万美金。9月，TCL2016秋季新品发布会在广州亚运城体育馆隆重举行。发布会上，TCL宣布推出高端副品牌"XESS创逸"及旗下X1、X2电视产品及S1移动大屏产品，并宣布郎平成为XESS创逸电视机产品的形象代言人。12月，BlackBerry公司与TCL通讯宣布达成长期的授权许可协议，正式完成授权。至此，黑莓将停止对BlackBerry手机的设计、生产制造，而TCL将经营黑莓手机。

2017年3月，TCL推出了旗下互联网品牌雷鸟电视，共推出了I55、I55C、I49、I324款电视新品。8月，TCL在北京发布了P6超清薄电视。11月，感恩节期间，TCL在全球六个国家18个地标建筑进行全球创意投影秀。12月，TCL科技公告称，TCL通讯49%股权的转让事项已交割完成。此外，TCL科技董事长李东生将兼任TCL通讯CEO。

2018年3月，TCL春季新品发布X5原色量子点电视、C6新剧院电视、P5超薄新曲面三款全新电视。TCL全球品牌代言人马天宇来到春季新品发布会现场，成为TCL新品X5的全球首位用户。TCL携X5、C6、P5三款新品亮相上海AWE家博会，展示其在内容、服务、人工智能等领域的成果。TCL X5原色量子点电视、TCL C6新剧院电视、TCL P5超薄新曲面亮相2018中国家电及消费电子博览会。4月，巴西圣保罗，TCL全球品牌大使签约暨新品发布会上，TCL为内马尔授予了象征"全球品牌大使"身份与责任的印章。李东生入选《财富》杂志"2018年中国最具影响力的50位商界领袖"。5月，在李克强总理出席的第六届中日韩工商峰会上，李东生应邀发表主题演讲。6月，全球最高世代模组产线项目——华星光电高世代模组项目在惠州投产。7月，《财富》中国500强排行榜发布，TCL位列第71位。TCL位列"2018年中国电子信息百强企业"第五位。9月，TCL欧洲研发中心在波兰华沙揭牌，中心致力于深度学习的人工智能相关领域研究。

2019年1月，TCL科技发布公告，宣布小米集团战略入股TCL科技。3月，TCL在上海举行2019春季发布会。TCL智能终端业务群以"Making Life Intelligent"为主题，推出TCL全场景AI，以及AI×IoT生态为核心的"4T"战略（T-HOME、T-LIFE、T-LODGE、T-PARK）场景化产品矩阵，覆盖彩电、空调、冰箱、洗衣机、安防、健康、数码等多个品类。4月，TCL实业控股股份有限公司在广东惠州正式揭牌，TCL向全球领先的智慧科技集团转型已经全面启动。7月，2019 TCL全球新品发布会举办，巴西传奇后卫卡福出席发布会，发布会上，TCL首次在南美市场以电视、空调和手机组成的智能科技产品矩阵进行多品类发布，进一步推动全场景AI和全品类产品在南美落地。

—【TCL的转折点】—

率先进入电话机领域，让TCL抓住了第一个发展机遇

改革开放四十年让中国发生了巨大的变革，也让中国创造了众多过去不曾有过的"奇迹"。从卡式磁带转型到电话机业务，让TCL率先抓住了发展的机遇，而这一次转型与TCL的掌舵人李东生密不可分。

改革开放的政策红利让一些有远见的企业获得丰硕的成果，也让一些生逢这个伟大时代的远见者由此成就了不平凡的事业，TCL科技和集团的掌舵人李东生便是其中的典型代表。

李东生1957年生于广东惠阳，在大家都背"红宝书"，无心课业的时代，李东生显示出了他的与众不同，他坚持学习，读了大量的文史哲学类书籍。

班主任高君昭很喜欢这个爱学习的门生，经常鼓励李东生不要放弃学业。1977年，高君昭告诉李东生一个好消息：高考恢复，你的机会来了。"学文科风险太大，不如改学理工科，理工科可以干实业，实业是国家建设的基础。"想报考文科的李东生听从了老师的劝告，转而报考了理工科。也就是这小小的一转念，成就了一个未来改变中国消费类电子产品格局的人物。

1978年，作为恢复高考后的第一批大学生，李东生进入华南理工大学的无线电技术专业学习。1982年，作为华南理工大学最好的学生代表，毕业之际，他被分配到了家乡惠阳，是当年该地区仅有的4位理工科分配生之一。原本被分配到机关工作的李东生却想走一条不同的道路，于是他放弃了机关的铁饭碗，加入了中国最早的合资企业之一——TTK家庭电器有限公司，成为了公司的第43个员工。面对一些人"放弃铁饭碗是学傻了"的质疑，李东生的理由是"不想把辛苦学到的一身技术荒废了"。

TTK虽然只是生产卡式磁带的小企业，但作为合资企业，TTK的管理模式很先进，也更看重员工的能力和效率，这样的环境无疑更适合李东生。勤奋好学又有想法的李东生很快就引起了管理层的注意，不到2年的时间，他

便被提拔为车间主任。

由于在TTK参加北京展销会的时候,李东生"自作主张"买来彩带、彩灯,将TTK展位布置得流光溢彩,在一众"死气沉沉"的展位中脱颖而出,不仅受到了时任国务院副总理陈慕华的光顾,还引来一大批经销商围观,使名不见经传的TTK的销售额翻了一番。TTK的领导见识到了李东生的能力,对他委以重任,派遣他到香港采购原材料。

香港之行让李东生大开眼界,回来后李东生不再满足目前的业务,开始四处找寻商机。他发现录音电话在香港的普及率特别高,而在内地,拥有一部自己的电话还是一件比较奢侈的事情。中国当时的电话普及率仅为0.38%,不及世界平均水平的十分之一,他认为其中大有商机,于是他向领导建议拓展电话机业务。

TTK领导联系了惠阳领导和港商代表,几经磋商,决定合资成立一个电话机厂,取名TCL(Telephone Communication Limited),也成为中国第一个也是唯一一个只用英文名字注册的公司名称和品牌名称。1985年,年仅28岁的李东生坐到了TCL总经理的位置。不到1年的时间,他便带领初创团队开发出了中国最早的免提电话。此后,随着TCL大刀阔斧地在全国构建销售网络,1989年,TCL成为全国电话机行业的霸主。

以大屏幕称霸中国彩电行业,通过跨国并购开启全球化征程

1993年,经过几年历练的李东生重回TCL担任总经理,回归伊始,他便带领TCL冲入了彩电行业。在14寸、18寸电视充斥市场的当时,TCL将目标直接锁定到了"大彩电","王牌大彩电"一经推出,就凭借其大屏幕的特点吸引了消费者的关注,销售量持续走高。

事实上,大屏幕一直是电视领域的一个制胜法宝。曾经在一代人心中留有深刻印记的"日本制造"代表品牌东芝、日立等,曾经就是凭借"平面直角21遥",在大量14寸、18寸、20寸电视机中抢占了极大的市场份额,其中的"21遥"就是指21寸的遥控电视,而它也成为了当时高端生活的一大标

志。乃至今日，仍然有很多电视品牌通过在大屏幕技术上的优势，获得了市场竞争的先机。

早在90年代初期就意识到了竞争先机的TCL，凭借着率先推出的大屏幕电视，获得了极大的成功。然而面对成绩，李东生没有沾沾自喜，因为国际化才是他最终的目标。为此，他制订了三大战略：其一为导入CIS系统，将品牌视为核心要务；其二为加大研发力度，持续投入重金；其三是多接触海外企业，寻找拓展目标。

1996年底，李东生出任TCL董事长兼总裁，此后，TCL开始了国内与国际化的征途：先后投资成立了美国公司、创立技术研发中心、收购北京开思软件、兼并香港陆氏彩电……TCL还将产品带到了新加坡、美国、俄罗斯，短短3年时间，TCL就成为了中国彩电出口的领跑人。

到了2001年，TCL彩电已跃升为中国彩电的第一品牌。而也是在这一年，中国加入WTO，外国企业的纷纷涌入让中国市场一时间风云际会。一直念着国际化的李东生考虑到欧美先进国家的技术壁垒和贸易壁垒，希望通过跨国并购来实现"弯道超车"。

为此，TCL在2002年以820万欧元的高投入并购了德国施耐德光学仪器有限公司。借助这一次并购，TCL一跃成为了第一个打入德国市场的中国制造公司。这次并购也让李东生获得了"年度经济人物"的称号。

获得了首次胜利的TCL看到了海外并购的良好效果，决定加大筹码，在2004年又一连并购了法国汤姆逊集团的电视、DVD业务，以及阿尔卡特的手机业务。彼时的汤姆逊集团是法国最大的集团之一，也是全球第四大消费类电子生产商，占据了全球彩电霸主地位多年。汤姆逊集团旗下拥有汤姆逊和RCA两个著名大品牌，尤其是RCA品牌，其创立者是大名鼎鼎的爱迪生。而阿尔卡特也是全球通讯行业的老巨头，手机业务遍布全球。

TCL因为这两项大动作的并购，引发了国际财经界的震动，对汤姆逊的并购是中国企业走出去的第一个重大案例，标志着TCL成了第一家真正国际化的中国企业。李东生也因此被《时代》杂志评为全球最有影响力的25位商界人物之一。

手机业务的并购，为TCL开拓了又一个经济强点

在完成汤姆逊和阿尔卡特这两项并购的大动作之后，TCL遇到了新的发展问题。2004年底开始，显像管电视逐渐被平板电视替代。汤姆逊在CRT（阴极射线管）技术上的优势失去意义，加之其本身机构庞大，花销巨大的拖累，汤姆逊逐渐落后于时代，也成为了TCL的沉重包袱，TCL被拖慢了发展的脚步，错失了电视领域发展的第二个发展机遇。

东边日出西边雨，汤姆逊的并购虽然结果不尽人意，但对阿尔卡特手机业务的收购却让TCL开拓了一个新的经济强点。TCL与阿尔卡特成立合资公司"T&A"后，又收购了对方的全部股权，永久性地独占了"阿尔卡特"这一手机品牌。

由于受到"汤姆逊并购案"的拖累，外界对TCL并购阿尔卡特一度唱衰。彼时TCL正处于内外交困的境地，内忧是因为"汤姆逊并购案"，一直发展顺利的TCL第一次遭遇重大挫折，第一次出现亏损，全年亏损3.2亿。TCL的股价受业绩影响一泻千里，甚至一度带上了"ST"的帽子。外困是当时的国内手机市场增长放缓，国际手机纷纷大幅降价，水货、贴牌手机横行一时。各种综合因素的作用之下，初生的T&A同样遭遇亏损。

而TCL并购阿尔卡特的意义不仅在于品牌，更重要的是获得了专利。专利已经成为手机巨头们的一种竞争利器，对于手机行业的意义毋庸置疑。根据高德纳公司的数据，以售价400美元的智能手机为例，其中零部件的成本总额仅为120~150美元，而专利授权费用则超过这个数额。因此，手机利润的高低，取决于自主掌握了多少专利技术，苹果之所以能够取得高利润也正得益于此。

在中国手机市场，依靠价格战所带来的快速增长态势正在消失，手机企业必须通过持续加大研发投入，推出更多科技性的产品来争夺市场，没有专

利的品牌只能受制于人，稍有不慎，便是满盘皆输。曾经和TCL同时期取得手机牌照的那些厂商，不乏曾经风光无限的品牌，然而十几年后的今日，绝大部分品牌已经先后退出历史舞台。

而TCL凭借着专利优势，成为真正把手机卖到美国的中国品牌。在2014年，TCL通讯的市场份额在美国位列第4名，TCL卖出了7340万部手机，近90％的购买者在海外。2015年，TCL手机的出货量上升至7940万台，其中26％售往欧洲，18％供给北美，中国销量只占7％。在世界级的手机大战中，TCL的总出货量位列全球第五。

一【TCL的与众不同】一

走自主研发之路，TCL获得了品牌和技术的双提升

自主创新是TCL能够在短时间内迅速崛起，成长为中国消费类电子领域引领者的关键因素。而TCL的自主创新可以追溯到其1999年进行国际化探索的时期。当时的TCL面对完全陌生的市场，选择了"无退路式"的推广方式，极大地提升了自身的创新能力。

早在2000年之前，当时正值数字手机刚刚进入中国市场，包括TCL在内的众多国产手机品牌借着东风发展得如火如荼。但彼时的首批国产手机其实并不具备自主研发的能力，更多的是贴牌生产，这也导致了很多国产手机被称为"山寨机"。

比如，当时的三星科健就是三星CDMA手机的代工厂，每年三星都会和科健进行多款机型的贴牌生产合作。还有号称"手机中的战斗机"的波导手机，也是和法国SAGEM签订了类似的贴牌合作协议，SAGEM借此合作才得以迅速进入中国市场，而波导借助贴牌机则在短时间内迅速崛起。

在当时绝大多数国产手机都采取贴牌生产的大环境下，TCL手机毅然选

择了自主研发的道路，成为首个投入力量搞研发的国产手机厂商，这个决策也为TCL日后的崛起奠定了基础。

2000年，TCL推出了国产手机中第一款高端手机999D钻石手机，结束了国产手机没有高端产品的历史。999D钻石手机的出现改变了手机的使用格局，它不再只是一款沟通工具，还成为了很多时尚女性的装饰品。TCL还聘请了当时风头正健的韩国第一美女金喜善担任形象代言人，提升了自身的品牌形象。从999D钻石手机开始，TCL手机的品牌影响力获得了极大的提升。随后TCL又再接再厉推出了3188、3388等经典平价机型，以较高的性价比再次赢得了市场的高度关注，TCL一时间成为了消费者选购国产手机的首选品牌。

2009年，重新恢复元气的TCL意识到只有科技创新才能在电子产品领域屹立不倒，于是毅然决然地创立了华星光电，剑指面板业务。尽管一开始这一举措并不被外界看好，但事实证明了TCL决策的正确性。

与白电不同，黑电的芯片、面板、感光元件等任何一个板块，不同价格的产品都存在质的差别。就拿电视机来说，在20世纪90年代，汤姆逊风靡一时。进入21世纪，日本的索尼、松下、日立和夏普称霸全球。但是它们要么固守CRT显示器错过了液晶屏的发展机会，要么错误地选择了等离子的方向，因为对行业发展趋势的误判和发展机遇的错失，这些曾经的霸主纷纷败下阵来。而它们退出一线品牌这一事件让十几年前就看准面板发展的韩国品牌有了可乘之机，三星、LG等品牌趁势崛起。

技术上要求高，更新换代又快，故此黑电的产业链较长，并且差距悬殊。在黑电产业链的各大环节上，中国都谈不上优势，甚至落后不少。其实早在1996年，TCL就意识到面板是产业链突破的关键点。但是当时的TCL承担不了动辄几百亿的投资金额，只能放弃。而这个夙愿终于在2009年实现了。

2011年华星光电投产后，很快成了TCL的"奶牛"。2014年TCL的财务报表显示，TCL科技当年利润42亿元，其中华星贡献了24亿元，比例超过一半。华星产能达到160万片，在中国六大彩电厂商面板采购份额中占到

21.4%，超过台湾群创和LG位列第一，很多同行都要来华星光电买面板。

华星光电的成功不但为TCL创造了大量的利润，也吸引了更多的同业者参与投资，试图分一杯羹。华星光电的三期项目累计投资达到660亿元，TCL持有华星光电85%的股份，三星是第二大股东，持股9.2%。某种程度上来说，TCL在面板领域不再陷于战场中的厮杀，而成为了置身战外，闲看落花的掌局者之一。

2013年，TCL打造了国内单一厂房产能最大的手机制造基地——TCL通讯全球制造中心。基地投产使用过程中，TCL的自主研发能力再一次得到了充分发挥。比如，其投入大量经费和人力，自主研发推出MMI全自动测试设备（Man-machine Interface testing machine），还有自动PT测试设备、自动FT测试设备、PCBA自动扫描喷码机、实时打印贴标机等自动化设备。这些研发成果的应用替代了传统的人工检测，有效提升了检测过程的稳定性，也让TCL具备了世界一流的生产效率和产品质量。

华星光电剪影

TCL对研发的执着和热衷也带来了良好的效果。2014年，TCL在全球范围内率先推出了具革命性的量子点电视，比行业霸主三星还早了半年。2017年，TCL多媒体（现已更名为"TCL电子"）全年销售实现了五年来最强劲增长，并超额完成2200万台的全年销售目标，累计LCD电视销售量超过2323万台，同比增长16.4%，稳居全球彩电销量行业第三。

如今的TCL，已经在全球建立起了28个研发机构，22个制造基地，10家联合实验室，12000余名研发人员。截至2019年，TCL已累计申请PCT专利11,261件，覆盖美国、韩国等国家和欧洲地区，在量子点领域的公开专利全球第二。

TCL逐步形成了以华星、聚华、华睿、TCL工研院光电研究所和美国KATEEVA（参股）为主的产业链布局，全面覆盖了半导体显示产业制造、印刷显示技术研发公共平台、AM-OLED显示材料、量子点材料和工艺、印刷显示设备厂商等业务领域。技术创新让TCL实现了中国制造的突破发展，推动TCL在国际舞台的蓬勃绽放。

从未停止创新让TCL站稳前二

创新是推动行业进步，引领时代发展的内在动力，而TCL的成功，很大程度上是因为植根于其基因中的创新。

TCL的创新基因在产品上得到了淋漓尽致的体现。

几十年的发展过程中，TCL从未停止创新的脚步。从最初的磁带、电话机产品开始，TCL就不断进行着产品创新，比如推出国内第一款无需电源的"扬声免提按键式电话"HA868，曾经创下中国电话机销售历史上单品型号销量最大的销售奇迹。

而在海外核心业务电视领域，创新基因的作用更是显著。TCL一直以来都是通过产品创新来开拓市场，提升销量的。从电话机领域进入彩电行业之后，TCL再一次发挥创新能力。当时的电视生产企业大多聚焦于小尺寸电视，市场竞争极为激烈。初来乍到的TCL大胆地主攻大屏幕，在短时间内，凭借28寸大屏幕彩电实现了产品的突围，在竞争白热化的市场中一跃而出，成为国内电视品牌的三强之一。

进入液晶电视领域后，TCL致力于液晶线性动态背光技术的研究，并由此开发出了区域动态背光控制技术，在改善图像质量的同时有效降低了耗电量，由此获得了国家科技领域的最高奖项——国家科技进步一等奖。

对于早已成熟的电视机产业来说，追求突破是技术类企业倾力打造的核心竞争力，而每一次的成功背后，凝结着无数技术人员千万次尝试所付出的努力。比如TCL推出的超薄P6电视，厚度仅为7.9mm，比很多手机还要薄。P6的内部设计十分精巧，同时装配工艺上也具备较强的先进性。在产品设计之初，为了实现超薄机身的构想，在内部装配结构上，工程师费尽心力，无论是背板还是滑槽壳体，无论是支撑框、显示屏和显示模组，都进行了创新，TCL在这些方面均获取了国家专利，并最终获得了成功。

TCL通过创新，重点发力单一产品，在凭借单点突破实现全盘领先，从行业的进入者破局成为领导者，其背后的支撑正是几十年来不断积累的创新能力。

也正是受益于创新的力量，TCL自20世纪90年代以来，连续10多年，以年均超过40%的速度飞速增长，成为了中国增长最快的工业制造企业之一。

据TCL电子2019年业绩公告显示，其全球电视机销售规模持续扩大，全年销售量达3,200万台，同比增长11.9%；电视机出货量市占率达13.0%，稳居全球前二。TCL正在以创新为圆心，飞向全球至高点。

—【TCL的品牌经营策略】—

全球化的品牌发展策略助推TCL位居全球前列

随着中国经济实力的逐步增强，越来越多的中国企业开始将视线投入到更远的地方，在特许权转让、协议专利等领域，国际化合作也越来越多。

作为最早"走出去"的中国企业之一，TCL的国际化要从20世纪90年代末说起。在此之前，TCL成为电视行业的主要原始设备供应商已经多年，虽然TCL提供的原始设备产品保证了很多合作厂商可以生产出高品质的电视和相关产品，但是对TCL自身来说，这些低端的产品带来的利润空间很小。

1999年，TCL在越南建立了第一个自有品牌海外彩电生产基地，开启了海外市场的布局。随后，TCL逐步把业务扩展到印度尼西亚、菲律宾、泰国、俄罗斯、印度等国家。

因为是"走出去"的先行者，可以借鉴的经验不多，TCL遇到了不少困难。

其中最大的一个困难就是贸易壁垒的存在。外国企业在北美、西欧等地区的发展一直受到贸易保护政策的限制，要承担比正常海关税高25%的税率。文化和管理方式的差异是TCL要面对的另一个困难。由于员工来自于不同的国家和地区，有着不同的文化和风俗，所以如果采用单一化的管理方式，必然会导致文化的冲突，只有相互尊重、增加交流，并采取多样化的管理策略，才能实现更好的管理。而要想实现更好的管理，管理人才是企业不可或缺的，这也是TCL面对的第三个困难。第四个困难则是与海外企业相比，TCL当时的自主研发还有较大差距。缺乏足够的自主核心技术和知识产权的制约，让当时的TCL只能在很多高新技术领域和海外企业合作。

意识到这些困难，TCL充分发挥了自身的包容性和灵活性。在因地制宜地提升管理能力的同时，TCL在全球范围内启动人才招聘，招揽大量拥有技术、管理技巧和跨国管理经验的人才，并同时提升内部员工的管理技能。例如，和北京大学联合对内部高层和中层管理人员进行管理技能培训，为入职大学生专门设置了长远而系统的培训与发展机制。构建完善的人才培训与管理体系，构架出"鹰系""新任系"和"高潜人才系"三条人才培养主线，形成立体化的人才梯队培养体系。

在进行经营和管理的时候，从未以"兼并者"的身份自居，既尊重当地的习俗和文化，同时也积极向这些在欧美市场有着丰富经验的企业进行"反向学习"。

同时，通过实施全球化战略，TCL获得了较大的利润空间，并依靠大量的利润在世界范围内组建了更多的研发中心，生产出更适合海外市场需求的家电产品，助推了TCL全球化的成功。

如今，TCL海外彩电生产基地还包括辐射欧洲地区的波兰工厂、辐射北美地区的墨西哥工厂、辐射中东及非洲地区的埃及合资工厂，以及辐射整个南美洲的巴西合资工厂。"出海"20多年来，TCL全球化进程不断加快，全球市场占有率逐步提升，截至2019年，TCL全球电视机销售规模持续扩大，全年销售量达3200万台，同比增长11.9%；电视机出货量市占率达13.0%，稳居全球前二。其中TCL品牌电视机销售量较去年同期增长16.5%至2064万台，市场份额全球第三。目前 TCL华星大尺寸面板在细分领域市场地位稳固：55寸电视面板出货量排名第一、65寸排名第三，86寸白板领域排名第二，32寸电竞领域出货量排名第三，综合竞争力已跻身全球显示面板行业前列。这些亮眼的成绩与TCL扎根当地的工厂布局有着至关重要的作用。得益于海外市场的多年深耕，且持续聚焦海外重点市场，TCL电子全球化布局效果显著，海外市场已成为公司的重要发展引擎。

经过十几年的积极进取，TCL在体验着海外艰难整合、重重困苦的过程中，也经历着及早进行海外并购带来的荣耀，在解决自有品牌在海外发展的诸多困难和不易时，也获得了技术创新带来的优势地位。

跨界合作策略帮助TCL抢占先机

TCL认为，在一个产业重构的阶段，必须要实现"挤压式"的增长，必须有能力从别人的市场份额里"分得一杯羹"，才能建立自己的竞争优势。所以，除了技术创新和产品创新，TCL还将创新的基因运用到了跨界合作领域。

比如与爱奇艺跨界合作，推出"TV+"电视产品，开创了家电业与互联网业跨界合作的全新模式和产品形态。随着近年来来势汹汹的电视与互联网业融合大潮，一向引领行业发展的TCL再一次率先将传统电视行业引入互联网模式，联合视频行业的领导品牌爱奇艺，共同发布革命性跨界产品"TV+"。此次合作是业界两大领导品牌的强强合作，依托TCL在电视领域30多年的市场积累和1.5亿台电视机的设计、研发、制造、服务经验，结合爱奇艺月均覆盖4亿PC、PAD、手机用户的互联网视频服务能力，"TV+"将成为最懂电视的互联网终端和最懂互联网的电视产品，为用户带来真正的互联网视听体验革命。而在全球电视行业迎来重大变革的重要时期，TCL的此次跨界也必将促进电视行业的IT化转型，在传统电视行业的异业竞合方面做出极具意义的创新探索。

除此以外，TCL还与腾讯进行了跨界合作。TCL与腾讯深化合作，整合双方的资源和优势，加快推动"智能制造+互联网"的新业务模式。此次跨界，不但为智能电视运营业务发展提供资金支持，还将围绕电视大屏幕各类家庭娱乐场景提升商业运营价值，并在产品升级创新、市场资源协同、会员生态融合等方面深化合作，实现策略资源跨界互补。

而此次资源整合，还将完善客厅经济的生态布局，依托TCL的雄厚资金、研发能力，以及供应链控制的优势，打造整合在线、线下渠道，硬件产品、互联网内容、服务并重的智能电视新局面。在内容方面，凭借腾讯视频海量版权内容和优势自制内容，为使用者提供千人千面的视频服务。TCL借助硬件设备、内容服务、人工智能和大数据整合的多维度打造，在万物互联的时代机遇下，以智能客厅抢占了极具价值的家庭入口。

2018年10月，TCL又宣布了颠覆性可穿戴设备即将诞生的消息，立即引起了强烈关注。其实在多年前，TCL便成立了全球智能连接终端事业部，设计、生产及销售公司旗下多个品牌的智能连接领域可穿戴设备、平板电脑、智能物联、VR/AR、配件等设备。还拥有专门可穿戴设备研发团队，从2013年推出首款可穿戴设备BoomBand智能手环后，又陆续出品了MOVE MB12智能手环、MOVE MT10智能手表、智能电子口罩等产品。而此次的产品以"颠覆性"来定义，虽然还未见其"庐山真面目"，但已吊起了大众的胃口。

除了在产品领域跨界，TCL还把跨界合作的思路运用到了营销领域。

从2011年开始，TCL科技就陆续参与了一些好莱坞电影的联合推广工作。2013年，TCL以超过500万美元的价格，买下了好莱坞中国大剧院的10年冠名权。这是中国大剧院自1927年建成以来首次与企业进行冠名合作，此后剧院更名为好莱坞TCL中国大剧院（TCL Chinese Theatre），也标志着TCL与国际娱乐产业的合作跨入了新的阶段。

蜚声全球的好莱坞中国大剧院是好莱坞的中心坐标建筑，以剧院广场巨星留印闻名世界，也在世界影视娱乐业有着举足轻重的影响力。此次TCL冠名好莱坞中国大剧院，实现了借助中国大剧院的品牌知名度形成热点话题，最终达到爆点传播的良好效果。

同时，TCL还精选了众多好莱坞电影大片，比如《钢铁侠3》《变形金刚3》《云图》《X战警》《速度与激情7》《速度与激情8》《碟中谍5》《海王》《侏罗纪世界》以及《正义联盟》等一大批口碑与票房双丰收电影，以植入与联推相结合的方式，拉近品牌、产品与消费者的距离。

在全球化品牌输出方面，TCL一直走在了中国品牌海外营销的前端，甚至可以说引领了中国品牌海外传播的风向。除了冠名中国大剧院和植入知名影片外，TCL还频频发力于泛娱乐品牌的建设，比如与美国知名电视娱乐节目Ellen Show合作，与IMDB合作一同参与艾美奖赞助。同时，TCL还结合北美地区的实际情况，进行了适宜的体育营销，比如赞助Rose Bowl球场并拥有在该场地举行的UCLA足球比赛等相关赞助权益，冠名美国职业足球联盟（MLS）SanJose Earthquakes队主场及4k bar，与NFL球星合作，借助其社交平台的活跃性推广品牌等等。

此外，TCL还与名人和运动员合作开展公益活动，比如在支持乳腺癌研究基金会方面与艾伦·德杰尼勒斯合作进行公益活动，与NFL知名运动员贾维斯·兰德里（Jarvis Landry）和安东尼·巴尔（Anthony Barr）合作共同举办慈善活动。

在广告投放方面，针对海外市场和国内市场，TCL均加大了投放力度，在"一带一路"沿线15国及全国230城联动广告投放，TCL全球创意投影广告还登上美国纽约、法国巴黎、德国柏林、英国伦敦、澳大利亚悉尼和意大利罗马六国城市地标，规模联动效应极为显著。

持续的品牌曝光和产品场景化输出，让TCL成为消费者熟悉的、喜爱的品牌。2016年和2017年连续两年，TCL均成为了北美市场增长最快的电视品牌，2016年销售量近200万台，2017年销售量实现翻倍，突破了400万台，其市场份额紧随三星、Vizio，2019年，TCL北美电视销量上升至第二名，在全球多个国家进入前二前三。

—【结语】—

"不积跬步，无以至千里"，从磁带到程控电话、无绳电话，再到家电全产品线，TCL一直在科技创新和产品研发方面走在行业前列。近40年的沧海桑田，TCL不断探索，曾经历风生水起的快速发展，也曾面对跌入谷底的艰难困苦。TCL在闯入中成长，从跟随到引领市场，进而成为被模仿的对象。TCL终以创新浴火重生，成就了千亿帝国，成为了当之无愧的中国智造代表、征战全球的大国品牌。

安踏：

永不止步

经过二十几年的发展，安踏体育用品有限公司现已成为国内最大的综合体育用品品牌公司。从2001年起，安踏连续多年成为中国运动鞋市场综合占有率第一的品牌，同时获得1400多项国家级专利。多年来，安踏已经成为集合"中国驰名商标""中国名牌产品""国家免检产品"于一身的受人尊敬的世界级体育用品集团。

—【事件】—

　　美国时间2018年3月4日，旧金山Nice Kicks鞋店门前排起近千人的队伍，他们的目标是为了抢购安踏最新推出的以汤普森和爱犬为设计元素的KT系列球鞋KT3-Rocco，排队的大多是NBA勇士队球星克莱·汤普森的球迷，有的人提前4个多小时就开始在门口排队。在此之前，从来没有出现过美国人通宵排队抢购中国品牌球鞋的场景，这是第一次。

　　此次发售场面之所以这么火爆，主要也是基于两方面：一方面，该款产品是由国际知名设计师Robbie Fuller亲自操刀，不管是设计还是舒适度，都让人期待；第二方面，汤普森和其爱犬的故事本身就颇具话题。

　　自安踏2017年推出"要疯"的营销活动以来，已全面利用线上和线下渠道开创了品牌美誉度并带来业务上的增长。"要疯"在新浪微博的相关帖文吸引了超过7700万阅读量，并且通过全球的网上视频流媒体直播吸引了超过

KT系列球鞋

3000万在线观众，加强了安踏的领导品牌地位。当时，安踏KT3限量版篮球鞋被一抢而空，售价人民币999元的KT3在网上被炒到近6000元人民币，成为爆品。

这样的热闹着实令安踏欣喜，他们第一时间在公众号上发出捷报："不好意思，今天我们让美国人排起了长队。"

—【安踏的发展历程】—

安踏的发展历程是晋江运动鞋产业发展的一个缩影，也是其中的佼佼者。

1991年，在福建晋江的一家制鞋作坊门口第一次挂上了安踏的标志，丁和木、丁世家、丁世忠父子三人踏出独立创业的第一步。当时的安踏主要是给国外品牌做代工，销售并不是重点。

1994年，"安踏"商标注册，正式创立品牌。与比利时著名运动品牌研发机构RSscan、北京体育大学运动生物理学研究室及中国皮革和制鞋工业研究院合作，致力于创造出品牌与质量双高水准产品。

1997年，安踏开始VI系统的建设，逐步规范商标识别的使用，由此拉开了安踏品牌战略实施的序幕。

1998年，安踏参加体博会并赞助中国田径协会，安踏品牌开始在体育用品行业崭露头角，当年被评为"福建省著名商标"。

1999年，安踏签约孔令辉作为形象代言人，推出"我选择　我喜欢"的品牌口号，并在国内率先开创了"体育明星+央视"的营销模式，分别赞助了第四届全国城市运动会、世界中学生运动会、北京国际马拉松赛、第十三届亚运会，还首创全国极限运动精英赛。从那以后，安踏完成了从生产到品牌批发的构建，并着重在二三线城市渗透。

2000年，安踏将业务从单一运动鞋类产品转向综合运动产品。安踏赞助悉尼奥运会，在北京首创安踏国际时尚运动冠军赛。全国制鞋工业信息中心数据显示，安踏运动鞋在同类产品中市场综合占有率居全国第二。

2001年，第一家安踏专卖店在北京开设，开始大规模全国性品牌推广计划。安踏积极投入申奥年活动，先后赞助了福建、重庆、黑龙江、海南四省区体育代表团的领奖装备，并参与世界大学生运动会、雅典奥运会中国代表团的赞助活动。

2002年，安踏开始服装销售，与NBA球员巴特尔签署代言人合约。3月，中国商业联合会和中华全国商业信息中心在人民大会堂举办的2001年度中国市场商品销售信息发布会上，安踏运动鞋取得了2001年度运动鞋市场综合占有率第一的好成绩。10月，安踏与中国大学生篮球联赛（CUBA）签订协议，形成了战略合作伙伴关系，将连续三年为CUBA各院校球队提供全套运动装备。

2003年，安踏开始配件销售，签署连续三年独家赞助全国男/女子排球联赛比赛运动装备协议，赞助立陶宛职业篮球"青年近卫军"海神篮球俱乐部，成为历史上第一个赞助海外职业篮球队的中国运动品牌。安踏运动鞋取得了2002年度运动鞋市场综合占有率第一的好成绩，安踏成为连续两年领跑中国制鞋业的唯一运动品牌。7月，安踏与全球中文门户网站搜狐强强联手，共同打造安踏·搜狐体坛风云频道，这标志着中国体育用品首次挺进互联网市场。

2004年，安踏销售网点遍布全国省市。2003年度运动鞋市场综合占有率评比结果显示，安踏牌旅游运动鞋在同类产品中再度荣列第一，这是安踏运动鞋自2001年评比以来连续三年蝉联第一。中国著名排球运动员冯坤正式签约安踏，出任安踏形象代言人。从2004年开始，安踏连续三年赞助中国男子篮球职业联赛，成为CBA职业联赛运动装备唯一指定合作伙伴，打破了国际品牌垄断国内顶级赛事的格局。

2005年，安踏花费近千万资金，建立了国内首个高科技的运动科学实验室，该科学实验室是国家发展和改革委员会公布的最新一批通过认定的国家级企业技术中心；提出"Keep Moving"的品牌理念。与中国乒乓球协会正式签约，安踏独家赞助中国乒乓球超级联赛2005~2008年连续四个赛季的唯一指定运动装备。2004年度运动鞋市场综合占有率评比结果显示，安踏牌旅游运动鞋在同类产品中再度荣列第一，这是安踏运动鞋自2001年评比以来连续四年蝉联第一。

2006年，安踏开始建设服装生产线。与CBA续约7年，双方合作延续到2012年，更进一步加深了安踏与CBA之间的联系。冠名赞助中央电视台"安踏CCTV体坛风云人物"。

2007年，安踏体育在香港联交所挂牌上市，面向全球发售6亿股，仅公开发售部分就获得183倍的超额认购。加上超额配股部分，安踏融资超过35亿港元，创造了中国体育用品行业市盈率及融资金额最高纪录。开始国际品牌体育用品零售业务，自有服装生产基地投产。

2008年，安踏儿童事业部启动。安踏零售店数目突破5000间，第5000间零售网点于5月15日在合肥开业。安踏出售国际体育用品品牌零售业务，集中自有品牌管理业务，并加强研发能力，向引入国际品牌管理业务的目标进发。

2009年，时任国务院总理温家宝在视察安踏时给予高度评价：安踏已经成功从劳动密集型企业转型为技术密集型企业，安踏从"中国制造"升级到"中国创造"，并探索出一条具备自身特色的道路。安踏与中国奥委会达成战略合作协议，成为2009~2012年中国奥委会体育服装的合作伙伴，赞助中国体育团参加2010年温哥华冬奥会、2010年广州亚运会以及2012年伦敦奥运会等11项重大国际赛事，提供冠军装备。8月，安踏宣布收购FILA（斐乐）。

2013年，安踏采取了积极的措施以推动行业复苏，在公司内部启动"以零售为导向"的业务模式转型，从零售文化建设、管理效率提升、柔性化供应链、库存有效控制、渠道优化等方面着手，对企业进行全方位的转型升级。

2014年，安踏逆势上扬，零售转型大获成功，全年营收近90个亿。10月13日，安踏正式成为NBA官方市场合作伙伴以及NBA授权商，此次合作是NBA首次授权中国体育用品公司使用联名品牌。

2015年，安踏打破国内体育用品品牌从未到达过的100亿大关，全年营收达111.2亿元。10月26日，安踏发布"只管去踢"足球战略，全力支持中国青少年足球长期健康发展。

2016年，"冠军龙服"助力全新一代中国军团征战第31届里约热内卢夏季奥运会；正式提出多品牌发展策略，将迪桑特与斯潘迪品牌纳入集团品牌版图。6月19日，在第30届奥林匹克日长跑活动中，安踏发布了智能跑鞋，该跑鞋主打全方位跑姿监控，可科学测试足部翻转、着地方式、受力大小、腾空高度、步幅、着地时间、PK步频等。11月2日，安踏正式宣布签约世界级拳击巨星曼尼·帕奎奥，并推出了帕奎奥系列主题"Fight On战斗在继续"，奠定了安踏在综训搏击市场的地位。

2017年，安踏体育（2020.HK）上市十周年。3月1日，安踏推出个性化产品定制服务体系"ANTAUNI"，正式开展定制业务，处于行业领先地位。6月，安踏开启"要疯"之旅——两辆房车，12座城，36名球员，6000公里，这是最纯粹的篮球旅程，直击内心的草根篮球故事。7月1日，安踏篮球代言人、NBA总冠军金州勇士队球员克莱·汤普森在广州点燃"要疯"之旅最终章。9月28日，安踏与北京2022年冬奥会和冬残奥会组织委员会正式签约，成为北京2022年冬奥会和冬残

报答鞋

奥会官方体育服装合作伙伴。10月，安踏与韩国知名户外品牌Kolon Sport（可隆）成立合资公司。随后，安踏宣布收购著名童装品牌小笑牛（KingKow）100%股权及有关商标拥有权，开启儿童体育用品市场的多品牌战略。

2018年1月，安踏市值破千亿港币，安踏总市值仅次于国际巨头耐克和阿迪达斯，位列全球运动品牌行业第三。丁世忠在年会上提出开启创业新十年。6月，安踏旗下FILA发布旗下全新潮流运动品牌FILA FUSION。7月，安踏在长春开出了全国首家AntapluS门店，这也是安踏多品牌矩阵中的第10个新品牌。8月，安踏旗下FILA隆重发布旗下全新高端专业运动品牌FILA ATHLETICS，安踏品牌助力中国代表团出征雅加达亚运会和世界青奥会。9月，FILA登上意大利米兰时装周，成为首家登陆米兰时装周主日程的运动品牌。12月，安踏与私募基金Fountain Vest Partners（方源资本）、Chip Wilson及腾讯组成投资者财团，向芬兰体育用品集团Amer Sports发出收购。安踏旗下FILA业务销售额破百亿，这也是安踏集团旗下首个进入百亿俱乐部的子品牌。

2019年2月，安踏体育发布2018年度业绩报告，报告显示，截至2018年12月31日，安踏集团实现营收241亿元人民币，同比增长44.4%；经营溢利达57亿元，同比增长42.9%；毛利率上升3.2个百分点至52.6%。安踏创造了有史以来的最佳业绩，连续五年保持双位数的增幅。3月，安踏品牌宣布公司已经完成收购亚玛芬。亚玛芬旗下拥有加拿大奢侈级户外装备品牌Arc'teryx（始祖鸟）、法国山地户外越野品牌Salomon（萨洛蒙）、美国网球装备品牌Wilson（威尔胜）、奥地利滑雪板品牌Atomic Skis、奥地利滑雪装备品牌Atomic、芬兰运动腕表等户外装备品牌Suunto和美国跑步机品牌Precor等品牌。

经过二十几年的发展，安踏体育用品有限公司现已成为国内最大的综合体育用品品牌公司。从2001年起，安踏连续多年成为中国运动鞋市场综合占有率第一的品牌，同时获得1400多项国家级专利。多年来，安踏已经成为集合"中国驰名商标""中国名牌产品""国家免检产品"于一身的受人尊敬的世界级体育用品集团。

安踏与故宫

—【安踏的转折点】—

在安踏二十几年的发展中，遇到了三次重要的转折，第一次是安踏聘请孔令辉作为代言人，第二次是安踏由制造型企业转变为品牌型公司，而第三次则是安踏上市。

第一次转折：做第一个吃螃蟹的人

1999年，取得了初步发展的安踏做出了一个大胆的决定，聘请乒乓球世界名将孔令辉为品牌代言人，安踏成为了中国体育用品行业第一个聘请品牌代言人的品牌。聘请知名体育选手为品牌代言人，在当时被看作只有国外知名品牌才能做得起的营销策略，对于尚处于发展中的中国体育用品品牌来说，几乎不可能。而对于年销售额几千万，利润仅几百万的安踏来说，80万的代言费用更是天价。

随着孔令辉在2000年奥运会通过巅峰对决夺冠后，安踏所投入的高额营销费用也收获了累累硕果，安踏品牌的认知度和美誉度得到迅速提升。

随着安踏代言人策略的成功，同行看到了成功的途径，也由此开启了"明星代言+央视广告"的晋江模式。

正是这个决策，最终让安踏从偏安一隅的晋江陈埭镇发展到全国乃至世界，从小作坊发展成中国体育用品领导品牌。

第二次转折：被逼出来的变革

在安踏不遗余力向当时的行业"老大哥"李宁看齐的时候，中国体育用品行业开始了震荡调整。

与时尚休闲行业相比，体育用品行业的销售模式更原始，企业的日子也相对更舒服。此前，晋江系运动品牌的定位均为"品牌批发公司"，安踏也不例外。除了对品牌的必要塑造之外，这些品牌通过订货会向经销商销售产品，然后再按照订单生产，至于产品的销售情况和销售手段，它们并不关心。

品牌知名度的提升让以安踏为代表的晋江系品牌销售大幅提升，开店就赚钱的盛况没有让安踏安于现状，反而开始意识到安踏需要转变。

通过对消费群体的分析，安踏确定了自己的目标消费群体——大众消费者，他们也许是生活在二、三线城市的普通年轻人，也许是挥洒青春的学生，也许是在职场底层努力打拼、渴望出人头地的职场新人。这类消费者的消费能力一般，对产品价格较为敏感，有梦想有追求。

基于目标消费群体的特点，安踏没有像一些品牌那样因品牌知名度的提升而上调产品价格，也抵御了其他方向的诱惑，专注专业运动领域，并有策略地寻找一些尚未成名却始终在奋斗的运动员代言，以唤起目标消费群体的共鸣。

作为制造型企业，安踏一直在不断夯实自身的生产力优势，由此得以快速应对来自市场或渠道的需求变化，同时获得部分成本优势。

然而，2008年的金融危机以及随后由于奥运激进扩张带来的行业困顿，导致库存积压的问题爆发，中国体育用品行业经历了库存危机，安踏也无法排除在外，安踏必须转型，从制造型向品牌型转变，从批发型向零售型转变。

这并不是安踏的第一次转型。在20世纪90年代中期，回力、双星、飞跃等曾经辉煌的国产体育用品品牌纷纷发展遇困，在市场上陷入沉寂，偌大的市场只有李宁这一个品牌。当时的晋江系还都沉浸在贴牌生产所带来的美好利润中，而安踏却早一步意识到了海外代工的不确定性和不可掌控性，意识到只有做自己的品牌才是长期存活的根本。由此，安踏及时抓住了这个市场空当的机会，放弃了给国际品牌做OEM的业务，转而进军国内市场。

品牌意识的觉醒帮助安踏逃过了第一次危机。1997年亚洲金融危机，无数鞋企陆续倒闭，彼时已手握2000多家专卖店的安踏安然渡过难关。品牌意识也让安踏实现了从"代工生产"到"品牌批发"模式的第一次转型。

与第一次转型不同，安踏的这次转型可以说是被市场所逼，但也是安踏发展的必然。提出"从品牌批发向品牌零售转型"这个表面上看起来更像是销售模式改变的决定，其实反映出的是安踏根本理念的变化。

与批发相比，零售的模式、理念不同，对消费者的关注程度也不同。转变为品牌零售型就意味着一切行为都以消费者需求为导向，打破技术和渠道等壁垒，创造最好的品牌体验。

变革必然是痛苦的，为此，安踏布局了很多年，在产品价值和消费者体验上聚焦。

安踏将过去一年四次（一个季度一次）的订货会调整为一年六次，改变过去订完货就不再关注销售情况的模式，改为根据市场行情来建议经销商的订货量。在所有的终端中，引导经销商配合安踏使用ERP系统，以便及时了解终端销售中的热销产品和滞销产品，并能及时补货与更新。而销售状况不佳的店铺，安踏会选择撤销，以减少更大的损失。

除此以外，安踏还对管理模式进行了扁平化的改革。改革之前，安踏采取的是层层管理模式，在总公司设有运营管理部，管理部下设有大区经理、分区经理、经销商、加盟商等。改革之后，安踏取消了这些层级，而是由总公司的销售营运部进行直接管理。

通过零售渠道改革，以店效为先，不盲目开店，安踏的变革初见成效。在整体行业的低潮中，安踏率先摆脱低谷，恢复增长，更化危为机，借此次变革实现了对李宁的超越，成为行业领军企业。

第三次转折：上市

早在2003年，快速发展的安踏就意识到，随着规模越来越大，安踏必须规范股权关系，避免日后的麻烦，于是在这一年，丁氏家族成员开始厘清股权关系。

也是在这一年，有投资银行看到了安踏的发展前景，并动员它上市；但当时的安踏正着力于品牌提升、渠道建设和公司业务规范化，对此提议并未动心。直到2006年，安踏才决定进入资本市场。

2007年7月10日，安踏体育在香港联交所挂牌上市，面向全球发售6亿股，仅公开发售部分就获得183倍的超额认购。开盘第一天的交易金额就达到29亿港元，安踏体育的溢价率达到42%。在香港主板市场融资31.68亿港元，创下内地运动品牌在香港资本市场募资的最高纪录。

"中国品牌+草根路线"甚至还吸引了美国NBA休斯敦火箭队的老板莱斯利·亚历山大。在中国寻找投资机会的亚历山大，在旗下投资公司的推荐下，以2.34亿港元认购了发行股的8.2%的股权，成为安踏境外最大股东。

敢想敢做和直觉灵敏曾经让丁世忠获得了成功，上市则表示了他想通过扩大融资渠道来帮助安踏走下一步。上市让安踏获得了更多的发展资金，也让它可以把更多的资金投入到产品研发和生产能力的提升上。安踏建立的国家级运动科学试验室，是行业内唯一的国家级实验室，每年研发投入占销售成本的5%左右。

打破了家族企业常规的安踏在上市后迎来了飞速的增长。2017年，上市十年后的安踏市值突破800亿港币，集团门店超过9000家，与耐克、阿迪、安德玛一同跻身全球四大体育用品公司。

一【安踏的与众不同】一

永远知道自己是谁，要做什么

福建晋江，仅有百万余人口，却成为上市公司集群地，安踏、匹克、特步、361度、乔丹等晋江运动鞋品牌竞相崛起。安踏显然是最耀眼的一颗星，自从成为行业第一，质疑与蛊惑之声就不绝于耳，如何提升品牌力、提升品牌溢价是安踏必须思考的问题。

是用更高的品牌溢价生产利润率更高的产品、提升盈利率，还是维持目前产品定价档位，深化市场？安踏，选择了后者。

安踏集团董事局主席兼CEO丁世忠明确表示："安踏不会做中国的耐

克，而是要做中国的安踏、世界的安踏。"

什么是"中国的安踏"？在考察美国市场时，丁世忠发现，在耐克一家独大的美国篮球市场，只做中端价位的美国本土品牌也能做得很好，这些中端品牌依靠高性价比的品牌定位笼络了大批平民受众。由此，安踏坚定了自己要走的路，那就是大众品牌。随后安踏确定了未来的市场定位——不攀高端，只做最高性价比产品，以二三线市场为主线，以最大众的中国人均消费受众为目标群体。

品牌溢价是很多发展势头较好的企业所追求的理念，而如何实现品牌溢价各家有各法。李宁的"90后"战略是希望将自身品牌向耐克、阿迪达斯等强势品牌靠拢，而安踏选择了一条与其不同的道路，推出399元的明星定制款球鞋，提出"实力无价·399国民篮球"概念，并且针对二三线城市的使用场地特点，特别增强了鞋子的耐磨性，在产品品质上更进一步。其他品牌的明星款球鞋售价均在800左右，甚至更高，昂贵的售价让购买者舍不得穿，大多放在家里珍藏。而珍藏也导致了周边的朋友并不知道购买者消费了明星款球鞋，无法满足购买后的"炫耀"心理，这大大降低了消费者购买后的满足感。

通过为消费者提供NBA球星代言的知名度高、性价比高，又能穿上场打球，让周边所有人都能看到的明星款球鞋，安踏以国民球鞋的概念最大程度地占据了国内的篮球鞋市场。

安踏不但做好的产品，更重要的是，它做了对的产品。通过做大多数消费者都能买得起的运动装备，安踏渗透到了每个人的运动中。而在牢牢占据大众市场之后，安踏才在此基础上向高端市场稳步迈进，通过收购高端品牌，例如斐乐（FILA）、斯潘迪（Sprandi）和迪桑特（Descente），来满足高端消费者的需求。

安踏由此在国内市场通过斯潘迪和迪桑特大力抢夺户外市场，同时利用安踏主品牌、斐乐、斯潘迪和迪桑特四个品牌捆绑出海，发力国际市场。安踏用不同的品牌来满足不同的消费需求，拓展市场份额。

用不同品牌面对不同层面的消费者，这其实是源于对马斯洛需求层次理论的理解与运用。人的需求分为五个层次，而处于不同层次需求的消费者都希望拥有属于自己这一层次的相应品牌。所以针对不同的消费者群体，同样的一个品牌，同样的产品结构必定难以面面俱到，最终只能是顾上难顾下。

以大众市场为根本，合理向上延伸，以不同品牌面对不同需求层次的消费群体，安踏最终超越了一众对手，成功稳坐国内体育用品品牌"头把交椅"。

安踏，永远知道自己是谁，它要做的是中国体育产业金字塔的塔基，极致性价比的中国品牌代表。

谨慎而理智的发展思路

无论是国际化发展还是新渠道、新模式的尝试，安踏总是遵循着谨慎而理智的发展思路。

安踏的国际化发展是从2007年开始的，相比较于李宁的2001年、匹克的2005年，安踏的起步明显偏晚。面对被耐克抢占的篮球市场、被阿迪达斯抢占的足球市场，以及众多国内国外的先行品牌，后来者安踏所面对的市场难度可见一斑。但谨慎地进入市场，不冒进，不盲目，也正是安踏能够稳步发展的一个重要原因。

在国内市场，多年来，安踏一直潜心耕耘国内市场，虽然在东南亚和俄罗斯设立了海外代理商，也有一定的市场份额，但安踏一直保持低调。在国内市场稳扎稳打的过程中，安踏也遇到过升级的阵痛。中国品牌的升级比中国制造的升级，更惊险和艰辛。美特斯邦威，巨亏超4亿，三年内关店1600家，创始人周成建辞职。达芙妮，2016年关店超500家，同年销售增长率下降11.7%。就连曾经的"老大哥"李宁，三年亏损31亿元，关店近1800家，2016年转亏为盈，但盈利能力严重下滑。而曾经由周杰伦代言十年、名噪一时的德尔惠，也以6.36亿元的负债而黯然离场。同样，安踏也遇到过升级危机，但基于其一向以来不冒进、不盲目的特点，安踏及时转型，成为最先完成库存处理，走出危机的品牌。

稳定的国内市场为安踏的国际化拓展提供了稳固的支持，而强大的代言人团队也为安踏打开海外市场提供了极大的助力。特别是篮球明星凯文·加内特、路易斯·斯科拉、戈登·海沃德、拉简·隆多、克莱·汤普森等在全球具有极强的号召力，对安踏打入海外市场奠定了良好的基础。

安踏借助体育明星协助市场拓展也秉承了它一贯的谨慎和理智风格。在其上市的早期，签约的代言明星来自乒乓球、篮球、网球、击剑、滑冰、跳水以及音乐等运动项目或行业。而在重点发力海外市场之后，安踏的品牌代言人挑选思路也更加聚焦。2014年签下NBA新秀克莱·汤普森，而签下克莱·汤普森可以说是安踏最具眼光的一次投资。

克莱·汤普森及其所在的勇士队的杰出表现，让安踏推出的汤普森签名款球鞋销量不断攀升。数据显示，2015年合作推出了汤普森第一代签名鞋汤普森KT系列，2015年该系列球鞋的总销量仅为15万双，而2016年，仅半年时间KT系列球鞋销量就突破了65万双。而KT3系列球鞋引起了更火爆的销售盛况，也有了前面所说的美国人通宵排队购买的情况。

而对于近来大热的电商渠道，安踏有所尝试，但并不盲从。安踏虽然会尝试做一些线上线下的互动，让线下门店为线上销售做服务，但也坚持体育用品的特殊性，它认为由于体育用品的特性，无法做到全部搬到网上进行销售。即便在互联网最为发达的欧美国家，阿迪和耐克也还是以实体店经营为主。虽然电商渠道是安踏增长最快的业务板块之一，安踏依然坚持电商与实体并行，为了避免线上线下渠道"打架"，安踏电商渠道销售线下同季同款期货及线上独有专供款产品，以确保实体的销售。

在时下流行的可穿戴设备领域，安踏也表现出更为冷静的一面。国内运动品牌中，还未有企业涉及到可穿戴产品。安踏认为，产品的创新要和品牌定位相符合，目前安踏的主力消费人群还处在追求产品质量和舒适度阶段，安踏会未雨绸缪地考虑相关产品的未来发展，但目前还是先做好现有产品。

谨慎而理智的发展思路，不盲从于所谓的潮流，让安踏得以稳步发展。

—【安踏的品牌经营策略】—

恰如其分的体育营销

中国的品牌史是一个亦步亦趋的学习史，运动服饰行业自然也不例外。明星代言、赛事赞助……这些都是品牌上升的法宝。安踏的成功，则在于在合适的时间做了合适的事情。

早在1999年，安踏决定以80万元的天价签下乒乓球世界冠军孔令辉的代言，在当时这可谓是一场豪赌。彼时，只有耐克、阿迪达斯这类国外顶级品牌才会找明星做代言，国内的品牌还没有这么做过。而当时安踏一年的纯利润仅为400万，就要拿出1/5签一个代言人，花费如此巨大，效果如何尚不得知，丁世忠说了一句说："知道安踏的人多，还是知道孔令辉的人多？"让一切尘埃落定。随后，为了让全国消费者都知道安踏签下了世界冠军，丁世忠又狠抛300万在中央电视台打广告。

破釜沉舟般地将近一年的利润全部投入到广告宣传中，其结果没有让安踏失望。

2000年悉尼奥运会，孔令辉与乒坛名宿瓦尔德内尔鏖战五局后取得男单冠军，更是实现了自己的大满贯。夺冠后，孔令辉狂吻胸前国旗、仰天长啸的一幕打动了无数中国人，也让由他代言的安踏水涨船高，安踏当年的销售额直线上升，突破3亿，可谓横扫中国市场。

对于一向谨慎而理智的安踏，这是为数不多的几次豪赌之一，而最终它也赢了这场豪赌。自此，安踏一路高歌，销售收入到2006年已达12.6亿元。

安踏的成功也让一大批"晋江系"纷纷效仿，以为仅仅靠"明星代言+

中央电视台广告"就能再造一个类似的辉煌。因此，晋江更是迅速冒出众多运动鞋品牌，最多时竟有1400多个。而先行者安踏却早已跨越了明星代言的阶段，开始思考如何玩转重大体育赛事赞助了。

2004年，安踏抓住李宁放弃赞助CBA的机会，与中国男子篮球职业联赛签约，并且一签就是7年。与"大热门"2008年北京奥运会不同，CBA当时并不被众多运动品牌关注。安踏的意图很明显，就是尽可能让品牌传播的效果最大化。与为期只有十几天的奥运会不同，CBA一比就是一个赛季，看比赛的又是非常精准的篮球人群，这对于安踏品牌的品牌传播，特别是针对性传播极为有利，所以与CBA签约对安踏来说是捡到了"便宜"。

事实证明，安踏的这一项赞助给安踏带来了天翻地覆的改变。2005年，安踏的营业额为3.1亿元，而到了2011年，安踏的营业额攀升到了89亿元，短短7年，近30倍的增长率，再一次印证了安踏体育营销理念的正确。

随后的2013年，安踏成为中国奥委会官方合作伙伴，为中国体育代表团提供领奖及运动装备，温哥华冬奥会、广州亚运会、伦敦奥运会、索契冬奥会、南京青奥会、仁川亚运会等各项国际大赛上，中国代表团参加的所有体育赛事都出现了印有安踏Logo的队服，安踏与中国体育健儿的成功绑定也让安踏的品牌形象得到了进一步的提升。

在此之后，安踏又赞助举重、柔道等赛事，还拿下了被李宁公司视作"精神支柱"的中国体操队，被看作"踏入李宁的禁区"。安踏更是"走出国门"，与NBA进行合作，获得了在中国生产NBA单标球鞋的权利，签下了当时还是新秀的克莱·汤普森。

"体育，拥有改变世界的力量"，安踏的体育营销之路也越走越顺，中国男子篮球职业联赛（CBA）、中国男女排球联赛、中国乒乓球超级联赛……中国名头响亮的联赛场上都会出现安踏的身影。

2018年2月的平昌冬奥会，是安踏借助体育营销走向海外的起点。从赞助中国体育代表团入场、领奖到比赛装备，连国际奥委会主席托马斯·巴赫

平昌冬奥会中国体育代表团入场

也身穿安踏羽绒服进行开幕致辞，安踏品牌获得了高调曝光，安踏成为最受关注的品牌。

从最开始签约孔令辉，借助中央电视台的影响力，迅速提升自身品牌知名度开始，到赞助CBA、乒乓球联赛，与举重队、摔跤队、体操队等合作，再到与中国奥委会和NBA合作，通过体育营销，安踏稳健地提升着品牌的知名度与美誉度。加上有效的管理、谨慎的市场态度、卓越的供应链以及比竞争对手"强一些"的渠道管理，安踏逐步脱颖于其他的"晋江系"品牌，直至超越李宁，位居到了现在的首位。

安踏的垂直整合业务模式

与全球体育用品的主流模式——"轻资产运营模式"不同，安踏有自己的"安踏模式"，就是垂直整合业务模式。

创立耐克（Nike）的菲尔·奈特（Phil Knight）是个具有传奇色彩的人物，他在20世纪80年代推行的"轻资产运营"模式，将耐克打造成了全球体育用品行业的领先品牌，也让这一模式成为全球体育用品行业争相仿效的主流业务模式。即便是拥有百年历史的传统体育品牌，为了跟上耐克的扩张节奏，取得更快速的发展，也不得不放弃原有的发展模式，而选择"耐克化"生存方式。

"轻资产运营模式"顾名思义，就是将自身的资源汇聚于设计开发和市场推广等业务，而把生产和零售分销等业务外包。同时，在市场推广方面则大多采用"明星代言+广告传播"的方式来提升品牌影响力。"轻资产运营模式"确实有其好的一面，它可以降低公司的资本投入，特别是生产领域内大量固定资产投入，以此提高资本回报率。

耐克在实施"轻资产运营模式"的时候恰逢全球制造业向发展中国家转移的高峰时期，耐克紧跟上了市场改变的节拍，借助"轻资产运营模式"迅速拓展了自身的业务，也由此改变了美国运动鞋市场的传统商业模式。

中国众多的体育用品品牌也是"耐克模式"的追随者，当然在最初，这些中国鞋企还没有品牌意识，其承担的角色也只是耐克"轻资产运营模式"上的OEM合作商。而通过合作，这些鞋企逐渐具备了品牌发展意识，从简单的OEM进化为构建自有品牌，再通过对耐克的模仿而迅速发展为中国本土体育用品市场的重要竞争者。特步、361度、喜得龙、德尔惠、乔丹、金莱克等"晋江系"的品牌是其中的代表。

但是在"轻资产运营模式"运行中，高技能的研发与市场跟踪体系往往被"明星广告"策略所屏蔽，由于轻资产运营策略本身就是放弃了产业链附加值较低的制造环节，而基于下游市场的竞争又容易被竞争对手模仿与超越。

在1997年之前，安踏在众多"晋江系"品牌中也并不突出。但就是这个并不突出的安踏，却先行一步意识到渠道的重要性。安踏在承接海外订单的同时，也在关注国内市场的发展，并且逐步开拓国内市场的分销渠道。

"终端网络是一个企业的生存之本。有稳定的海外订单可以过着衣食无忧的生活，但国内市场也是一个十分庞大的市场，而要在这个大市场里找到属于自己的位置，就必须拥有属于自己的网络。"基于这一认知，安踏逐渐构建起自己的销售网络。

与完全采用"轻资产运营模式"的竞争者不同，安踏对其并不迷信，而是采取了垂直整合业务模式，也就是掌控从原料到成品，最后到销售的所有环节，从设计、开发、制造到营销，安踏都亲力亲为。

2007年上市后，安踏将募集来的大部分资金用来建立自己的垂直生产线，以保证至少有一半以上的产能来自安踏自身，并且投入大量研发费用来提高产品的竞争力，并设立庞大的品牌推广和营销预算，进一步提升品牌影响力。同时，安踏还扩大渠道覆盖面，加强渠道控制力。

通过垂直整合业务模式，安踏拥有了先进的研发设计能力、丰富的品牌管理及分销管理经验，自产能力让安踏可以控制安踏产品由产品设计、研发、制造、品牌管理、分销商销售及营销安踏产品的主要营运阶段。安踏既在设计、生产、营销、销售和管理等方面积累了经验，也具备了更多的自主权，这也是它能够在整个行业的寒冬中第一个挺过来的主要原因。

聚焦运动鞋服，多品牌矩阵，全渠道渗透

安踏拥有很多品牌，但仍然坚持"单聚焦"原则，而且聚焦的依然是自己最擅长的鞋服品类。其坚持"单聚焦"的目标是专注做好每一双鞋和每一件衣服，以此来满足消费者的需要。说到底，是要做出更专业化和差异化的产品，以此提升用户体验，提高用户忠诚度。

在安踏发展的几十年里，遇到的诱惑太多，赚钱的机会也不少，面对诱惑，安踏的发展思路非常坚定清晰，那就是只做自己最擅长的运动鞋、运动服相关产业，不分心在不擅长的产业上。

有人说，"抵得住诱惑，坚持把一厘米宽的产品做到1公里深"才能成功，安踏便是此类代表。

为了能做出最适合中国人脚型的运动鞋，安踏从2005年就开始在全国收集中国人脚型数据。为了更好地研究这些数据，安踏还建立了中国体育用品行业第一家获得国家认定的企业技术中心。为了保证研发，安踏不断提升研发的投入，从原来不到销售成本的1%提升到近6%，金额甚至高于很多世界一线品牌。研发的高投入也带来了良好的成果，安踏每年申请的

自主研发专利高达几十项。为了满足消费者个性化的需求，安踏还推出了"ANTAUNI"国内体育用品品牌首个个性化产品定制服务体系，通过其定制个性化产品，从下单到成品交付最多只需要30天。

安踏对体育鞋服的专注是对工匠精神的传承，"安踏聚焦在体育用品市场，专注做好每一双鞋、每一件衣服，才能让我们生产出更多过硬的品牌产品，更好地满足品质化、个性化的消费新需求。"

如此"单聚焦品类"，才会有后来诸如KT系列篮球鞋的爆发。可以说安踏的成功绝非运气。

而多品牌发展则是安踏的核心发展战略。安踏多品牌矩阵的构建，其出发点是要最大程度地满足消费者的多元化需求和各类消费者的需求。

从2009年收购斐乐品牌开始，安踏开启了多品牌的道路。彼时，对于安踏收购一直亏损的斐乐还曾经引发了外界的猜测和疑问。而在收购后的最初几年，斐乐也确实一直表现低迷，没有盈利。但到了2016年，斐乐一改此前的萎靡不振，其收入占比达到了全集团的20%，安踏的先见之明也让业界大吃一惊。

对斐乐的收购让安踏尝到了多品牌战略的甜头，也让其坚定了一路走下去的决心。于是，从2015年开始，安踏陆续收购了英国的运动时尚鞋品牌斯潘迪、日本高端运动品牌迪桑特和韩国户外品牌KOLON SPORT。2017年，为了配合安踏儿童鞋服领域多品牌战略的实施，安踏又收购了知名的童装品牌"小笑牛"。2019年，安踏收购了世界知名运动品牌"始祖鸟"的母公司亚玛芬。

通过多品牌战略的实施，安踏在户外运动市场形成了全方位的产业布局，覆盖了路跑、滑雪、登山、攀岩等众多领域，也为未来"世界的安踏"奠定了产品基础。同时，收购这些品牌还与定位大众的安踏形成了互补，组成了覆盖高、中、低档的品牌矩阵。安踏的产业布局也从大众体育延展到专业体育，从城市健步延展到高端休闲和户外领域。

　　而在渠道方面，安踏更看重的是用户的消费体验。不同的消费者，有不同的购物喜好，安踏为此在百货公司、街铺、奥特莱斯、电商等全渠道进行渠道布局。全国店铺近万家的安踏，对于线下布局仍十分谨慎，会根据门店位置周边的客群等信息，确定消费者的购买能力，从而决定诸如门店位置、门店类型、店内商品组合等大小事宜。为了吸引消费者进店并且购买，安踏的门店形象升级到现在已是第九代。

　　安踏通过全渠道的布局实现了消费者的全面覆盖，再通过各种形式的线下实体渠道和在线电商渠道，发挥交互的优势，带来协同效应，促进销售。

━【结语】━

　　定位清晰，路径明确，安踏永远知道自己的位置，明确自己应该做什么。安踏通过多年的渠道构建，实现了深层次的消费渗透。谨慎而理智的发展思路和强悍的执行力让安踏把资金花在应该花的地方，并且让花出去的钱取得事半功倍的效果。由此让安踏在行业普遍萧条的极端情况下得以及早脱身，并由此发展成为了中国体育用品行业的老大。"不做中国的耐克，要做世界的安踏"，安踏的品牌之路，永不止步。

东鹏控股：

以此为生，精于此道

今日之东鹏已过"不惑之年"，凭借着艰苦创业、勇于创新的精神，以切身经历见证了中国建陶行业的一次次技术与经营革命，历经改制、并购和国际化开拓，描绘出中国建陶行业逐渐由模仿到超越的发展蓝图。

—【事件】—

2019年3月23日，"清新空气，净在东鹏"，东鹏空气净化砖主题列车首发仪式在广州南站隆重举行。此次"东鹏净化空气砖"主题列车首发代表着东鹏瓷砖将以更快的速度、更高的品质以及更优的服务，领航家居行业创造更高的价值。

而就在十几天前，在亚洲首屈一指的国际性设计盛会——"设计上海Design Shanghai"上，东鹏瓷砖与《IDEAT理想家》携手视觉艺术家Kim Ye叶子乐共同打造的"未来之家——明日之城Tomorrow Land"装置亮相上海，并展开一场关于人类与动物、自然与家园的探讨，吸引众多设计师、艺术爱好者的参观，成为上海超热门打卡胜地。而东鹏瓷砖的原石产品，也斩获了《IDEAT理想家》主办的年度盛事2019 IDEAT FUTURE AWARD理想家未来大奖中的"最佳材料人气奖"。

随后，东鹏花费2年多时间筹建的佛山首个民营博物馆，佛山第一座已建成、全面反映中国陶瓷8000年历史脉络的专题行业博物馆——东鹏明善陶瓷博物馆正式对外开放。以陶瓷文化与生活方式的演变为展览主线，包括古代陶瓷展厅、现代陶瓷展厅和行业发展展厅三个部分。其中古代陶瓷展厅2800平方米，分设中国文化、佛山精神和影响世界的三个特色展厅，首期展出历代古陶瓷1100多件，囊括从新石器时代到清代的文物珍藏以及近20个国家的古陶瓷。

一【东鹏控股的发展历程】一

1972年，"五七大队"成立，由两个烧窑师傅和一个会计以3万元资金起家。

1974年，成立"民政综合厂"，开始生产耐火砖。

1980年，石湾镇耐火材料厂命名为东平陶瓷厂，主要生产马赛克、彩釉砖。

1981年，何新明大学毕业，加入东平陶瓷厂。

1991年，组建成"佛山市石湾东平陶瓷集团公司"，与鹰牌集团、华泰集团共同成为石湾镇的三大支柱企业。

1994年，东平陶瓷总厂投资组建佛山市乐奇洁具有限公司，生产亚克力浴缸。东平陶瓷集团一分为四，东平陶瓷总厂遭受50年一遇特大洪水侵袭，厂房、设备受到重大损失，无法恢复生产。

1995年，兼并石湾华泰陶瓷有限公司，成立石湾东鹏陶瓷总厂，开始"滚雪球"的扩张方式。

1996年，"东鹏"品牌横空出世，全面导入CI战略，开创行业先河。

1997年，佛山市石湾东鹏陶瓷集团有限公司正式组建，向外界首次喊出"建陶万千，东鹏领先"的企业口号。

1998年，东鹏成名之作"金花米黄"面世，确立东鹏在研发领域上的领先地位，掀起陶瓷墙地砖"全国一片黄"消费浪潮。

1999年，兼并瑞华龙洁具厂，业务版图开始向卫浴领域迈进。

2000年，兼并石湾园林陶瓷厂、张槎粤丰装饰砖厂和东乐陶瓷厂，开启产品配套、多元化生产之路。

2001年，东鹏集团成功转制，整体变更为广东东鹏陶瓷股份有限公司。

东鹏陶瓷股份有限公司成立仪式剪影

2002年，东鹏全面实施事业部制，企业进入高速发展阶段。

2002年，全面实施事业部制，成立山东生产基地，企业进入高速发展阶段。洁具事业部成立。新型压力式坐便器上市，推出"纳米易洁陶瓷卫生洁具"在人民大会堂通过技术鉴定。

2004年，东鹏品牌首次入选中国500最具价值品牌。同年，清远东鹏正式投产。

2005年，"东鹏"被国家商标局认定为"中国驰名商标"。

2006年，东鹏品牌入选"中国建筑陶瓷行业标志性品牌"，中标9大奥运场馆，建立建陶行业首家博士后工作站，收购皇冠陶瓷厂。

2007年，佛山东鹏洁具股份有限公司成立，通过"加拿大CSA认证"、"中国环境标志产品认证"。东鹏欧洲展厅在意大利著名陶瓷产区萨索罗开业，标志着中国建陶业自主民族品牌正式走出国门。同年，东鹏陶瓷生活体验馆开业。

2008年，纳福娜洞石成功面市。同时，江西瓷砖生产基地正式投产。

2009年，东鹏宾利法尼亚系列新品面世，开启了世界建陶产业跨界协作。湖南生产基地投产。

2010年，启用全新VI，更改为"东鹏瓷砖·洁具"，树立国际化品牌形象。

2011年，东鹏研制的水晶瓷产品成功投产，洞石专利成功维权，捍卫了东鹏的创新尊严，也成为建陶行业知识产权保护的标志事件。

2012年，东鹏取得意大利顶级瓷砖品牌REX中国区代理权，开始了国际合作。

2013年，香港主板挂牌上市，成为瓷砖行业首家香港上市企业。

2014年，整合泛家居产业链，成立东鹏绿色家居，全面开启绿色生产、绿色营销和绿色经营的新里程。同年，湖南基地二期工程盛大奠基。

2015年，东鹏发布全新品牌战略，签约影视明星刘涛为东鹏品牌形象代言人，诠释科技·艺术·生活。

2016年，推出瓷砖全能王"原石2.0+"，引领行业新潮流。

东鹏参加博洛尼亚展

　　2016年，东鹏干法制粉项目成功通过科技成果鉴定，实现颠覆性技术创新，为陶瓷行业树立节能减排标杆。

　　2017年，东鹏品牌价值达215.13亿元，连续13年蝉联中国500最具价值品牌，相继荣膺"中国公信力十大品牌"、"2017年亚洲品牌500强"、"中国十大建陶风云企业"、"中国十大卫浴品牌"、"中国年度品牌大奖两项荣誉"、"广东最佳雇主"等多项荣誉。东鹏（永川）智能家居产业园奠基。同时，东鹏控股荣获2017《大国品牌》企业。

　　2018年，"东鹏洁具"品牌升级，正式更名为"东鹏整装卫浴"。东鹏新总部大厦正式投入启用。荣获"广东优质"认证企业。

　　2019年1月，东鹏集团乔迁至新总部。东鹏整装家居正式启动。4月，东鹏·明善陶瓷博物馆开馆，这是佛山首个"横跨8000年陶瓷史"民营博物馆。9月，北京大兴国际机场投运，东鹏陶瓷在此前机场建设阶段，凭借优良品质和完善服务成为其瓷砖供应商，机场航站楼地面与五指廊桥均使用东鹏瓷砖进行铺设。东鹏成为电影《攀登者》的瓷砖卫浴行业官方合作伙伴。10月，东鹏在新中国成立70周年品牌峰会上被授予"新中国成立70周年70品牌"荣誉奖。11月，东鹏上榜第十三届中国品牌价值500强（品牌价值361.32亿元），连续多年蝉联建陶第一、第六届中国最佳EMBA案例奖《东鹏瓷砖国潮》。

　　2020年1月，东鹏瓷砖2020年新品发布。东鹏瓷砖率先推出全屋健康系统，倾心打造全屋健康装修解决方案，引领品质家居新风向。东鹏控股捐赠价值300余万卫浴产品紧急配送至武汉雷神山医院。4月，东鹏瓷砖正式发布全屋地面健康系统战略，并同时携手兰舍硅藻泥、友邦吊顶、好莱客全屋定制成立了中国家居健康守护联盟。

一【东鹏控股的转折点】一

改制让东鹏获得了更大的活力

改革开放让佛山的建陶产业空前发展，成为世界最大产区。品牌创立47载的东鹏恰恰是在改革开放的沃土中成长起来的典范企业，它从乡镇小厂起步，一路扶摇直上，进入中国乃至全球建陶品牌的第一方阵。东鹏掌舵人何新明曾说，东鹏能有今日成就，关键是与改革开放保持步调一致，紧紧抓住发展机遇。

20世纪90年代末，在政府推动国企转制的号召下，东鹏开始计划转制，并在2000年最终转制成功。紧接着的2001年，东鹏开始推行股份制，股份制执行让员工有机会共享企业发展的成果，提高了员工的积极性和凝聚力。东鹏也在这一年明确了上市的目标，并着手优化企业的治理结构，规范运营。此后，东鹏不断向着这一目标进发。更新生产设备，积极投入研发创新，产品上不断推陈出新，更是在近年来积极拥抱数字化，往高附加值和绿色环保方向发力，实现高质量发展。

2013年，东鹏终于实现了上市的目标，在香港主板上市，并在2017年再次征战内地资本市场，计划在内地上市，或将成为内地首家A股上市的陶企。

中标北京奥运场馆，让东鹏的产品品质获得了官方认可

2006年，东鹏控股中标北京奥运会多个场馆的工程项目，包括瓷砖和洁具在内，东鹏的产品和服务受到了业主、施工方和设计师的一致好评。

奥运飞碟馆整个一层地面采用了7000平方米的东鹏缤纷石，洗手间还铺贴了白色系的东鹏地爬壁；奥运自行车、击剑运动管理中心大厅、休闲区用的是东鹏珊瑚玉和银河石，共5000平方米；垒球馆功能用房配楼，地面全部铺贴东鹏缤纷石，所有洗手间使用了16000平方米东鹏缤纷石、岁月系列地爬壁；奥运棒球馆运动员休息区、洗手间用了7000平方米东鹏瓷片与大量地爬壁；奥运帆船馆内墙、地面、洗手间用了东鹏天山石、翡翠石、地爬壁共

3万平方米；北京奥运会议中心外立面全部干挂东鹏波茨坦幕墙瓷板，共2万平方米；残奥会训练中心用了3万平方米以东鹏缤纷石为主的产品；奥运村公寓大量采用东鹏仿古砖和银河石系列产品，共计13万平方米；奥运摔跤训练馆办公楼采用东鹏砂岩干挂，共计2000平方米。

飞碟馆主设计师、清华大学建筑设计院建筑创作一所所长祁斌认为：东鹏生产的陶瓷产品具有深厚的中国传统文化背景，引领着很重要的发展方向，真正从产品文化、自身文化形成的精华中提炼出一些东西，把中国几千年悠久的制陶历史、陶瓷文化，与现代的生活、现代的制作工艺、现代的使用要求结合起来，从本质上提升了产品的文化底蕴。

此外，东鹏洁具也在北京奥运中崭露头角，他们为奥运工程供货1万多件，其座便器和小便斗用于网球馆及其他一些配套场所。众所周知，奥运会对每个产品的要求都非常高，参与投标的企业和产品都不是泛泛之辈。在竞标残奥训练基地时，东鹏洁具的对手有不少是国际知名品牌，实力非常强大；而且残奥会场馆和普通场馆并不一样，所有的产品要符合残疾人的使用要求，比普通产品要求更高，对企业资金要求也比较高。东鹏洁具凭着过硬的质量，过五关斩六将，顺利通过样品检验、专家审评等多重关卡，最终赢得了这一项目，打破了以往国家项目由国际洁具品牌占领的惯例。

为了给奥运工程提供环保节能的产品，东鹏洁具精心筛选材料，严格把关质量，实行现场跟踪服务。施工方在安装上遇到任何一个小问题，东鹏的服务随叫随到，并以最快的速度进行解决。奥运场馆的业主和施工方对东鹏洁具给予了高度评价。

东鹏在建筑卫生陶瓷行业经营多年，其产品质量赢得了市场的认可，并且公司很早就具有品牌观念，积极主动抓住一切机会传播自己的品牌形象。除了北京奥运场馆外，北京的国家大剧院，上海的环球中心，甚至美国的帝国大厦等著名建筑，都使用了东鹏瓷砖，这些客户本身就为东鹏产品和品牌形象提供了最有力的支持。

—【东鹏控股的与众不同】—

创新是东鹏得以领跑行业、树立品牌的秘诀

东鹏作为改革开放的亲历者，见证了中国建筑材料的三次升级，可以说，创新是融入到东鹏血液中的核心基因，也是东鹏长久以来能够保持领先优势的重要法宝，而东鹏的每一次转变都能引领行业的产品潮流和走向。

早在20世纪80年代中期，东鹏（当时还叫东平陶瓷厂）便凭借对市场的准确把握和对行业趋势的敏感性，果断将业务扩展到彩釉砖和马赛克砖领域，并从意大利引进了生产线，专门生产彩釉砖。多种款式和规格的彩釉砖产品和马赛克产品一经面世就受到了市场的青睐，不但为东鹏赢回了质量评比的优胜奖，也引起了市场和行业的关注。大批的同行蜂拥而至，向东平陶瓷厂学习生产经验，东平陶瓷厂随之一炮而红，也让东平陶瓷厂率先成为行业内的关注热点。

进入90年代，随着市场的不断开放，对市场极为敏感的东鹏前往享誉全球的意大利博洛尼亚陶瓷卫浴展进行观摩，但是参展的外国厂商一看是中国人，立即就把新产品收起来，不准拍照，就怕产品被中国人模仿抄袭。知耻近乎勇，这次观展深深地刺激了东鹏，也驱使东鹏下定决心开启了自主研发、不断创新的产品模式。

在很多人眼里，瓷砖是难以有什么创新变化的成熟性产品，无外乎在尺寸规格和颜色上有些许变化。但东鹏却一直坚持以创新的理念不断地"折腾"，从材质、颜色、纹路、功能、环保等各个方面下功夫，创新生产设备，不断生产出超越消费者认知的瓷砖产品。

90年代末，东鹏推出"金花米黄"系列产品，这一产品让中国消费者告别了"马赛克"时代，产品不但受到了消费者的追捧，也引领整个建筑陶瓷行业呈现出"一片黄"的流行趋势，带动了中国建陶行业的整体产品转型。

2001年，东鹏研发出1.8米长、1.2米宽的瓷砖，在当时被称为"砖

王"。东鹏并不满足于撰写成就，依然在创新的大道上不断前行。如今，东鹏已能生产出3米长的瓷砖。

2002年，东鹏又凭借"天山石"系列产品引领了"一片白"的行业趋势。2006年，凭借"纳福娜洞石"产品让行业趋向"一片洞"……洞石系列产品甚至流行到了美国市场。

2015年，东鹏首创"原石"新品类，不断刷新瓷砖的国际高度，引领了世界玻化砖的新潮流。2017年，东鹏打造瓷砖领域的"高端定制"，引领家居未来趋势……产品研发成为了东鹏得以领跑行业的诀窍。

随着环保意识的升级，消费者对瓷砖产品的要求除了品质性和装饰性之外，功能性和环保性的要求也越来越高。东鹏研发出用于水龙头的纳米陶瓷涂层，可以省去电镀工艺，大大减少污染。

几十年来，东鹏对创新一直保持着执着的追求，每年都会投入大量经费进行生产设备和工艺技术的改进，比如将传统柴烧炉、煤烧窑炉改进为电气化炉和天然气化炉，引进陶瓷干法制粉生产线等等。东鹏还在瓷砖产品上引入了条形码和二维码系统，实现了产品的智能追溯。

如今的东鹏不再是观展被拒的模仿者，而是连续多年到博洛尼亚参展，以自主创新的优质产品与国外的产品同台竞技，展现民族品牌实力的引领者。

对自主创新的执着让东鹏一直傲居行业前列。手中掌握核心技术，也让东鹏具备了强大的竞争力，即使面对行业下行压力也能逆势增长。同时，东鹏的创新让原本单一化、同质化的产品也开始具备了差异性，并划分出更多各具特点的细分品类。东鹏以产品为依托，凭借产品的引领作用，成功地抢占了这些细分品类的首位，获得了市场和消费者的认同，也进一步确定了行业领先的品牌地位。

更重要的是，东鹏的创新还带动了整个行业的进步发展，由于它不断研发的新产品占领了更多的市场，引发竞争者仿效和跟随，带动了整个行业在产品创新和研发上的进步，推动了整个行业不断向前。

善于洞察潜在的消费需求

据瑞士信贷研究所发表的《2018全球财富报告》显示，中国的家庭财富规模已经超越了英法德等欧洲发达国家，位列全球第二。而在经济高度发展的今天，人们的衣食住行等方面的需求得到了基本的满足，人们开始追求更高层次的产品或服务。

在新时代，消费者的需求呈现出多元化的特征。而房子作为维系一个家庭的重要因素也不再是一个简单的建筑符号，而成为了承载人们人文情怀和众多美好愿景的载体。所以，东鹏在始终注重产品品质的同时，也越来越重视产品所蕴含的艺术因素和人文情怀。

在研发方向上，东鹏也根据消费市场的升级做出了相应的调整，由原来的技术导向型升级为消费需求导向型。比如，东鹏在2017年推出的原石3.0新品，创新性地引入了一石多模具的效果，在同一个产品上聚合了凹凸、板岩、直纹、洞纹等不同的效果，配合光感形成丰富的空间运用，仅用一套产品就可以完成全屋不同效果的装饰，满足消费者个性化需求的同时，也将产品简约化。

2017年，东鹏·原石里快闪店

以消费者的需求为导向，东鹏将自身的技术优势转化为产品优势，借助多元化的产品，东鹏让每一个使用者梦想成真，以实际行动践行了"科技·艺术·生活"的品牌宗旨。

一【东鹏控股的品牌经营策略】一

坚守"以此为生，精于此道"的企业精神，以高质量、高品质的产品为基石，促进东鹏业务版图的稳健拓展

自从创立以来，东鹏的产品经历了早期的耐火砖、马赛克，发展到后来的釉彩砖，直至今日，建筑用瓷砖产品一直是东鹏控股当仁不让的主力。

东鹏几十年如一日地对工艺和质量的专注，坚持不懈地创新产品和制造装备的研发，不但使东鹏的瓷砖产品赢得了市场的信赖，拿下了海内外诸多著名的工程项目，更使得东鹏这一瓷砖产品的品牌成为国际知名的强势品牌。在坚守"以此为生，精于此道"企业精神的基础上，东鹏紧紧围绕"家居""陶瓷"等切入点，在不断提升主力产品品质的同时，也不断拓展着产品的品类，以多样化和个性化的产品满足市场的更多需求。

1994年，当时的东平陶瓷集团调整架构、一分为四，其中的东平陶瓷总厂投资组建了佛山市乐奇洁具有限公司，生产亚克力浴缸。到今天，经过20多年的专业卫浴技术沉淀，东鹏洁具已发展成为集设计、研发、生产、销售和服务于一体的卫浴洁具生产企业。多年专注的开发造就了东鹏洁具丰富的产品种类，以陶瓷洁具、卫浴场景为核心，涵盖了陶瓷洁具、浴室家具、龙头五金、休闲卫浴、智能卫浴、厨房用品等六大品类，既囊括了厨卫空间有代表性的产品，又紧紧依靠东鹏品牌在陶瓷领域强大的影响力。

经过多年的发展，东鹏洁具建设了佛山、江西丰城以及江门鹤山三大生产基地、4大工厂，建立了符合ISO9001体系标准的完善的生产管理、质量管

理和服务管理体系。在研发方面，以战略级别地保持投入强度和持续时间，不仅拥有德国Riedhammer隧道窑、澳洲通用梭式窑等设备，还独立自主研发了低压快排水、抗菌易洁釉、纳米易洁、"A+"管道等一系列引领行业的先进技术。

理顺生产流程，构建标准化的生产、质量和服务体系，这是保障和优化产能，控制产品品质的现代化解决方案，而维持研发投入的力度则在有效降低生产能耗的情况下大大提高了东鹏洁具产品的实用性与功能性，使产品获得难以被竞争对手复制的优化，使品牌真正获得区分同类产品的力量。而能够从同质化的产品中脱颖而出，则反过来提升了品牌在行业专家与广大消费者心目中的地位。

在集团层面，好质量、好服务、创新产品是东鹏品牌高屋建瓴的战略原则，当然也是推动东鹏洁具快速发展的核心竞争力。虽然洁具与瓷砖分属两个不同的品类，但制造材料与使用场景的相近，最大限度地减少了生产经营上的差异，放大了企业内部的协同效应。专业的高素质人才团队、先进的生产设备、雄厚的科技研发力量、高品位的产品设计和严格的质量管理体系，这一切使得东鹏瓷砖获得了成功的经营要素，可以迅速复制到品类上临近的洁具生产上来。

在服务方面，2014年东鹏发布了系统定制服务标准——东鹏TCS "阳光天使"定制服务；2016年，东鹏洁具更是充分考虑到消费者的需求，做出一系列重大承诺和保障措施，升级的服务免除了消费者的后顾之忧，赢得了市场与客户的广泛信赖。此外，东鹏洁具还关注并支持公益慈善事业，积极倡导低碳节能减排的生产理念，为国内外卫浴洁具市场的可持续发展贡献自己的力量。

如此，东鹏洁具在集团品牌的经营下迅速发展壮大，以市场为导向合理配置产品线，汇聚意大利、德国、丹麦等国家的著名家居设计师，实时把握世界卫浴潮流趋势，在产品功能性、舒适性、环保性等多方面获得了优良的口碑。今天的东鹏洁具已进化成为客户的整体卫浴空间解决方案提供商。2014年，"东鹏"被认定为洁具卫浴类驰名商标，同年东鹏洁具产品凭着优良品质获评2014年广东省名牌产品；2013年~2015年，连续3年被广东省工商行政管理局授予"广东省守合同重信用企业"荣誉称号。

作为东鹏集团的重要战略板块，东鹏洁具奉行"以此为生，精于此道"的工匠精神，专心专注做好产品、做好品质，为消费者创造价值。虽然专注于洁具，但其经营理念与资格更老的东鹏瓷砖相同，东鹏作为民族品牌，其产品皆脱胎于古老的东方技艺——陶瓷。中国建筑卫生陶瓷品牌在国际市场上走强，是中国制造升级与中国文化复兴的缩影。

东鹏发展多年，在规模、产品、研发等方面具备了较强的实力，此时进行产品多样化的拓展水到渠成，但东鹏之所以追求产品品类的多样化并不是盲目扩张，而是在确保业务板块之间的互补与协同基础上进行有计划、有步骤的合理拓展。

东鹏的瓷砖板块从1972年开始算起，历经了20多年的发展，获得了一定的市场地位之后，才开启了洁具业务。此后又是20多年，瓷砖和洁具两大板块两条腿走路。直到2015年1月，东鹏控股才启动"东鹏家居绿色家居模式"，正式进军"大家居"。东鹏的多元化，紧紧围绕着自己积累了几十年优势的瓷砖和洁具板块，步步为营向家居场景下的其他品类推进。

2015年，广东鹏美森木业科技有限公司建立，公司集地板研发、生产、销售为一体，生产基地坐落于江苏省扬州市，这就是东鹏的木地板"事业部"。东鹏木地板成为东鹏控股旗下继东鹏瓷砖、东鹏洁具之后的第三个建材品牌，也是东鹏控股打造整体家居战略的重要组成部分。

得益于瓷砖和洁具这两项主营业务与家居的密切关联，东鹏很早就开始关注木地板领域。与陶瓷材质相比，木地板容易变形，保养麻烦，复合地板还有甲醛污染的问题。随着国民收入的提高，新生代消费意识的觉醒，人们对家居环境的环保要求也上升到了新的层次。东鹏厚积薄发，抓住这一潜在需求，进军木地板领域，目标锁定在高品质、健康环保的木地板产品上。

经过多方努力，东鹏聘请到环保木地板专家周祖全博士，并将自建的博士后工作站进行了整合，组建了12人的专业技术团队，潜心研究多年，成功解决木地板"干燥开裂、遇水变形"的业界难题，推出了东鹏健康木地板。

2015年，东鹏推出了超能王子系列，其环保、耐磨、防潮性能卓越，即使是阳台、厨房也可同样使用。不仅如此，即使在40℃地热环境也可达到国家安全的排放标准（国家检测地热地板是否安全的温度仅为20℃）。

除了木地板，东鹏控股集团也开始涉足硅藻泥、健康涂料。为了更好地打造绿色健康的家居生活环境，东鹏控股研发推出了新型材料。健康涂料旨在有效解决装修后室内出现甲醛超标问题，其中硅藻泥所受到的关注度最高。东鹏专门成立了绿家科技子公司运营健康涂料项目。

除此以外，东鹏从2004年开始就开启了多孔陶瓷技术的研究，经过多年努力推出了东鹏健康宝呼吸砖这一国内首款能净化空气的瓷砖产品。这一新产品的问世也让东鹏成为了全球除日本伊耐之外第二个可以生产呼吸砖的品牌。而对多孔陶瓷技术的研究也为东鹏创造了净化甲醛、净化苯、净化VOC、除异味等减害型产品的10余项核心专利。更为重要的是，这些多孔陶瓷和甲醛净化的专利技术还可以用于东鹏的其他同类产品上，有效提升了东鹏产品的技术优势和产品品质。

至此，由多孔陶瓷衍生出来的硅藻泥与之前的呼吸砖产品形成了不同品类的组合，而这些东鹏品牌旗下的不同产品，却都拥有消除甲醛、净化室内空气的功效，消费者还可以根据具体的情况选择瓷砖或者涂料的形式解决室内环保问题。依托核心技术，围绕室内空气净化这一要点，东鹏推出呼吸砖、健康涂料、薄浆硅藻泥、净醛卡、甲醛分解液、除臭除味剂、高效硅藻泥颗粒等六大系列几十个品种的产品，形成了丰富的产品序列，凭借领先的净化技术优势将健康与生活、科技与艺术完美地结合在一起，更好地满足了消费者对产品多样化、个性化和环保性的需求。

在新世纪的发展中，东鹏控股顺应新时代中国人家居环境的新需求，将以往强调质量的环保标准，全面提升到以人为本的绿色发展理念。其产品设计原则也在注重传统功能的基础上增加了低碳、绿色、可循环等新要求。

回顾东鹏的品类多样化可以发现，一直以来，东鹏始终保持着对瓷砖这一主力业务板块的专注，在不断提升产品品质的同时，逐步拓展产品品类和业务板块。并且，东鹏的每一次拓展都是有的放矢，从自己最熟悉的领域，最有把握的材料和技术向外衍生。东鹏这种步步为营的品类拓展相对于那些毫无头绪的无厘头跨界，无疑更容易获得成功。

率先采取明星代言策略，有效提升品牌影响力

邀请明星、名人为形象代言人，企业可以借助明星效应、名人经济迅速树立或者提升品牌形象。在日用消费品行业，明星代言的策略十分常见。然而在早期建材行业，诸多企业普遍缺乏品牌意识，更关注产品、渠道和营销，而忽视了自身品牌在终端消费者心目中形象的建设。而东鹏是业内较早意识到问题所在，并率先在建筑卫生陶瓷行业开启明星代言的先河。

2011年，东鹏在北京举行新闻发布会，除了发布企业的品牌战略，最引人注目的是东鹏同时正式签约冰坛金牌伉俪申雪、赵宏博为其形象代言人；而申雪、赵宏博在此前不久结束的2010年温哥华冬奥会上赢得花样滑冰双人滑冠军。

之所以选择申雪、赵宏博这一对奥运冠军伉俪，东鹏可以说经过深思熟虑，考虑了项目与品牌的共通性、奥运冠军与品牌地位的相符性和运动员本身的积极性与正面性三个层面，使得企业充分借势代言人的正向元素，让品牌形象最大程度地得到了提升。

花样滑冰是艺术气质非常强烈的竞技项目，选择这一项目的体育明星代言产品，意味着东鹏陶瓷生产的瓷砖，不仅仅是建筑材料，更是为客户创造有价值、有品位的生活，把东鹏通过创新的产品、一流的质量、优异的服务为客户营造美好而富有艺术气息的生活，提升客户的价值感和幸福感恰如其分地展现了出来。

　　而选择奥运冠军做代言人，东鹏也借助奥运冠军金牌的分量表达了其要做全球前列建陶品牌的美好愿景。同时，申雪、赵宏博两人的形象非常正向积极，相恋了十八年，共同创造了事业上的辉煌，也创造了美满的家庭，这与东鹏品牌传递出的对市场与消费者的信守与忠诚，以及帮助消费者打造美好和谐家庭氛围的理念非常符合。

　　明星代言策略看似很容易复制，但其实内有乾坤，而代言人的选择必须慎之又慎。经营良好的企业因为聘请了不适当的代言人，不但没有提升品牌形象，反而因为滥用"定位"理论而适得其反的例子可谓俯拾即是。而东鹏此次的代言人选择十分成功，传播效果超出预期。

　　2015年，东鹏再次震惊业界，首次选择娱乐明星为品牌代言。在此之前，建筑卫生陶瓷业内并无先例，而东鹏这次选择的代言人是著名影星、"国民好媳妇"刘涛。

　　一直以来，在建筑卫生陶瓷行业，品牌的宣传更多地是以行业术语和科技语言与消费者沟通，颜色、材质、重量、厚度等冷冰冰的纯物理参数泯灭了不同品牌之间的差异，极大地限制了品牌渗透大众心理的效率，在情感方面格格不入。东鹏最终决定聘请影视娱乐明星代言，恰是希望通过其偶像形象，拉近与大众的心理距离，引发情感上的共鸣，使自身品牌人格化、形象化。

知名影星刘涛代言东鹏品牌

　　刘涛健康自然、时尚典雅的气质，与东鹏品牌追求的"家庭感"十分契合。刘涛在消费者心目中有上佳的口碑与极强的号召力，是品牌形象代言人的最佳人选。东鹏品牌与刘涛签约，借助代言人良好、健康的形象，把东鹏的核心理念、价值追求传播给更广大的消费者，通过这样一个纽带，塑造更加亲切的品牌形象，向消费者传递东鹏的关怀与主张。

　　借着刘涛形象所带来的"居家感"，2015年东鹏成立了"东鹏家居"，启动"大家居战略"，从生产制造为主的瓷砖品牌到提供整体空间解决方案的服务平台，及一站式、个性化的家居选材的整体解决方案，将在瓷砖产品上多年积累的品牌形象，很自然地推广到与之紧密相关的家居建材领域。

　　很巧的是，在东鹏签约刘涛的2015年，由她参演的《芈月传》《琅琊榜》等几部电视剧热播，次年的《欢乐颂》更是掀起收视狂潮和现象级热议。刘涛本人的人气一度飙升，这为她代言的东鹏品牌也带来了非常好的传播效果。

　　东鹏聘请娱乐代言的成功迅速引来了行业跟风，一时间很多瓷砖企业为了提升品牌影响力、加强品牌推广，纷纷邀请明星为企业代言。但先行者东鹏已抢占了先机，而且纵观各家所选择的形象代言人，综合个人形象、知名度、大众认同等多方面因素考虑，可以说都不及与东鹏合作的刘涛更加合适。

―【结语】―

　　今日之东鹏已过"不惑之年"，凭借着艰苦创业、勇于创新的精神，以切身经历见证了中国建陶行业的一次次技术与经营革命，历经改制、并购和国际化开拓，从耐火砖单一产品发展成为产品齐全、品类丰富的领军陶瓷企业，从只有3人的小作坊成长到拥有6000多家经销门店的大型企业，将技术能力和品牌化运营能力融会贯通，描绘出中国建陶行业逐渐由模仿到超越的发展蓝图。

格兰仕：

全球幸福家庭的生活伴侣

2018年致力于实施"国民家电、品质生活"战略的格兰仕品牌也经历了40载砥砺前行。而格兰仕的42年奋进发展，正是一部浓缩的中国生活类家电制造业发展史。

—【事件】—

2018年12月13日，在第10届中国高端家电趋势发布暨红顶奖颁奖盛典现场，格兰仕在微、蒸、烤三大品类中斩获盛誉。其中微烤一体机D90F32MSXLRIIV-YF（S0）-FW00夺得微波炉品类红顶大奖。另外，格兰仕电蒸箱CG38Q-R91及电烤箱KAT2UTUC-11A分别获得电蒸箱与嵌入式烤箱品类提名。

而在几个月前，品牌评级与品牌顾问机构Chnbrand发布了2018年中国品牌力指数SM（C-BPI®）品牌排名和分析报告，格兰仕再次高居微波炉行业品牌力指数榜首。至此，格兰仕已连续8年荣登微波炉行业品牌力指数第一，其也因连续蝉联"第一品牌"，同时获得"C-BPI黄金品牌"殊荣。

在很多普通消费者的认知中，格兰仕只是一个专业的家电品牌。事实上，这个国民家电从微波炉、电烤箱到电蒸炉，都拥有先进的核心配套产业链。

2018年，改革开放已40周年，致力于实施"国民家电、品质生活"战略的格兰仕品牌也经历了40载砥砺前行。而格兰仕的40年奋进发展，正是一部浓缩的中国生活类家电制造业发展史。

—【格兰仕的发展历程】—

从1978年由十余人创立的广东顺德桂洲羽绒厂，到如今的世界级综合性白色家电品牌，格兰仕整整走了40年。格兰仕经历了从羽绒制品到家电产品，从专业化到多元化，从国内到国外的历程，其市场份额和企业实力也在不断增强。

1978年，梁庆德带领十余人筹办桂洲羽绒制品厂，产品主要供外贸出口，当年创造产值46.81万元。

1980年，桂洲羽绒制品厂开发了三个新产品，落成了两幢厂房。

1985年，羽绒制品厂更名为桂洲畜产品工业公司，生产的羽绒服和羽绒被直接出口，产值超亿元。

1986年，公司开始合资经营毛纺厂和羽绒制品厂。

1988年，公司的业务转变为毛纺和服装双向并行，公司走上多元化道路。

1990年，公司全面进行现代化企业制度改革。

1991年，公司年产值突破亿元，也是在这一年，公司决定从现行行业转移到另外一个成长性更好的行业，经过充分的市场调查和分析，公司决定进入家电行业，而且将微波炉这一小家电产品作为主要业务。

1992年，公司更名为广东格兰仕企业（集团）公司，集团公司年产值1.8亿元。9月，第一台以"格兰仕"为品牌的微波炉正式诞生。

1993年，格兰仕试产微波炉1万台，开始逐渐以家电制造业为主业。

格兰仕90年代初的微波炉生产线

1994年，即便在困难的宏观经济环境和洪水侵袭的影响下，格兰仕依然实现了年产销10万台的好成绩。

1995年，格兰仕成为行业的领导者，市场占有率达25.1%，位居市场第一。

1996年，格兰仕在全国范围内打响价格战，平均降价幅度达40%，市场占有率达34.7%，企业无形资产超过38亿元。

1997年，格兰仕微波炉产销量达198万台，市场占有率达47.6%，稳居第一，并被国家统计局授予"中国微波炉第一品牌"。至此，格兰仕的全国冠军地位开始形成。

1995年至1998年，格兰仕蝉联全国微波炉冠军，并开始向多元化和国际化发展。

1998年，格兰仕彻底关掉所有毛纺业务，采取"聚焦战略"，集中力量做好微波炉，并全面启动全球营销战略。这一年格兰仕微波炉产销规模达到世界第一，年产量达到450万台。格兰仕大举进入国外市场，法国市场的市场占有率达25%，阿根廷市场的市场占有率达30%。格兰仕实现产销规模全球第一，专业化水平已处世界领先水平。

1999年，格兰仕是中国市场唯一一家连续三年被国家权威监督机构质量抽查全部合格的微波炉企业，并创下高达73.5%的全国市场占有率。格兰仕在欧洲市场的占有率达25%，并确立了国际化目标，力创一个国际品牌。格兰仕出口创汇超一亿美元，位列家电行业第二，出口机日发货量突破5万台。

2000年，格兰仕研制出第一个自主品牌磁控管。格兰仕进军空调、冰箱等制冷行业，开始了公司的多元化道路。格兰仕已连续七年蝉联全国微波炉销量及市场占有率桂冠。经国家权威机构评估，格兰仕的无形资产高达101亿元。格兰仕投资20亿元大规模进军空调、冰箱制冷行业，开创企业发展的新纪元。

2001年，格兰仕划时代产品"数码光波微波炉"上市。格兰仕入选世界行业500强。格兰仕空调国内市场年销售量达40万台。

2002年，格兰仕微波炉创日出货量约10万台的新纪录，格兰仕空调当月出口突破10万套。格兰仕入选国家质量技术监督局评审的第一批免检生产企业，连续两年高居全国微波炉畅销榜的"黑金刚"系列全线降价30%。至此，格兰仕微波炉所有常规机型已经明显形成"低档货普及价、中档货低档价、高档货中低价"的价格体系。全国千家名店联手，同时向中国消费者推荐格兰仕数码光波微波炉。这种全国商界千强统一步调、统一时间联手推荐某个知名品牌单个产品的做法，在业内尚属首例。格兰仕集团与日本最大的主流商社之一加贺电子集团结盟，共同致力于将"GALANZ"牌空调和微波炉产品在日本市场的销售。到目前为止，格兰仕是第一个以自己的品牌进入日本市场的中国家电品牌。格兰仕空调淡季旺销欧洲，不锈钢空调环保新品全面进入世界主流渠道。北美新兴市场美国成为格兰仕出口增长最大的市场，出口销量比上年增长了10倍以上，全年微波炉销售1300万台，内外销比约为3：7。格兰仕微波炉全球市场占有率突破40%，全年空调销售100万台，内外销比为3：2，分别较上年增长50%、1600%以上；建成年产量达1500万台的光波炉"世界工厂"，建成年产量达300万台的"世界柜机（空调）制造中心"。

2003年，格兰仕空调被评为国家免检产品，获产品质量免检证书。格兰仕亮相西班牙制冷展。格兰仕空调闯入国产空调出口四强。格兰仕与上海交大签订产学研战略联盟协议。集团销售额突破100亿大关，出口创汇达4.7亿美元，顺利实现年度销售目标。

2004年，格兰仕在全国掀起"光波炉普及风暴"，高档光波炉跌破千元大关，468元即可买一台普及型光波炉。格兰仕启动"亿元万

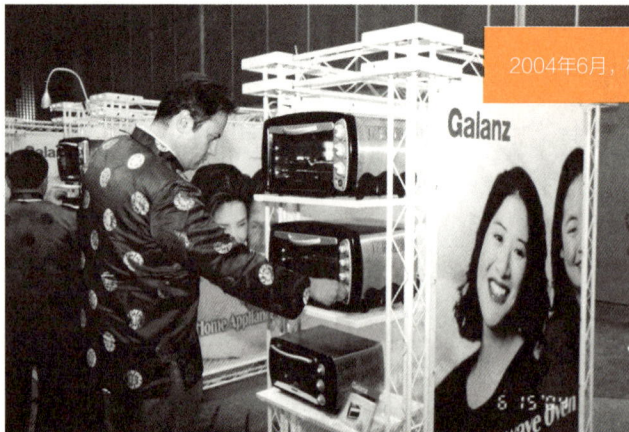

2004年6月，格兰仕在法国巴黎举行新品展

店工程"，宣布将斥资亿元在全国助建万家微波美食店，旨在推广微波美食。格兰仕在法国巴黎成功举办首届新品展，成为欧盟地区主流渠道商的一次大聚会，这是中国家电企业第一次在国外成功举办销地展。格兰仕在全国十大城市宣布全面停止生产普通空调，全力生产光波空调，主攻中高端空调市场。格兰仕（中山）工业基地这一全球最先进的超大规模空调制造基地建成投产。9月，格兰仕磁控管三期工程投产，年生产能力已达1200万个，成为全球最大的磁控管生产基地之一。

2005年，中国空调出口"海关榜"（2004年度）出台，格兰仕雄居榜首。格兰仕的光波技术被专家评定为健康空调主流趋势。全球最大的格兰仕空调基地一期工程竣工典礼暨第500万台光波空调下线仪式隆重举行。格兰仕获商务部、发改委、财政部、科技部、海关总署、税务总局、工商总局、质检总局八部委联合推荐，打造国际知名自主品牌。为了进一步适应改革和发展的需要，明晰集团和各子公司的责、权、利，全面实行法人治理的管理模式，集团公司成立了十几个经营子公司。英国《金融时报》对中国制造的三大名片——格兰仕、联想、海尔进行了专题报道。

2006年，格兰仕空调、电饭煲荣获国家免检产品。格兰仕以32.117亿元的商标价值当选中国驰名商标十大标王。IBM发布白皮书，认为中国只有60家企业可以国际化，格兰仕位列其中。格兰仕入选《环球企业家杂志》"中国最具全球竞争力公司50强"名单，全球著名的波士顿咨询公司推出了快速发展经济体（RDE，包括中国、印度、俄罗斯、巴西、墨西哥等）最具实力百强企业，格兰仕跻身百强榜，中国品牌研究院调查显示，格兰仕成为外商首选国产品牌。至此格兰仕的国际地位及影响力确立，开始了多元化的进程。格兰仕经中国电子商会评估品牌价值达258.68亿元，在电子行业里排第七位。格兰仕上榜全球知名商业杂志《福布斯》中文版首次推出的"中国顶尖企业"排行榜，排在第31位。格兰仕光波微波炉获第16届全国发明展览会银奖。格兰仕成立外贸总公司和中国市场销售总公司。格兰仕入选国家统计局评出的全国企业自主创新能力家用厨房电器行业十强，并居榜首。

2007年，格兰仕开始把企业的战略定位由过去的"世界工厂"全面转向"百年企业、世界品牌"，并积极推进以自有品牌为支撑的国际化经营。第102届秋季广交会上，格兰仕签订了总约约6亿美元的订单。

2008年4月，格兰仕在中山基地建立起专业化冰箱、洗衣机、洗碗机产业链，标志着格兰仕全面进入白色家电的综合领先发展时代。在金融危机的背景下，格兰仕微波炉和生活电器逆势增长，微波炉内销同比增长超50%，生活电器销量同比激增300%，成为中国小家电行业唯一逆势增长并且大幅上扬的品牌。格兰仕正式成立了电子商务部，并完成网络营销渠道的布局，从而延续"白色家电王国"的地位。

2009年，格兰仕年销售总额达300亿元，并确定未来三年白电销售额超1000亿元的新目标。格兰仕已经完成了3500万台微波炉、650万台空调、2500万台生活电器（小家电）、400万台冰箱、300万台洗衣机、150万台洗碗机的产业布局。格兰仕进驻淘宝，开设淘宝旗舰店，在拜托网上开设商场，在拍拍网开设"拍拍官方网城"，并在官方网站搭建直销商城。

2010年，格兰仕电子商务部整合了格兰仕微波炉、小家电、空调、冰洗的全系列产品，为客户提供全新的一站式家电网购服务，建立了覆盖全国的物流配送体系，在北京、上海、广东设立三个仓库，实现全国免邮配送。格兰仕的电磁炉全面采用顶极透明陶瓷材质的彩晶面板，打造出"双高一低"的第三代彩晶板电磁炉。

2011年，格兰仕在中国首都北京发布全球首创向上开启式圆形微波炉——UOVO智能微波烹饪炉，彻底颠覆微波炉60多年来的方形、侧开门传统。

2015年8月，落户格兰仕中山基地的全球单厂最大分布式光伏项目首期3条线路并网发电圆满成功，也标志着格兰仕电器进入绿色智造新时代。格兰仕微波炉P80U20EPV-GZ（P0）荣获家电艾普兰奖。

2016年，格兰仕三代UOVO产品共被授予47件专利，其中39件国家专利，8件国际专利，13件发明专利。格兰仕微波炉G90F25MSXLVIII-A7（G0）荣获中国高端家电红顶奖。格兰仕荣获IFA产品技术创新节能绿色技术金奖。格兰仕集团在"2016中国企业500强"中排名第485位。10月，格兰仕与全球最大的计算机数控和工业机器人公司发那科达成战略合作伙伴关系，宣布在白色家电行业深入推进工业机器人和相关自动化技术的应用，旨在加快格兰仕自动化工厂和互联网工厂的建设布局。

截至2017年5月，格兰仕已在全球143个国家和地区申请注册了自主商标，格兰仕产品和服务从中国广东供应到全球近200个国家和地区。

2018年3月，格兰仕在主题为"新生活、新时代"的年会上发布了

2018年新战略：将品牌定位于"国民家电"，剑指品质新生活。

2019年，格兰仕宣布进军芯片、边缘计算及无线电力领域，旨在为全球用户提供一个真正的物联网解决方案，并发布全球首款物联网家电芯片"BF-细滔"，格兰仕因此成为同行业第一个实现定制专属芯片的家电企业。

格兰仕集团董事长兼总裁梁昭贤在格兰仕"超越制造"大会上发言

—【格兰仕的转折点】—

格兰仕的战略转折点是伴随着其业务变革出现的，整体来看，格兰仕创业第一个40年间经历了两次大的业务变革，分别是由羽绒服及制品向微波炉转变的第一次业务变革，及由单一小家电拓展为小家电和白电产品双向并行的第二次业务变革。

由羽绒服跨越到微波炉，让格兰仕迅速成为新兴行业的霸主

格兰仕的创始人梁庆德是"可怕的顺德人"，而格兰仕凭借两次战略转折，以小博大，最终成为改变中国家电格局的"中国智造新名片"，正是中国家电"顺德模式"的缩影。

1978年，已过"不惑之年"的工交办公室副主任梁庆德亲手搭起了简陋厂房，开始人生中的第一次创业。从鸡毛掸子到桂洲羽绒厂，在解决了一系列的技术难题之后，工厂逐渐在羽绒生产上站稳了脚跟，发展成为国内羽绒加工行业的翘楚。假如在这条路上走下去，中国市场可能会多一个羽绒强势品牌，但是，故事并没有按照既定的思路发展。

1991年，在毛纺与羽绒双业务发展势头迅猛，年产值突破亿元的大好趋势下，梁庆德敏锐地洞察到羽绒服装及相关制品的出口趋势将逐渐萎缩，于是决定未雨绸缪，变革业务，从现有行业转移到一个更具有发展潜力和成长力的新行业中。

格兰仕第二代创业企业家，梁昭贤先生当时不到30岁，主要负责处理国际贸易业务，对电子行业非常热爱的他自1990年开始频繁造访日本，研究各种电子产品及其性能，并带到中国市场，其中包括便携式相机、视听播放器、厨房电器等。经过反复论证后，他最终选择了微波炉。

1992年1月，88岁的邓小平视察了以"容声冰箱"闻名遐迩的原珠江冰箱厂（今海信科龙电器股份有限公司）并指出："发展才是硬道理"，"胆子要大一些"。同为顺德人，梁庆德极受鼓舞，更坚定了对家电行业的判断。

梁庆德在毅然售出年盈利上千万的羽绒厂和毛纺厂后，将所有的资金全部投入到微波炉产品的研发和生产上。1992年，格兰仕电器有限公司成立并开始试产，不久，第一台以"格兰仕"命名的微波炉问世。

格兰仕的此次业务变革，现在看来是一次高瞻远瞩的决策，但在20多年前看来完全称得上是一场前途未知的"豪赌"。

当时的国内消费者对微波炉这个新兴品类知之甚少，国内微波炉行业刚

刚起步，整个市场容量仅有20万台左右，国内的生产企业极为稀少，市场被国外品牌把控。而当时的产品售价高达3000元，相当于普通人一年的工资，只有上海等大城市的部分家庭接触和使用过微波炉。微波炉产品到底能不能被更多的消费者接受，市场容量会不会产生巨大变化都是疑问。

面对未知的领域，格兰仕毅然放弃了发展迅猛的毛纺业和羽绒业，将所有的家当投入到市场前景尚不明朗的新兴行业，大有"成则为周武三千，败则为田横五百"之势。如此孤注一掷的豪勇，让格兰仕最终抓住了机遇。

但是创立之初的格兰仕走得并非一帆风顺，技术的不足是其面临的最大问题。因为技术和经验的缺乏，格兰仕第一批试产的10台微波炉都没有达到要求。痛定思痛，格兰仕狠抓技术关，终于攻克了技术难题。

在进入微波炉市场短短3年后的1995年，格兰仕微波炉以年销量25万台的成绩，成为行业霸主。已初步成功的格兰仕没有因为"登顶"而沾沾自喜，面对松下和惠而浦等海外强势品牌的虎视眈眈，格兰仕打破行业常规，推出全国上门服务。同时，为了奠定更大的竞争优势，格兰仕实行"价格驱动、引导消费"的营销战略。

正是因为微波炉行业的未充分发育，国内基本没有竞争对手，格兰仕的全力投入让其具备了较强的规模优势和竞争实力，也保证了格兰仕产品的单机成本远低于竞争对手，这为它的低价策略奠定了基础。

就像松下电器的创始人松下幸之助的"自来水哲学"那样，"要把大众需要的产品做得像自来水一样便宜"。从1996年开始，格兰仕在7年间进行了9次大规模降价，将微波炉的高定价降低到300元左右，成为了大众买得起的国民商品。梁庆德具备顺德人立足本土、捕捉机会的特质，带领格兰仕一跃成为国内微波炉市场当之无愧的行业龙头。在格兰仕最辉煌的时代，全世界每两台微波炉里，就有一台由格兰仕生产。

随后，格兰仕在进一步拓展其微波炉板块的同时，逐步扩展小家电版图，推出了电饭煲产品。1998年，格兰仕的核心业务微波炉和拓展业务电饭煲都取得了良好的市场成绩：微波炉的产销规模达到了450万台，电饭煲的产销规模达到了150万台。1年后，格兰仕更是启动了产量1200万台的超大规模微波炉生产基地，成为全球最大的专业化微波炉制造商。

在国内市场取得压倒性胜利的同时，格兰仕再一次发挥了其高瞻远瞩的优势，这一次，它将目光投放到了更远的地方——海外市场。

1999年，格兰仕实现出口创汇1亿美元，在中国家电行业内位列第二。在随后的几年间，格兰仕迅速覆盖了欧洲、美洲、大洋洲和亚洲的100多个国家和地区，全球知名度和美誉度日益升高。

经过国内、国外两大市场的协同发力，格兰仕同步取得了良好的市场成绩。2001年，格兰仕微波炉国内市场占有率达到70%，全球市场占有率超过40%，在欧洲市场更是突破了45%。

由小家电领域跨越到白电业务，拓展新的业务版图

就在格兰仕以微波炉为核心的小家电领域一路向前的2000年，格兰仕突然宣布投资20亿元，高调进军制冷家电领域。格兰仕宣布进入空调行业让许多人震惊的同时也感到担忧，毕竟彼时的空调行业可不像当初的微波炉行业，空调所处的白电行业竞争本就相当激烈，业内综合实力雄厚的空调企业已有好几家，其中在国内上市的5家空调企业库存压力明显，而与之对应的是空调产品价格的持续走低。

格兰仕做出进入空调行业的决定，是基于其对微波炉行业和空调行业发展趋势的预判。随着中国经济的快速发展，人们的生活质量随之提高，而西方家庭中常见的微波炉也凭借其便捷方便、卫生省时的特点，逐渐走入寻常百姓的家中，国内市场成为微波炉的高成长市场，具有极其巨大的市场潜力。

市场潜力意味着机会，同时，也意味着竞争的加剧。蓬勃发展的中国市场吸引了众多海外知名企业纷纷抢滩，松下、日立、三菱、惠而浦、三洋、夏普、三星、LG等公司先后在中国投资建厂。而看到了市场机会的中国本土家电企业也纷纷上马微波炉项目，国内生产微波炉的企业激增到百余家。

国内和海外企业的双重冲击加速了国内微波炉市场竞争的白热化。虽然占据了国内超过50%的市场份额，但善于未雨绸缪的格兰仕绝不会满足于现状，也绝不会放任危机的潜伏。

作为格兰仕在小家电领域最具威胁的竞争对手，美的集团与日本东芝集团合作微波炉项目让格兰仕意识到，仅依靠微波炉这一单一的核心产品，在后续发展中将有可能面临较大的风险，多元化成为格兰仕必须选择的发展策略。

多元化是中国企业比较热衷的发展策略，因为面对一个开放的市场，中国企业要想与规模和实力数倍甚至数十倍于自身的国际知名公司抗衡和竞争，必须在速度和资源上获得先手。一般来说，资源大多向规模流动，而多元化是快速实现规模化扩张的有效手段，为此，中国企业偏好以多元化来扩展规模，以规模来吸引资源，以资源来抗衡能力，最终抢占市场。同时，业务多元化也可以降低单一业务模式的风险指数，获得更多的赢利点。

但是，多元化策略的实施也不乏失败的案例，比如空调品牌春兰生产汽车、海尔涉足制药、娃哈哈出产白酒……总结多元化策略的成功与失败案例，可以发现，策略的实施是否成功，其根本原因还是在于多元化策略的制定是否关联多元化，而非盲目多元化。简言之，就是拓展出的多元化业务，是否与企业原有的核心业务具有明显或隐性的关联性。

格兰仕由小家电跨入大白电领域正是基于其在小家电领域积累的相关产业链优势和营销网络优势。格兰仕进行业务拓展的战略是将一个产品做精、做深、做透之后，汇聚相关资源和优势，再拓展到另一个相关联的产品领域。

基于在小家电领域奠定的技术、生产和市场基础，在进入空调行业仅1年时间内，格兰仕就实现了40万台的销量。而基于微波炉产品在海外奠定的良好市场占有率和影响力，格兰仕在刚刚进入空调行业后，就打开了欧美市场，并在2002年实现外销1600%的增长，位列中国空调行业出口前茅。

事实上，格兰仕选择在此时进入空调行业，是挑战也是机遇，关键在于能否顺应潮流，抓住机遇。

为了实现向空调行业的战略转移，格兰仕进行了充分的筹备，在技术、生产、资金等方面都做足了准备。

在技术方面，格兰仕与欧洲及美国、日本的空调和冰箱生产企业达成合作，获得了先进的相关技术。在生产配套设施方面，格兰仕采取了强强联合的策略，通过收购国外企业的现有生产装备和生产线，构建了一流的高自动化生产线。在资金方面，格兰仕也争取到了基金机构和银行的支持。

在空调领域，格兰仕没有延续国内空调企业"注重推广和市场，轻研发"的原有模式，而是在技术研发、工艺改造、生产能力、品牌推广和用户服务五大方面均衡发力。格兰仕沿用了在微波炉领域深耕细作的策略，先把单项产品深化做透，精化做强，然后将已形成的成熟模式再移植到第二个产品品类上。

同时，格兰仕敏锐地发现了柜式空调的消费热点萌芽，在市场尚缺乏专业空调柜机制造商的空白期，借势全球制造业向中国市场转移之机，以极为优惠的价格整合了大批量先进的生产线和相关设备，抢先塑造了"柜式空调工厂"的品牌形象，依托生产得到规模效应，在"制造"上赚取利润。

一【格兰仕的与众不同】一

市场磨砺出的超强生存能力

从一个企业的角度来说，找到自己的核心竞争力固然是困难的，但要坚守住这个核心竞争力则是难上加难。这不仅要求这个企业要一直专注于发展核心目标，还需要超乎竞争者的快速反应力和卓越洞察力，更需要在面对多变的市场重重考验时能够坚持初心。

格兰仕拥有超强的生存能力，而这超强的生存能力是经由市场磨砺而出的，而其根本则在于格兰仕对初心的坚守和总成本领先优势。

1996年，经过了连续下跌的中国股市开始触底反弹，再次出现全民"股疯"的局面。面对诱惑，格兰仕保持了冷静。正因为这次没有跟风，让格兰仕顺利渡过了1997年亚洲金融危机。21世纪初期，中国股市再一次大热，同时房地产行业呈现火爆态势，当时国内几乎所有的知名家电企业都因为优异的回报诱惑而选择涉足其中。已成为中国小家电榜首的格兰仕在当时的银行授信额度高达68亿元，很多人都鼓动格兰仕利用贷款赚取外财。一些地方政府甚至愿意为格兰仕提供土地和政策，希望格兰仕进入到房地产领域。面对如此诱惑，格兰仕再一次坚守住了发展的初心，也正是因为这份坚守，让格兰仕在面对2008年下半年的全球性金融危机时，仍然可以保证足够的现金流。

格兰仕一直坚持"只有专业才有基业"的发展理念，也正是得益于在制造业上的专注和专业，格兰仕获得了领先于竞争对手的成本优势。

2000年前后，格兰仕微波炉的磁控管零件还是由韩国供应商供货，磁控管是微波炉最核心的部件，由于供应商的产品质量和供货期屡次出现问题，严重影响了格兰仕的正常生产秩序，遭遇生产瓶颈的格兰仕意识到掌握核心技术和产业链布局的重要性，毅然投入9亿元，与科研机构、高等院校合作，运用最先进的材料和人才，花费6年多的时间，实现了磁控管的全部自我配套。

现在来看，9亿元的投入并不算特别惊人，但在当时，这对于民营企业来说无异于天文数字。高昂的投入也为格兰仕带来了巨大的回报，格兰仕凭借着对核心技术和产业链的掌控，获得了优于竞争对手的总成本优势，让产品在不断升级的同时，价格却越来越实惠。依靠良好的性价比优势，格兰仕成为了名副其实的微波炉大王。

以知识营销对消费者实施观念教育，从而引导市场

一个新产品，在市场推广中要面对的最大问题就是如何让消费者熟悉，让消费者认知并接受。一般来说，企业大多采取广告轰炸的方式，利用高频

率、高曝光的广告来传达产品信息。曾经的爱多VCD，就是凭借大规模的广告轰炸，从鱼龙混杂的市场中脱颖而出。420万请来功夫巨星成龙代言，2.1亿元夺得中央电视台广告标王，如此高额的投入也让爱多赚得盆满钵满。

当然，广告也是一柄双刃剑，它固然是一个教育消费者的有效工具，但如果运用不当，却容易得不偿失，很可能在倾尽所有之后，还没有等到市场的成熟，前功尽弃，所有的努力成了为他人做嫁衣。

所以，与很多家电企业以巨资轰炸中国各大报纸、电视台等媒体不同，格兰仕很少投入巨资来拍摄大制作的广告，它一直秉承的是"花小钱办大事"的原则。格兰仕的市场动作一般是先以低成本迅速启动、预热市场，然后通过润物细无声的广告营销让消费者在记得产品的同时还记得品牌，最后享受成熟市场的果实。

在刚刚推出微波炉产品的前几年，格兰仕通过与全国几百家报纸和杂志合办栏目、开设微波炉知识窗、微波炉菜谱500例专栏等方式，向消费者普及微波炉使用知识、优势、选购方法等，指导消费者使用微波炉。一时间，微波炉成为热门话题，有关微波炉这个新生事物的相关新闻报道和知识文章铺天盖地，形成了规模效应，而格兰仕花费的广告费不足10万元。

随后，格兰仕在北京、上海、广州等全国十余座重点城市举办"微波炉烹饪大赛"，更组织烹饪专家编写微波炉系列丛书和微波炉知识光碟，随着比赛的进行免费赠送给消费者。一时间微波炉烹饪成为热点话题，格兰仕也凭借这一系列动作在消费者心中刻上了微波炉代名词的深刻品牌印记。

在市场中创出声望之后，格兰仕再乘胜追击，抛出"性价比"的杀手锏，以连续三次的大降价，迅速抢占了市场，市场占有率飙升到76%，产销规模也由1995年的20万台，上升到2000年的1000万台。

掌握核心技术，避免被国外竞争对手"卡脖子"

如果要说起被外方"卡脖子"的经历，相信中国的科技类企业都深有感触。早在20年前，格兰仕就经历了"卡脖子"的惨痛教训。当时微波炉市场竞争的核心是磁控管，而磁控管技术掌握在外国企业手中，中国企业只能依靠购买来维持生产。当时的格兰仕刚刚成为全球第一大微波炉制造商，国外竞争对手为了阻拦格兰仕的发展势头，对格兰仕实施了恶意断供。核心部件的缺乏让格兰仕难以顺利生产，一度面临"生死攸关"的抉择。

好在格兰仕没有选择低头，而是奋起反击，经过几个月不眠不休的努力，格兰仕成功攻克了磁控管核心技术难题，在掌握了磁控管核心技术的基础上，格兰仕建立了拥有完全自主知识产权的磁控管生产线，不但解决了"卡脖子"的困境，更有效降低了产品的生产成本，让几千元一台的微波炉一下子降到了几百元，从"奢侈品"的高台上走入"大众必需品"领域。

经历了这次"卡脖子"危机的洗礼，格兰仕化被动为主动，在自主创新的道路上一路狂奔。如今，在磁控管技术领域，格兰仕成为了掌握话语权的强者，全球磁控管技术以格兰仕的标准为参考，格兰仕每年自主研制的磁控管高达3000多万个。

格兰仕掌握磁控管核心技术

过去，中国的制造业破解的是规模和效率，而现在，需要在技术和研发上进行提升，格兰仕早在10多年前便开始在核心技术、产品迭代和整个自主品牌的建设等方面进行了储备。

多年来，格兰仕在参与全球分工合作的过程中，一直强调对核心技术的掌控，在核心技术、产品结构及国际市场开拓模式上做出改变，不断提升技术实力，不断补齐自己的短板。在国外同行因竞争压力而不断做减法的时候，格兰仕反而从一流装备到技术、人才方面的投入，积极做加法，全球招聘专家，全产业链培养和扩充技工。比如，在半导体微波炉这一颠覆性的技术领域，格兰仕早在10年前已经开始研究，现在已经掌握了专利。

格兰仕因此在掌握核心科技的同时，也在不断提高自身的国际市场竞争力和话语权，避免了"卡脖子"的重蹈覆辙。

—【格兰仕的品牌经营策略】—

总成本领先战略让格兰仕具备了低成本优势

谈到中国企业的发展战略，不可避免会谈到格兰仕。首先是因为格兰仕有明确的战略目标，那就是要以规模和成本优势整合家电行业。除此之外，格兰仕还有明确的目标实现策略，就是"高性价比"和"高价值比"的价格利器；而确保目标和策略得以顺利实施的基础就是它的成本领先优势。

成本领先，顾名思义，就是指企业以低单位成本为用户提供低价格的产品。总成本领先战略由哈佛大学商学院著名教授迈克尔·波特（Michael E. Porter）所提出，是指企业在提供相同的产品和服务时通过内部加强成本控制，在研究、开发、生产、销售、服务和广告等领域内把成本降低到最低限度，使企业的全部成本或费用明显低于行业平均水平或主要竞争对手，从而赢得更高的市场占有率或更高的利润，成为行业中成本领先者的一种竞争战略。其核心内容是通过降低产品成本来取得竞争优势，即要使企业的全部成本低于竞争对手的成本。

在格兰仕创立之初，恰逢世界制造中心大迁移阶段，中国成为"世界工厂"，而彼时的格兰仕为自己制定了明确的企业定位——成为全球名牌家电生产制造中心。早在20世纪90年代，格兰仕便意识到世界制造业的重心在向中国转移，于是果断提出"让格兰仕成为世界工厂"，成为最早提出和实践"全球制造"战略的中国家电企业，而更重要的是，通过代工，格兰仕获得了规模的良性循环，以规模效应获得了成本优势。

对于代工，有人认为它不具备技术含量，也赚不到高额的利润，比较低级。格兰仕却不这么认为，它利用代工，不但获得了海外的先进技术，更是凭借成本优势，成功战胜了海外品牌，成为中国少数几个拥有行业控制能力的企业之一。

格兰仕先是依靠成本优势吸引美国企业将生产线搬到格兰仕，通过为美国企业代工，以极低的成本掌握了全球最先进的微波炉生产技术。随后，格兰仕借助代工迅速扩大生产规模，生产规模的迅速扩大带来了生产成本的大幅度降低，使其在市场竞争中的价格远远低于国内外竞争对手，也由此实现了由规模经济带来的生产低成本优势。生产规模的优势也帮助格兰仕在筹供、销售、科研和管理等多个方面获得了更多的优势。比如，格兰仕利用其产量上的优势，在与磁控管供应商的讨价还价过程中取得了有利地位，成功迫使对方连续大幅度降价，也确保了其产品的价格优势。

以成本优势实现规模最大化和行业集中度最大化，再利用规模效应的良性循环反作用于产品价格，双向促进，相互推动。正是凭借着这些优势，2000年，格兰仕连续降价，将微波炉产品的价格狂砍40%，成功压制了海外微波炉品牌在国内市场的发展。2005年，格兰仕以2000万台的全球销量夺取了多年的老对手LG退市遗留下来的绝大部分的市场份额，并夺取了全球50%以上、国内70%以上的市场份额。

品牌渗透战略让格兰仕成功切入细分市场，实现了密集型成长

格兰仕品牌渗透战略的核心主要是利用现有产品开辟新市场实现渗透，及向现有市场提供新产品实现渗透两方面。

利用现有产品开辟新市场实现渗透方面，主要体现在格兰仕依靠价格优势，抢占市场份额。1996年，格兰仕在全国范围内掀起微波炉的价格攻势、连续2次大幅度降价，总降价幅度平均达40%，不但抢占了极大份额的市场，也带动中国微波炉市场从1995年的不过百万台增至200多万台。

向现有市场提供新产品实现渗透方面，主要体现在格兰仕将产品线由微波炉拓展到空调、洗衣机等领域。

90年代格兰仕在微波炉领域的成功，为它后来的发展奠定了良好的市场基础和成本优势，进入新世纪，格兰仕不再满足于单一品类的成功。彼时，格兰仕的微波炉产量高达1200万台，稳居全球首位。但同时，因为连续大幅度降价，也压缩了微波炉产品的利润。格兰仕马上意识到单纯依靠微波炉业务，将难以支撑格兰仕的持续成长，需要借助业务升级转型来找到新的利润增长点。

于是，2000年9月，格兰仕宣布以20亿的投资进军空调及其他大家电行业。格兰仕高调进入空调行业一时间引发了各方的关注和讨论，也再次引发了到底是专业化好还是多元化好的争论。事实上，专业化与多元化没有孰优孰劣，只有适不适合和需不需要。并且，在选择多元化的时候，企业应该执行相关多元化策略，而不是盲目地看到什么行业利润高就进入什么行业。这一点，格兰仕做出了表率。

进军空调行业并非一时兴起，格兰仕是经过深思熟虑的。在进入新的品类之前，格兰仕会考虑市场容量、市场结构、自身优势和竞争程度等几个因素。空调的市场容量比较大，利润也高，人们对空调的需求量不断增加。而当时的空调市场是一个完全竞争的市场，消费者的选择余地很大，品牌集中度一般，这就为格兰仕的进入创造了较好的机会。

进入空调行业后，格兰仕再一次发挥了其成本优势，引领了空调行业的高性价比风潮。2001年，格兰仕发动了空调促销的"六月风暴"，震惊业界，也让众多空调品牌纷纷跟进。2002年，格兰仕再次发动"珠峰行动"，将其喷涂系列20款主力空调全线降价，平均降幅近30%，引发国美、大中等商家和奥克斯、华宝空调厂家的全线降价。格兰仕借助性价比优势，奠定了在空调市场的地位。随后，格兰仕在稳定了一个品类市场后，再一次向相关产业链延伸，将业务版图扩张到冰箱、洗衣机和其他家电领域，通过产品的多样化来降低投资风险、扩大企业规模，建立了自己独特的市场地位。

─【结语】─

翻开格兰仕的发展历史，格兰仕目标坚定，矢志前行，不是没有诱惑，也不是没有艰辛，但即便面对风云变幻，格兰仕从未偏离制造业这条主跑道。作为中国制造伴随国家改革开放成长的一个典型，格兰仕用了不到7年的时间，从微波炉行业的初来者发展为行业的引领者，以事实演绎了中国速度。今天，格兰仕的微波炉、冰箱、烤箱、洗碗机、电饭煲等高端家电已经摆进了欧美主流卖场，自主品牌产品在全球60多个国家和地区有销售，向世界证明着中国质量。

纵观格兰仕的发展历程，一直专注在制造业创新发展，坚持"数一数二""敢为天下先"的发展理念。早在2014年，格兰仕就抓住互联网机遇开始探索数字化转型。2015年，格兰仕启动"G+智慧家居"平台，数字化转型正式提上日程。

格兰仕集团董事长梁昭贤判断未来中国的产业趋势将是信息产业化、产业信息化、制造智能化。2019年9月28日，格兰仕创业41周年大会上，格兰仕发布全球首款物联网家电芯片"BF-细滘"，并正式宣布将集合芯片、边缘技术、无线电力，打造真正的物联网技术解决方案。梁昭贤表示，格兰仕要重新出发，超越制造，只有科技才能做到，要加快将数字科技转化为生产力，通过科技产业化，让全球用户在任何时刻、任何地方都可以享受科技创造的美好生活。

通过全产业链智能制造和"G+智慧家居"，格兰仕正着力于工业4.0基地、芯片产研城的建设，以打造出真正大规模定制的生产方式。

格兰仕，正以核心技术创造着世界品牌，以卓越的品质重新定义中国制造，成为中国品牌走向世界的一面旗帜。

红豆集团：

大梦先觉，创新变革

1957年，一个手工小作坊在无锡港下诞生，这是红豆前身。经过60多年的发展，红豆这一中国民族品牌非但没有被岁月埋没，反而在时光的淬炼下历久弥新，越活越年轻，品牌价值连年攀升。

─【事件】─

2019年6月26日，世界品牌实验室（World Brand Lab）主办的第十六届"世界品牌大会"在北京举行，2019年《中国500最具价值品牌》重磅揭晓，在这份基于财务数据、品牌强度和消费者行为分析的年度报告中，红豆集团"红豆"品牌价值较上一年增幅高达100多亿，以616.72亿的品牌价值，位居该榜单第80位。

据悉，近年来，红豆品牌表现抢眼，品牌价值强劲攀升，2015年红豆品牌价值233.85亿元，2016年上升为310.95亿元，位居"中国500最具价值品牌"91位，2017年红豆品牌价值提升为380.25亿元，位居"中国500最具价值品牌"84位，年增长率超30%！世界品牌实验室（World Brand Lab）是一家国际化、专业性的品牌研究机构，拥有来自世界顶级学府的专家顾问团队，每年发布的"中国500最具价值品牌""世界品牌500强"等系列榜单具有很高的权威性和公信力，已成为衡量企业品牌价值的重要依据。

红豆工业城

1957年，一个手工小作坊在无锡港下诞生，这是红豆前身，经过60多年的发展，红豆这一中国民族品牌非但没有被岁月埋没，反而在时光的淬炼下历久弥新，越活越年轻，品牌价值连年攀升，在柬埔寨打造的西哈努克港经济特区，成为"一带一路"上的样板，品牌美誉度、知名度不断提升。

—【红豆集团的发展历程】—

1957年，红豆集团前身港下针织厂成立。

1984年，注册"红豆"商标。

1992年，江苏省首家乡镇企业集团——红豆针纺集团成立。

1993年，建立起小厂大公司的"母子公司制"组织体制，实行股份制。

1995年，兼并上海申达摩托车厂，开始跨行业发展。

1996年，百万年薪招聘集团总经理。

1997年4月，"红豆"商标被国家工商局认定为中国驰名商标。7月，红豆五大主导产品通过ISO9002质量体系认证。红豆集团被国务院列入全国120家深化改革试点企业。

2001年1月，"红豆股份"在上交所挂牌交易，拉开了红豆资本经营的序幕。3月，红豆衬衫被中国名牌推进委员会评为"中国名牌"产品。9月，推出"红豆七夕节"系列活动。

2002年5月，红豆纽约公司在美国BROADWAY1411大厦正式成立。

2003年6月，红豆进军房地产业。

2004年5月，红豆集团荣获中国服装百强"亚军"，周海江当选中国服装协会副会长。9月，红豆集团制度选人出硕果，周海江当选为红豆集团总裁。

2005年4月，红豆品牌入选"商务部重点培育和发展的出口品牌"名单。9月，红豆夹克被中国名牌推进委员会评为"中国名牌"产品。

2006年3月，红豆荣获中国服装品牌价值大奖。4月，集团被国家知识产权局授予"第二批全国企事业专利试点工作先进单位"。5月，红豆荣获商务部年度最具市场竞争力品牌称号。10月，红豆被评为"2006年中国纺织十大文化品牌"企业之首。

2007年3月，红豆品牌荣获中国服装业界最高荣誉——中国服装品牌"成就大奖"。4月，红豆集团收到国务院时任总理温家宝的亲笔批示——"希望红豆集团越办越好"，江苏省时任书记李源潮、时任省长梁保华对此高度重视，并分别做了批示。红豆集团成为国内首家通过CSC9000T社会责任管理体系认证的企业。

2008年1月，国务院时任总理温家宝主持召开座谈会，听取10家企业代表对《政府工作报告（征求意见稿）》的意见，红豆集团党委书记、总裁周海江作为民营企业代表应邀参加。6月，红豆成立中国首个家纺色彩研发基地。9月，国家林业局批准红豆杉高科技生态产业园为红豆杉科技示范园，红豆杉走进中南海。11月，红豆集团财务公司成立。

2009年1月，红豆集团党委书记、总裁周海江作为民营企业家代表，参加时任国家总理温家宝召开的企业家座谈会，并在会上发言。7月，红豆集团党委书记、总裁周海江被推选为"中国公益事业形象大使"。9月，红豆集团被评为2009年度"中国民营500强"企业。12月，红豆西服通过国家质检总局出口免验现场审查。

2010年3月，红豆集团通用科技股份有限公司新200万套全钢子午线轮胎项目建设启动仪式正式启动。"红豆"牌红豆杉正式入驻世博会中国馆，向全世界展示中国企业在生态开发方面的杰出成果。4月，"红豆七夕节"荣获"2010中国十大著名节庆品牌"称号。6月，红豆集团被国家工商总局认定为首批商标战略实施示范企业。12月，通用公司研发中心获准为"省载重汽车轮胎工程技术研究中心"。

2011年7月，10000棵红豆牌红豆杉入驻大运会。10月，红豆荣膺"2011CCTV中国年度品牌"，展现了品牌强大生命力。11月，江苏省第二家、无锡首家示范性企业大学——红豆大学正式成立。

2012年1月，红豆杉生物公司被认定为农业产业化国家重点龙头企业。3月，由中国纺织工业联合会直接授牌，红豆集团发起创建的"中国纺织材料交易中心"正式上线，这是中国纺织材料专业市场上第一个以现货交易为主的第三方电子交易平台。5月，集团技术中心被评为国家级技术中心，成为中国纺织服装行业拥有国家级技术中心的唯一一家企业。周海江作为民营企业代表当选为中共十八大代表。12月，千里马轮胎获"中国驰名商标"，这是红豆集团第二个中国驰名商标。

2013年3月，红豆集团入选国家两化融合示范企业。11月，红豆入选"2013年国家技术创新示范企业"。11月12日，红豆杉药业抗肿瘤制剂生产线通过国家新版GMP认证。

2014年5月，红豆荣登"中国工业企业品牌竞争力百强榜"。9月，红豆集团荣膺全国质量标杆，为江苏两家、无锡市唯一获此殊荣企业。11月，红豆集团等8家民营企业接到工业和信息化部发放的第四批移动通信转售业务试点批文，标志着集团正式进入电信领域，红豆也成为纺织服装行业唯一一家拿到批文的企业。

2015年6月，红豆集团在霍尔果斯投资建厂。9月，周海江出席第十三届世界华商大会，并作为中国唯一华商代表，在主论坛做了题为《让共赢理念成为华商的共同基因》的主旨发言。11月，红豆股份发布公告拟定增19.6亿元打造智慧红豆。周耀庭获胡润百富终生成就奖。

2016年2月，时任中共中央政治局常委、全国政协主席俞正声主持

召开民营企业家座谈会，周海江受邀参加，并结合企业自身发展及当前宏观经济形势，讲思路提建议，做了精彩发言。6月，2016年《中国500强最具价值品牌》排行榜上，"红豆"跃居第91位，品牌价值上升为310.95亿元。9月，江苏通用科技股份有限公司在上海证券交易所发行上市。由此红豆集团旗下拥有两家主板上市公司。10月，锡东新城第一高楼——红豆财富广场办公大楼举行结顶仪式，成为锡东新地标。11月，在世界物联网博览会首届物联网产业基金峰会上，红豆集团牵头成立了中感物联网产业基金。12月，红豆股份定增18.1亿元用于智慧红豆项目建设。

2017年1月，周海江正式接任红豆集团董事局主席兼首席执行官（CEO）。2月，红豆集团荣获江苏省最高质量奖项"江苏省质量奖"，成为本届省质量奖评选中服装领域唯一一家获奖企业。5月，"红豆"品牌成功入围"2017中国百强品牌"，位居第68位。6月，世界品牌实验室发布了2017年中国500最具价值品牌，红豆位居第84位。周海江光荣当选中共十九大代表。11月，在全国工商联十二届一次执委会上，周海江以高票光荣当选中国民间商会副会长。

2018年6月，2018年《中国500最具价值品牌》揭晓，红豆集团"红豆"品牌价值较去年增幅高达130多亿，以511.95亿元的品牌价值，位居该榜单第81位。7月，工业和信息化部向与中国联合网络通信集团有限公司首批签约的15家企业发放了经营许可证，批准其经营移动通信转售业务，其中包括：红豆集团有限公司。红豆集团目前已在柬埔寨建立起11平方公里的西哈努克港经济特区。随着"一带一路"建设的推进，特区已有来自中国、欧美等国家和地区的企业118家。

2019年1月，中央统战部、全国工商联召开民营企业家迎春座谈会，中共中央政治局常委、全国政协主席汪洋等出席会议。周海江受邀参会，感言民营企业要做好自己事，当好自己人。到华访问的柬埔寨首相洪森在与中方领导人举行会谈。双方在会谈中再次对要共同建设好西哈努克港经济特区予以高度重视，并在1月23日发布的中柬联合公报中强调，双方携手推动西哈努克港经济特区等基础设施领域重点项目顺利实施。这对推动西哈努克港经济特区未来的建设和发展具有里程碑意义。

2019年4月，第二届"一带一路"国际合作高峰论坛开幕，国家主席习近平在论坛上发表主旨演讲，柬埔寨首相洪森出席论坛高级别会议时高度评价"西哈努克港经济特区的成功开发是中国项目成功的典范"。周海江应邀参加论坛，并作为中国民营企业唯一代表在论坛首次举行的"一带一路"企业家大会上作了《以"八方共赢"共建"一带一路"》的主题发言，引起广泛关注。

2019年6月，红豆集团获全国工商联"全国非公有制经济人士理想信念教育基地"授牌，成为全国工商联授牌的首家民营企业。

2019年7月，红豆男装与欧洲顶尖设计师Fabio Del Bianco举行联名合作签约仪式，为红豆"轻时尚"加入更丰富的元素、国际化的前瞻设计。双方携手于9月，先后在意大利米兰、上海成功举办红豆轻时尚新品发布会及登峰系列走秀。江苏省委宣传部授予周海江江苏"时代楷模"荣誉称号。红豆集团党建工作经验《强化党建引领　确保两个健康》，入选中组部组织编写的"不忘初心、牢记使命"主题教育案例丛书之《党的建设》，是全国唯一入选的民营企业。

2019年9月，无锡锡商银行正式获得中国银行保险监督管理委员会筹建批复，成为我国第19家，江苏第二家民营银行。

2019年10月，周海江作为民营企业家代表和来自基层党组织书记代表在天安门观礼台参加庆祝中华人民共和国成立70周年大会和阅兵式。周海江还荣获了"庆祝中华人民共和国成立70周年"纪念章，以此奖励红豆集团在新中国成立以来为经济社会发展作出的突出贡献。21日，中共中央统战部召开纪念光彩事业发起实施25周年座谈会，周海江作为民营企业家代表受邀参加。

2019年12月，通用股份开启"一带一路"新探索。12月28日，通用股份智能化工厂、首个海外生产基地——泰中罗勇工业园生产基地成功下线首条轮胎，标志着通用在打造智能样板工厂及全球化战略布局方面取得了重大进展。

—【红豆集团的转折点】—

抓住机遇，大力改革让红豆进入第一个发展的"黄金时代"

"一颗红豆，三代情缘"，红豆集团的发展史是中国民营企业崛起的缩影，其率先实施的多项改革措施让红豆集团进入了第一个发展的"黄金时代"。

红豆集团的前身，是周林森在新中国成立初期兴办的家庭小作坊，1957年11月，小手工作坊正式改名为港下针织厂。60年代初期，港下针织厂产值近6万元，这在当时是一个惊人的数字，但是随后的"三年困难"时期让港下针织厂生产几乎全部停滞。

进入70年代，港下针织厂又因为生产出了销路极好的土布，产值一度达到20万元，工厂一下子又再现辉煌，但好景不长，因为产品缺乏独特优势，港下针织厂在市场竞争中很快陷入了困境，濒临倒闭。

1983年，村支部书记周耀庭接到一纸调令，成为了港下针织厂的新厂长。面对八台"老掉牙"的棉纺车、堆满仓库的积压布料和早已遣散回家的工人，如何解决这个烂摊子成为周耀庭思考的首要问题。

基于邓小平提出的"打破精神枷锁，使我们思想来一个大解放"的号召，周耀庭在受到极大鼓舞的同时，也敏锐地意识到：改革是港下针织厂唯一的出路。

在深度分析了乡镇企业发展中遇到的各种制约因素之后，周耀庭总结出"产权不明，缺乏主人翁意识，工人人心涣散，凝聚力不足导致生产效益不高"等缺点和"规模不大，转变灵活"的优势。在一番权衡之后，周耀庭果断决定，在港下针织厂实行质量计件工资制。新制度的执行让工厂发生了脱胎换骨式的转变，大大提高了工作效率，当年厂子便实现了扭亏为盈。

1984年，国务院四号文件《转发农牧渔业部〈关于开创社队企业新局面的报告〉的通知》的发布，正式将"社队企业"更名为"乡镇企业"，乡镇企业更多的自主权，让中国的乡镇企业由此进入了快速发展的阶段，也让港下针织厂迎来发展的转折点。

这一年，因为港下针织厂缺乏启动资金，向银行贷款6500元之后，资金仍有缺口，周耀庭大胆地率先实行了员工带资进厂制，劝说员工每人携3000元进厂，约定三年后归还，顺利解决了企业发展的资金问题。而有了充足资金的港下针织厂也迎来了发展的第一个黄金时代，并在这一年注册了后来享誉中国的"红豆"商标。

锐意改革，初试股份制实践，让红豆进入发展"快车道"

随后，港下针织厂开始实行年终效益工资制，工人联产联质，干部联绩，供销人员联利，技术人员联效，企业效益与每个成员的利益紧密挂靠，极大地激发了员工的积极性和责任感。

一年后的1987年，在港下针织厂更名为无锡市太湖针织制衣总厂的时候，工厂的年销售额已跃升到1000万元。

随着企业的顺畅发展，在征询了员工的意见下，将带资进厂制改为保息股金，将员工携带的资金转变为了福利股，到年终按固定比例分红，员工获得了更多的利益。同时，以厂房、车间为单位，实行"内部银行结算制"，也由此形成了红豆集团企业内部股份制的雏形。

经过一系列的体制改革，工厂的发展更为稳定顺畅。除了体制改革，人才引进也赋予了工厂更多的创新活力。以当时厂长工资的20倍高薪邀请已退休的上海中华第一棉纺厂的宋和根厂长重新出山，劝说当时已在河海大学任教的儿子周海江放弃"铁饭碗"，回乡创业。一个大学教师来到乡镇企业工

红豆集团董事局主席兼首席执行官周海江在颁奖现场

作，成为轰动一时的爆炸性新闻，而其示范效应也快速扩散，为红豆引来了一批批来自全国各地的大学生。从1988年到1992年，短短4年间，红豆集团就引进大学毕业生300多名，人才兴厂、科技兴厂开始变为现实。在人才的支撑下，厂里在1988年推出了"护士衫"，一度风靡全国，这是"红豆"的第一件专利产品，也让工厂从年利润几十万一下子飞跃到日净利10万元。

当时国内的市场还处于卖方市场，产品品种短缺，好的产品一经推出就会热销，在此背景下，工厂效益持续以翻番的速度增长。到了3年后的1991年，工厂的年销售额已达到1.1亿元，员工也扩展到近2000人，工厂俨然已成为行业的老大。

而人才战略一直是红豆集团高度重视的策略，为了提升产品的设计能力。1993年，在普通工人月工资只有300多元的年代，红豆集团就以40万元的高额年薪聘请了中国台湾衬衫领域的专家萧文烽担任衬衫厂负责人。高投入也换来了高回报，红豆衬衫在款式、做工和质量等诸多方面迎来了质的改变，也让红豆品牌成为了全国知名的品牌。看到了专业人才的重要性，红豆集团又以年薪80万元聘请了日本专家加藤担任红豆西服技术部经理，让红豆西服在众多的西服品牌中脱颖而出，迅速占领了市场。此后，工厂拉长服装产业链，丰富产品系列，相继开发西服、衬衫等产品。到了1995年，其生产的服装系列产品年销售额达到10亿元，红豆集团也由此开启了服装序列化的征程。

1992年，邓小平前往武昌、深圳、珠海、上海等地视察，让中国迎来了改革开放的新高潮。这一年，红豆针纺集团正式成立，红豆集团再一次做了"第一个吃螃蟹的人"，成为了江苏省第一家乡镇企业集团，并在随后的1993年率先实施了股份制改造。

彼时国家还没有设定乡镇企业股份制改造的相关法规，一切都要摸着石头过河。这种状况让很多想尝试的企业持观望态度，而红豆集团认为时机稍纵即逝，不能消极等待，于是向镇政府和县政府提出股份制改革的申请。

经过不断的争取和讨论，最终采取"增量扩股"的方式进行股份制改革，以便照顾到各方的利益。1992年底，红豆集团"增量扩股"的招股说明书一面市，就成为了当时港下地区热议的头条新闻。

红豆集团紧接着又推出内部股份制，奉行"入股自愿、利益共享、风险共担、股权平等"的原则，股权可以在集团内部流通。在随后的十年间，经过几次股份转让后，红豆集团逐步完成了股份制改革。

在实施股份制改革的同时，红豆集团依然继续进行着企业管理机制的改革。在生产经营中实行"股权开放的内部股份制""效率优先的内部市场制""活成本死比例效益承包制"和"母强子壮的母子公司制"的"四制联动"模式，凭借优化竞争机制促进红豆集团的高效运转。

一系列的创新改革，让红豆集团率先突破了"集体经济模式"存在的产权不明晰的发展瓶颈，由当年的小作坊发展成为一家"产权清晰、权责分明、政企分开、管理科学"的大型现代企业集团，成为"新苏南模式"的代表，走在了全国企业改革发展的前列。为此，红豆集团在1997年被国务院列为全国120家深化改革试点企业，是入选的3家民营企业之一。

多元化发展，让红豆集团成为中国民营经济的中坚力量

虽然已经取得了行业内绝对领先的优势，但是红豆集团并没有自满，考虑到自身产业过于集中单一，想要避免低效益竞争就需要跨行业拓展。开发开放上海浦东的政策给了红豆集团机会，1995年，红豆集团以2700万收购了上海申达摩托车厂，成为全国第一例跨行业、跨地区、跨所有制的兼并案例。这次让人意想不到的收购不但开启了红豆集团相对多元化战略的序幕，也为红豆集团打了头站，让红豆集团自此走出无锡，走向了全国。

此后，红豆集团的产业不断扩展：

1997年，开始人工培育红豆杉，进入高科技生物制药领域；

1998年，进入橡胶轮胎行业；

2001年，开始建设红豆工业新城；

2002年，进军房地产业……

多元化的发展让红豆集团在服装行业遇冷时，得以摆脱不利因素的影响，顺利渡过危机。2001年，"红豆股份"在上海证交所挂牌上市，迈开了资本经营的新步伐。也是在这一年，红豆集团大力倡导"红豆七夕节"，以文化的传承来弘扬中华民族的传统节日。

2007年，党的十七大提出科学发展观，红豆集团开始思考如何转型升级，提出"由生产经营型向创造运营型转变，由传统制造业向生态产业转变，由国内企业向跨国企业转变"的发展理念。

在此理念指引下，红豆集团联合中柬企业在柬埔寨共同打造西哈努克港经济特区，在满足自身海外建厂的需求之外，也为"走出去"的中国企业搭建了一个集群式的投资贸易平台。现在，西哈努克港经济特区已引入企业130多家，成为了柬埔寨境内最大工业园区之一。2016年，国家主席习近平在对柬埔寨王国进行国事访问前夕，曾称赞西哈努克港经济特区为"中柬务实合作的样板"。

2015年，红豆集团启动了"智慧红豆"战略，旨在利用物联网、云计算和互联网等前沿技术改造、提升传统产业，将红豆的主业做大做强，并提出了"自主创新、自主品牌、自主资本"的"三自"发展理念。即以自主品牌促质量变革，以卓越管理促效率变革，以自主创新促动力变革，从而实现高质量的发展。

2018年，红豆携手京东等电商巨头展开战略协作，依托其大数据能力、物流能力与强大的零售黑科技应用，加速新零售升级，到2020年，红豆要争取突破2000家智慧门店。

发展至今，伴随着现代企业制度的不断完善、创新战略的深入实施，红豆集团成长为中国民企500强企业，已形成集团层面"相对多元化"，子公司"高度专业化"的发展格局，拥有"红豆股份"和"通用股份"两家主板上市公司。

—【红豆集团的与众不同】—

大梦先觉，意识、远见和胆量成就了"红豆模式"，让红豆集团实现了从手工作坊到民企明星的华丽转变

红豆集团所处的苏南地区是中国经济发达地区之一，也是中国民营企业的重要发源地，曾经创造了"苏南模式"的辉煌。几十年沧海桑田，一些曾经红极一时的民营企业湮没在历史的尘埃中，而红豆集团历经60多年的发展，依然保持着旺盛的活力，更是以独特的"红豆模式"成为"新苏南模式"的典型代表。

纵观红豆集团60多年的发展，可以总结为"大胆变革、勇于创新"。从质量计件工资制到员工带资进厂制，从年终效益工资制到内部银行结算制，从开放股权到独创"四制联动"，从企业内部股份制到率先进行股份制改革，红豆集团走出的每一步都是远见意识和卓越胆量共同作用的结果。

首先是在制度创新方面，红豆集团可谓是创立了"红豆模式"，早在80年代就开始推进现代企业制度。

红豆集团的第二代领导人周耀庭曾经目睹了很多国有企业因为"大锅饭"的制度弊端导致由盛及衰的过程，所以在1983年上任之后，就计划改变工厂原有的不良体制，通过推行质量计件工资制、年终效益工资制、民主考核制，将工厂的生产效益与工人的个人利益形成牢固的捆绑，极大地提升了员工的积极性和责任感，产品的质量和产量都有了明显的增长。红豆集团更是率先把市场运行机制引入企业内部，在厂方与车间、车间与车间之间实行内部银行结算制，独立核算、自负盈亏。

其次就是开放股权，这可以称得上是红豆集团一次伟大的创新。红豆集团决定进行股份制改革的时候顶着相当大的压力，当时的社会环境对股份制大多抱有观望态度，甚至还有很大一部分人坚持认为搞股份制就是搞资本主义。在红豆集团的坚持下，终于说服乡政府和县政府同意了他们的改革申请，采取了政府和企业共同占股的形式，以满足各方的利益不受影响。这次始于1993年的股份制改革，从根本上调动了大家的积极性。内部股份制结合内部市场制、效益承包制和母子公司制，红豆集团形成了"四制联动"模式，成为了现代企业进行科学管理的成功范例。

再次，红豆集团在企业管理的每一个细节中都渗透了创新的细胞。公司的每个车间都设置了"回音壁"，通过"回音壁"，员工可以把自己的意见或问题直接传达给企业领导，领导必须在第一时间解决问题。还设置了总经理信箱、书记信箱和总裁信箱，如果员工对解决结果不满，可直接给企业最高领导写信。这些沟通平台的设置，得益于红豆集团第三代领导人周海江对欧美发达国家民主管理制度的学习。通过这些沟通平台的设置，堵塞了企业的管理漏洞，增强了企业的凝聚力。

在领导干部的任免上，红豆集团采取民主选举制。无论是普通员工还是科室人员，只要有能力，都可以竞争上岗，进入管理岗位。通过人才选拔相关制度向上流动，不断晋升。集团制定公正、公开、公平的"赛马"制度规则，唯才是用，外不避远，内不避亲，由变关系导向变为绩效导向，从车间主任到厂长、二级公司总经理、集团部长、总裁，一律采取公开竞聘。

经过多年的探索创新，红豆集团建立了相对完善的现代企业制度，并创新性地把"党的建设"和"社会责任"融入现代企业管理，形成了"现代企业制度+党的建设+社会责任"的治理模式，有效突破了企业管理的"天花板"瓶颈。

管理机制的创新让红豆集团焕发出勃勃生机。著名经济学家吴敬琏在考察红豆集团时，曾评价红豆集团"把国有企业的病看透了"，做到了"怎么有利于企业发展搞活就怎么搞"。红豆集团在管理创新方面的探索还得到了中组部的高度肯定，并在2012年向全国推广了红豆模式。

高度重视人才引进，独创"接班人选拔模式"，以制度选拔人才，确保了红豆集团充满发展的活力

人才战略是红豆集团多年来顺畅发展的"源头活水"。在周耀庭刚刚接手港下针织厂的时候，就意识到需要引进更多的外脑和人才，借助产品质量和技术水平的提升才能将濒临倒闭的工厂盘活。为此，他不惜花费重金聘请专家，除了前文提到的，以当时厂长工资的20倍高薪聘请退休在家的原上海中华第一棉纺厂宋和根厂长，还对13位退休的上海老师傅发出了邀请。为了方便外地的专家来厂里指导工作，他首创了"星期日"工程师制度，让外地专家在周末休息日来厂里进行技术指导，解决了工作时间的冲突。

通过重金引进人才所取得的成绩，使周耀庭更加感受到了人才对企业的重要性，这样才能吸引更多的高技术人才，特别是当时紧俏的大学生资源成为他迫切需要解决的难题。但在当时，乡镇企业大多是小打小闹的作坊式工厂，没有大学生分配名额，也没有大学生愿意到乡镇企业就职。

于是，便有了前面我们说到的，让长子周海江放弃大学教师的"金饭碗"，回乡创业的事件。也正是借助这一典型案例的示范效应，让更多的大学生看到了乡镇企业做大做强的决心，吸引了大批的大学生加入到红豆集团，人才的引进为红豆集团打造品牌注入了创新活力，诞生了一系列的创新产品，也为红豆集团的发展赢得了"第一桶金"。

在随后多年的发展中，红豆集团持续加强对"双高"人才的引进力度。2009年，红豆集团又制定了"红豆百才工程"，出台了相关引才政策，引进了100多名海内外高级人才，为企业发展奠定了坚实的人才基础，其产品也得以不断升级，从全棉针织免烫T恤，到牛奶丝T恤，到碳纤维健康热能服等。

红豆集团对人才的重视是促进其发展的一个重要因素，而其创造的"接班人选拔模式"，更是为其他企业挑选和培养接班人提供了更多的借鉴和经验。

放弃"金饭碗"回乡协助父亲"创业"的周海江很有想法，创立品牌，采用现代化管理，创新产品，以160万的大手笔让红豆的产品走进中央电视台《新闻联播》的演播厅，以及后来的多元化发展等让红豆集团改头换面的策略大多出自于他的构想。

在红豆集团工作8年之后，周海江获得了集团的一致认可，在大家都认为他的"接班人"身份板上钉钉的时候，周耀庭却宣布要在社会上花百万年薪招聘总经理，因为他坚持"任人唯贤"。尽管周海江已经取得了不错的成绩，但如果能找到更有能力的人，他会毫不犹豫地选择更适合的人担任"接班人"。

这一点与大多数中国民营企业的选择不同。据统计资料显示，中国300多万家民营企业中80%以上为家族企业，这些家族企业中超过90%会选择"子承父业"模式来选择接班人。很多民营企业的"二代"领导总要经历一些波折，花费一些时间才能真正适应身份的转变，也难免会影响企业的发展。

红豆集团的模式则成功规避了这一风险，因为它的"接班人"是通过在实际工作中选拔出来的。周耀庭将集团的资产分成8块，备选的高层领导一人分管一部分，集团给每一个备选人的资源相同，10年的发展时间，能者居上。最后，周海江成功地打造出一个上市公司"红豆股份"，以强劲实力和不容置疑的成绩当仁不让地成为"接班人"。

—【红豆集团的品牌经营策略】—

"集团相对多元化、子公司高度专业化"的品牌发展战略成就红豆集团的跨国名企

20世纪90年代初期，红豆集团已发展成为全国最大的针织内衣工厂之一，但当时的产业类型很单一，也导致了企业在延续发展的过程中遇到了瓶颈。为了拓宽业务领域，红豆集团开始向服装的系列化发展，除了原来的强势领域针织内衣之外，拓展了西服、夹克、衬衫、T恤等品类，到了1995年，红豆集团已成为全国最大的服装生产基地之一。

尽管业务领域有所拓展，但仍然没有跳出服装领域的圈子，一旦服装行业遇冷，红豆集团的发展依然会受到影响。为此，红豆集团决定将业务触角扩展到其他行业。于是，从收购上海申达摩托车厂开始，红豆集团一步步向

多元化迈进。

红豆集团的多元化并非跟风的盲目型多元化，也并非单纯的利润驱动型多元化，它的多元化是在充分权衡了自身需求和优势的基础上，有的放矢地"相对多元化"，这也是红豆集团多元化策略得以成功的一个重要原因。

谈及企业拓展，多元化是个规避不了的话题。林林总总实行多元化战略的企业那么多，为什么有的企业一路高歌，有的企业却以失败告终甚至破产收尾？

曾经在电脑行业风光无两的巨人集团和曾经的保健品第一品牌太阳神集团都遭遇过盲目多元化之殇。巨人集团在1989年至1993年间，年产值从4300万元飚升至13亿元，迅猛的发展势头让巨人集团一时间有些盲目自信，在原产业还有巨大潜力需要更充分挖掘的时候，却把大量资金抽调到别的行业进行多元化发展。并且，巨人集团犯了绝大多数失败的多元化企业都会犯的错误，那就是盲目与贪多。

在1993年底的时候，巨人集团组建了十几个项目公司进行多元化拓展，涉足的领域五花八门，涵盖石油、化妆品、汽车、边境贸易等等。老话说"贪多嚼不烂"，一下子扩展这么多产业必然会牵制巨人集团的巨大资金流，导致原有的优势产业得不到足够的资金，削弱了原产业的发展势头，让竞争对手纷纷赶超。而在新产业领域，由于资金的分散，导致每一个产业都没有充分发展，也就谈不上竞争优势。最终，因为丢了原有产业的优势，在新产业上也没有取得显著的成绩，加上资金问题，曾经的"巨人"轰然倒塌。

太阳神集团在实施多元化策略的最初，还是比较审慎的，采取的是"保健品主业为主，其他产业为辅"的策略。但是由于保健品行业竞争加剧，以及之前以"利润换市场"策略逐渐失效，为了追求更高的利润收益，太阳神集团转变了之前较为谨慎的态度，开始加大横向拓展的步伐。从1993年开始，太阳神集团一连上马23个新项目，业务涵盖房地产、餐饮、化妆品、广告、市场调研、汽车贸易、电脑维修、加油站和文化体育等行业，几乎是什么行业利润高就涉足什么行业。太阳神集团的多元化之路以损失几个亿的代价，以惨败告终。

如今的巨人集团和太阳神集团已吸取教训，回归主业，并且适度进行了主业内的相关多元化拓展，虽然与当年的辉煌不可同日而语，但也算恢复了一些元气；但有的企业也许在失败之后就没有那么幸运了。

就在刚刚过去的2018年，山东两家规模超过5000人的大型集团企业宣布破产，一时间业界哗然。这两家企业一家是曾高居"山东民营企业百强榜"第二位，年营收额超过400亿的山东晨曦集团，一家是企业领导曾被国家最高领导接见，并助力马丁·塞梅拉德在世界汽车拉力锦标赛夺冠的山东永泰化工集团。他们同样死在了盲目多元化的道路上，不知道在未来是否还有东山再起的希望。

红豆集团与这些失败企业最为不同的一点，就是在多元化的道路上稳扎稳打，在确保主业优势的同时，用多余的力量开拓新领域，并且在每一个产业精耕细作。"集团相对多元化+子公司高度专业化"的发展模式，让红豆集团得以保持产品的高度专业化，人才的高度专业化和企业的高度专业化。其所涉足的产业，都是以一个切入点为基础，集中资源，做大做强，然后再以点带面地逐步扩展。比如，红豆集团的橡胶轮胎产业，就是专攻全钢子午线轮胎中的矿山型轮胎，目前红豆全钢子午线轮胎产量已达400万套，完全达产后产业规模将进入全国前五。还有生物医药大健康产业，它专做红豆杉抗癌药物。在相对多元化布局下，橡胶轮胎、房地产和生物医药这三块业务的增长率给红豆集团整体的收益带来了巨大的补充作用。

进行国际化布局，以共赢生态圈让更多中国品牌走向世界

在经济全球化的大背景下，越来越多的中国企业走出国门，参与到国际竞争与合作，与世界知名企业接轨，其中不乏优势民营企业的身影，红豆集团就是其中的一个代表，并且走出了一条独具特色的国际化发展之路。

红豆集团的国际化道路可以归结为五方面，即健全组织体制，采用国际化的用人机制，产品要不断走向国际市场，积极在海外建立分公司，创立国

际品牌。

在产品走向海外和海外建立分公司方面，红豆集团的起步较早，追根溯源，红豆集团正式开启国际化征程要追溯到其在日本设立的第一个海外分公司。1993年，红豆集团做出了一个大胆的决定，在日本大阪建立了自己的第一个海外分公司——红豆大阪株式会社。红豆大阪株式会社的运营取得了较好的成绩，这次探索的成功也强化了红豆集团进行国际化发展的信心。2001年和2002年，红豆集团又相继在美国洛杉矶和纽约开设了两家海外分公司。

2005年，红豆集团又在中国香港开设了办事处，以中国香港这个全球化的自由贸易港为平台，进一步开展海外贸易。之后，红豆集团又相继设立了西班牙办事处、新加坡分公司等多家海外办事处和分公司。借助建立海外分公司和办事处，红豆集团的产品更好地走出国门，经过多年耕耘，红豆集团的产品在美国、澳大利亚、加拿大、日本、俄罗斯、中国香港等20多个国家和地区占领了稳定的市场份额。

2005年，红豆集团第三代掌门人周海江登上世界知名杂志《福布斯》的封面，一时间红豆品牌成为了中国纺织行业走上国际舞台的一个标志，在全球市场掀起一阵热议。

2007年，在鼓励企业"走出去"的政策激励下，红豆集团开始涉足跨国经济特区的建设。2008年，红豆集团联合中国和柬埔寨多家企业共同打造了柬埔寨西哈努克港经济特区。经过十余年的努力，西哈努克港经济特区已成为"一带一路"战略实施的标杆性项目，吸引了130多家来自中国、欧美等国家和地区的企业入驻，不但帮助中国企业以柬埔寨为平台向全球推广自身的产品，也为柬埔寨当地创造了大量的就业机会。

红豆集团还在海外直接投资建厂，以获得更多的海外资源。2008年，红豆集团与印度尼西亚最大的轮毂经销商达成了合作协议，在雅加达建设一个摩托车轮毂生产厂，并计划在东南亚地区建立生产基地。

　　红豆集团的海外发展可以说是国际化发展策略的1.0版、2.0版和3.0版的涵盖与结合。产品的直接对外贸易是其国际化的1.0版，直接且"短平快"。在海外设立分公司和工厂是其国际化的2.0版，有助于红豆集团获取不同国家和地区的有利资源，获取自身需要的技术和品牌；而利用自身的园区建设经验，建立西哈努克港经济特区这样的海外跨境工业园区，则开辟了其国际化的3.0版。不同方式和互相结合及相互贯通让红豆集团的海外拓展更为顺畅。

　　更为重要的是，产品对外贸易和海外建厂（公司）为其发展和建设跨国经济特区提供了资金、技术、人才、经验和资源等一系列的支持。而借助建立西哈努克港经济特区等方式，红豆集团不但让自己的企业走了出去，也帮助更多的中国企业一起走了出去，更是让中国的品牌走了出去。

柬埔寨西哈努克港经济特区

—【结语】—

60多年前的红豆，还是无锡港下镇的一个手工小作坊；60多年后的今天，它成为拥有两大产业园区、两家上市公司、四大产业板块、六百多亿营收、10万人就业的现代企业集团。格局决定结局，60多年风雨兼程，拥有远见卓识、精于创新改革、善于谋划布局、勇于拼搏奋斗的红豆集团绘就了中国民营企业创造辉煌的瑰丽画卷。

利郎:

大道至简

　　回溯利郎30多年来的发展历程，从自主研发到自主销售的全产业链构建，从在国内首倡"商务休闲"到"轻时尚"男装概念……利郎始终在不断提升品牌核心竞争力的同时，加快企业的转型升级，以满足当下消费需求。

—【事件】—

2019年8月13日，利郎发布2019中期业绩公告，公告指出，截至6月30日，利郎收入15.40亿元，同比增长19.1%，净利润上升到3.89亿元，同比增长14.0%，零售店总数目增加83家，全国累计零售店达2753家。

中国利郎主席兼执行董事王冬星对此表示上半年业绩的提升，主要反映利郎零售门店的销售效益进一步提升，持续经营超过18个月的零售门店，期内同店销售实现高单位数增长。另一方面，去年新开的店铺面积较大，也带动了收入增长。

自1987年成立至今，利郎构建了覆盖全国31个省、市、自治区和新疆生产建设兵团，拥有80余家零售分公司的营销网络。截止2019年6月30日，利郎全国门店累计达2753家，其中，LESS IS MORE独立专门店已达到255家。

在"90后"群体步入消费主力大军行列的当下，shopping mall成为趋势性消费渠道，也是培育品牌影响力、辐射力的制高点。

顺应行业发展趋势，利郎开始逐步转向shopping mall内开店，抢占这一主流消费群体的消费入口制高点。截至报告期末，利郎购物商场店数目已增至680多家，占门店总数目接近25%。

—【利郎的发展历程】—

1987年，利郎创立，公司成立初期创业资本3万元，3台老式缝纫机，1台老式烫斗。

1988年，利郎引进香港设备，成为福建省第一家专业生产西服的工厂。

1989年，产品销售至福建省各地，利郎西服成为结婚必备服装。

1990年，以全国各大商场为终端，进入哈尔滨、长春、沈阳等一级城市。

1991年，利郎西服获农业部"部优产品"称号。

1992年，利郎荣获农业部颁发的农业部全面质量管理达标证书。

1993年，利郎进入高速发展期，利郎服装畅销全国31个省、市、自治区。利郎荣获由福建省城市社会经济调查队、中国企业评价中心福建分中心颁发的全省消费者商品占有率第一名。

1994年，利郎荣获由中国企业评价中心颁发的福建市场消费者公认的理想商品，荣获福建省消费者信得过商品奖。

1995年，利郎荣获由泉州市人民政府颁发的泉州刺桐杯时装展一等奖，荣获由福建省技术监督局颁发的福建省沿海地区工业标准化示范市先进企业，荣获由福建省乡镇企业局颁发的福建省乡镇企业名牌产品，荣获由中国社会经济决策咨询中心福建分中心颁发的福建市场消费者购物首选商品，荣获由泉州市技术监督局颁发的产品质量监督稳定证书。

1996年，利郎导入ISO9002国际质量管理体系，荣获由中国保护消费者基金会、中国轻工协会颁发的中国消费者信得过名优产品，荣获由泉州市人民政府颁发的泉州商品交易会参展产品金奖，荣获由福建省人民政府颁发的福建名牌产品称号，荣获由福建省营销协会、福建省进出口企业协会颁发的福建十大畅销品牌。

1997年，荣获由福建省营销协会颁发的闽货市场占有率第一称号。

1998年，荣获由泉州市人民政府颁发的泉州商品交易会产品质量金奖，荣获福建省著名商标称号。

2001年，成为中华人民共和国第九届全运会福建代表团礼仪西服。

2002年，荣获由服装时报社、中华全国商业信息中心、中国百货商业协会颁发的"中国2001年度最受消费者欢迎的休闲装品牌"。

2003年，荣获国家工商管理总局授予的"全国守合同重信用企业"称号，荣获由福建省商标协会颁发的福建省十佳消费者最喜爱商标，荣获由泉州市人民政府颁发的"2002年度创名牌先进单位"称号。

2004年，"利郎"商标被评为国家免检产品，荣获"工商信用良好企业""纳税信用A级企业"，荣获由福建省人民政府颁发的福建省名牌产品，荣获由国家质量监督检验检疫总局颁发的国家免检产品（西裤）称号。

2005年，荣获"商务男装第一品牌"。

2006年，利郎首次代表中国承办"世界男模大赛总决赛"。

利郎男装

2007年，"利郎"商标被国家工商行政管理总局认定为中国驰名商标。利郎代表中国乃至亚洲，登上国际顶尖时装周——米兰时装周。利郎工业产值超5亿元，荣膺"中型工业企业"。

2008年，利郎参加世界第五大时装周——东京时装周，入选《福布斯》最具潜力企业榜单，荣获"福建工业企业300强""福建工业主要行业前10强""福建企业形象100佳""金谱奖""影响2008最具时尚影响力服装名品""全国大型工业企业"。利郎零售管理学院揭牌成立。

2009年，利郎成为首个代表大陆的企业参加中国台北时装周，为两岸文化交流做出贡献。全新时尚子品牌L2问世并成功运营，多品牌发展战略正式拉开序幕。荣获"国际知名品牌""中国商务休闲男装首选品牌""亚洲十大驰名品牌"。成功登陆港交所，成为内地首个在香港上市的男装品牌（股票代码：01234）。

2010年，利郎荣获"2010行业十大领军品牌""中国市场十大畅销男装品牌""中国最具成长性新上市公司""中国广告主长城奖·消费者信赖的知名品牌"等称号。

2011年，参展2011CHIC中国国际服装服饰博览会。利郎荣膺"华尊奖·中国男装行业最具价值上市公司/中国最时尚商务男装品牌"。全新时尚办公大楼落成，一场自上而下的利郎时尚革命由此开启。中国男装品牌利郎分别在日本东京银座及泰国曼谷机场投放了巨幅户外广告，海报内容为两个身着中国唐装的外国模特。利郎将目标受众锁定为在日本、泰国的旅行者，首次在海外投放户外广告。

2012年，利郎文化长廊正式揭牌。利郎创意园奠基仪式开启，设立国际研发团队，举办"冥想2012"北京时装周发布秀。利郎携代言人陈道明远赴美国纽约时代广场和第五大道拍摄最新广告片——《我们的时代》。

2013年，获得"中国服装业最具增长力上市公司"和"中国服装业最具竞争力的十佳明星企业奖"。第十届《中国500最具价值品牌排行榜》中，荣膺"中国500最具价值品牌"。提出"提质不提价"的企业发展战略方针。

2014年，荣获"华尊奖中国男装行业领导品牌"。参与第九届亚洲品牌盛典，荣获"亚洲品牌500强"荣誉。利郎成为中国服装协会第六届理事会常务理事单位。提出2014~2018新五年战略规划，打造有设计感、时尚感、品质感，有品位的性价比最高的国际化男装品牌。新一季形象广告及首支时尚微纪录片《陈道明的北欧极简之旅》在哥本哈根拍摄。利郎旗下品牌L2荣膺最佳潮流男装品牌。

2015年，利郎总部展厅（时尚艺术体验中心）开业，利郎赞助"不朽的梵高"感映艺术大展，并举办"梵·想LILANZ x Van Gogh Alive（利郎&不朽的梵高）"合作概念系列时尚发布秀。赞助2018俄罗斯世界杯预选赛。利郎总部创意园区正式破土动工。荣获中国服装行业最具创新力品牌，获得"2015中国鞋服产业之星"称号。

—【利郎的转折点】—

抓住时代机遇，创立利郎品牌，引入品牌战略规划，走出迷茫期

利郎是诞生于晋江模式下的男装品牌。随着1978年的改革开放，觉醒了商业意识的晋江人靠着"爱拼才会赢"的韧劲，率先走出一条以股份合作为主要特征的县域经济发展之路。而"紧紧咬住实体经济发展不放松，以改革创新和发展品牌为核心动力，以自主全面发展为核心内涵"的晋江经验也指引着利郎在30多年的发展中，始终坚守主业，深耕服装领域，开创自主品牌，始终秉持"对不完美零妥协的态度"和对细节执着的匠心来完成每一件服装。

1979年，仅以4分之差与大学失之交臂的王冬星考虑到家庭的经济情况，放弃了复读，拿起书本自学起了裁缝。以三台缝纫机起步，经过几年的积累，他在1987年带着弟弟们办起了服装厂。

服装厂的创办正值国企深入改革，个体经济随之诞生的阶段，抓住了时代机遇的服装厂在第一年就盈利10多万元，在那个"万元户"都会登报表彰的年代，10多万元无异于"巨大"的财富。第二年，服装厂的盈利更是飙升到了88万元。三兄弟看到了服装行业良好的发展前景，决定成立公司，以谋求更大的发展。

当时，国家正好加大了招商引资的力度，实施"三资"企业优惠政策。王冬星找到在香港的舅舅，以与舅舅合作的名义成立了内地与香港的合资公司，取名为利郎。

刚刚成立的利郎在服装款式上紧跟潮流，仿照国外和港台地区流行款式，一经推出，便受到了市场的青睐。尤其是利郎西服，俨然成为了福建人结婚时的新郎标配，连广告语都是"利郎，给先生的情意"。

短短几年间，利郎发展得风生水起，每天都有100多辆车在公司门口排队等着拉服装，产品一生产出来就被批发商拉走。利郎也成为了福建省家喻户晓的著名商标。

此后的几年，利郎延续了之前的辉煌。但到了1995年，利郎遇到了发展中的瓶颈，进入了低谷期。虽然产品销量还是不错，但利润开始下滑。随着外资品牌的进入，市场竞争愈发激烈，以仿款取胜的利郎市场空间受到了严重挤压。1997年，利郎在福建市场进行了品牌调研，虽然利郎品牌的知名度还是很高，但美誉度却只维持在低位。从供不应求到市场萎缩，利郎陷入了迷茫。

1998年，利郎的发展越发艰难，如果再不改变，随时都有可能全军覆没。痛定思痛，利郎引入了战略规划，聘请了很多专家重新制定企业的战略目标，从做批发转到连锁专卖和品牌经营，从单一的西装做到整个男装系列，并在此后开始全身心进行设计团队的打造、技术的创新、供应链的扁平化改造、服务的提高、营销的转型等多方面改革，一步一个脚印，逐渐走出了困境。

以"商务休闲男装"的产品定位确立品牌形象，进入品牌经营阶段

谋求改变的利郎在市场调查中受到商务通成功的启发，意识到商务人群的逐渐增多孕育着巨大的商机，经过反复探讨论证，2000年，利郎在国内率先提出"商务休闲男装"的产品定位，确立了产品的差异化形象。那么如何让这一产品定位被大众所知悉、接受并形成烙印呢？利郎想到了请代言人做广告。

事实上，利郎早在1989年就采用了广告策略来进行传播，不过那时候的利郎还没有形成系统的品牌意识，虽然在福建电视台一掷千金进行广告宣传，但广告投放比较盲目，仅仅是产品广告，并没有鲜明的产品定位和品牌形象树立。而这一次则不同，已经历了十余年市场磨砺的利郎没有被大批晋江企业蜂拥进军央视的情况诱导，反而非常谨慎地做了两年市场调查。

2002年，在反复对比考量之后，利郎最终确定邀请著名表演艺术家陈道明担任利郎的品牌形象代言人，对利郎的品牌形象进行宣传，因为他本身的知名度、美誉度及内涵修养刚好可以传递利郎"简约、大气、有品位"的品牌内涵。

在决定以代言人进行品牌传播，塑造品牌形象的时候，利郎的内部就有一些反对的声音，认为"有钱花在请明星上，还不如先把生产设备维修更新了"。当时利郎的经营状况也确实一般，尽管以陈道明当时的地位，他开出的代言费要价并不高，但利郎的账户上已经没有过多的钱了，为了实现这次代言，利郎拿出了破釜沉舟的勇气，向朋友借了部分款项，才凑够了代言费，并在中央电视台进行了广告投放。当时在中央电视台进行广告的费用高达近2000万，而利郎2001年的全部营收仅有4000多万，这对当时的利郎来说，无异于一场豪赌。

事实证明，利郎赌对了。陈道明的精彩演绎让更多的消费者认识了利

郎，接受了利郎，也记住了利郎。至今仍有很多人认为，利郎的成功始于这次与陈道明的完美结合。利郎由此真正走出了福建，走向了全国。

2002年，利郎携新产品参加在北京举办的中国国际服装博览会，并邀请陈道明在展台上走秀演绎新产品，一时间引起了轰动。有了陈道明的代言，加上前期大规模广告的铺垫，来自于全国的众多经销商慕名前来寻求加盟合作，利郎借此走出了最艰难的时刻。

意识到品牌传播的重要性，利郎此后把借势重要时刻进行密集品牌传播的策略运用得炉火纯青。2004年雅典奥运会期间，利郎再一次借势推出连续16天的高频次广告，极大地吸引了消费者的关注，有效提升了品牌的知名度和市场份额。这一年，利郎的销售额从4000万元飙升至1.2亿元，店铺数量翻了一番，达到了400多家。

利郎的"简约而不简单"已成为大众耳熟能详，熟记于心的品牌理念，利郎男装以差异化的品牌形象于一众国产男装品牌中脱颖而出，而一直处于调整期的利郎也由此进入了品牌化发展阶段。

赋予产品以品牌内涵，以文化认同引导品牌忠诚，进入品牌国际化阶段

品尝到了品牌带来的果实，利郎在追求品牌化的道路上越发坚定与执着。意识到自身与国际知名品牌在品牌溢价上的差距，利郎决定将业务视野扩展到全球，从欧美、日本等地区和国家引进了先进的服装生产设备，改造了生产线。设立国际研发团队，并开始努力引入国内和国际的设计高手，在产品上融入更多的原创设计，在同质化的市场中做出独树一帜的卖点，拉开品牌差异化，也极大地提升了产品的品牌体验。

2008年的北京奥运会，让中国体育用品行业的竞争自此进入了白热化，而这场没有硝烟的战争也延伸到了男装领域。除了竞争激烈的线下品牌，依托于互联网平台的凡客诚品等新品牌也纷纷崛起，而杰克琼斯、GXG、马克华菲等年轻时尚男装品牌也掀起了一波时尚风潮。

风起云涌的服装行业，不断涌现的品牌，不断丰富的品类让男性消费者大有"乱花渐欲迷人眼"之感，这也时常扰乱着他们的购物选择。要想吸引消费者，就要在产品上做出差异化，赋予品牌内涵，以文化认同引导品牌忠诚。

于是，在2008年，利郎将品牌标识LILANG升级为LILANZ，以此全新锐变为基点，开启了品牌国际化战略。

首先第一步，是提升产品的设计能力。利郎早在2001年前后就开始致力于提升自身的设计能力，邀请了国内众多优秀的设计师加盟利郎。后来，随着国际化战略的提出和推进，利郎还组建了国际研发团队，聘请了曾经任职于阿玛尼、李维斯、GAP等国际知名品牌的设计师担任设计总监，并组建了一批日本设计团队，由此也保证了利郎在产品研发上的持续领先。

利郎的努力取得了良好的成果，成为了中国第一个登上米兰时装周的男装品牌，紧接着又受邀参加东京时装周和台北时装周，成为第一个参加东京时装周的外国品牌。

第二步是通过产品的差异化赋予产品文化内涵，最终以文化引导品牌认同的形成。

作为内地首家在香港成功上市的男装品牌，利郎2009年正式登陆国际资本市场，拉开中国男装品牌资本升级的大幕，而支撑利郎成功走向资本市场的关键正是在于品牌的差异化。

利郎的品牌差异化体现在品牌营销定位的差异化和产品设计理念的差异化两个方面。

在品牌定位方面，利郎凭借在中国男装行业内首次提出"商务男装"概念，以细分出一个品类的策略抢占了市场先机，也引领了中国商务男装的风潮。历经十余年的努力经营和市场考验，已拥有良好市场口碑和品牌美誉度的利郎也获得了庞大的忠实消费者群体，并成为中国商务精英的着装首选。

而在产品设计上，利郎秉承的"简约而不简单"的差异化设计哲学则让其在产品上独具风格，凭借"中国兵马俑大秀""商秦智变""宗教之旅"等一场场令业内人士耳目一新的时尚大秀在各大服装周上惊艳亮相，展现了其"简约而不简单"的独特产品魅力。

2016年，利郎抓住年轻消费群体逐渐成为消费中坚力量的趋势，在一、二线市场推出LILANZ轻时尚系列产品，盯准20~35岁的年轻消费群体，以时尚设计、款式丰富的产品文化满足年轻都市男士对精致、年轻、时尚的着装需求。

除了产品承载和传播品牌文化，利郎还斥资10亿元打造国内首家集"文化、设计、研发"为一体的大型文化创意园，园区内规划有时尚发布会场馆、设计师创意工作室、时尚工厂、利郎博物馆以及其他配套生活设施等综合建筑群。通过建设文化创意园，不但为利郎打造了一个展示品牌文化的新窗口，还整合了全球时尚资源，打造了一个全球时尚艺术设计师聚合的开放平台，深耕文化时尚产业，并助推中国服装产业发展。

一【利郎的与众不同】一

"焦点法则"成就了利郎，助其成为第一个登上米兰时装周的中国男装品牌

利郎的品牌能够取得成功，与"商务休闲男装"的市场定位、"简约而不简单"的品牌文化演绎息息相关。

20世纪90年代末，利郎总裁王良星发现掌上电脑"商务通"在中国商务人群中广泛流行，而此时利郎在风光了十余年后，发展已现疲态，当时的市场环境也处于竞争激烈的状态，西服领域有杉杉、雅戈尔等高端品牌，休闲夹克衫领域有七匹狼、柒牌、劲霸等强势品牌的围击。以利郎当时的实力，想要在男装市场脱颖而出，绝对不能采取强硬策略，只有寻求一种崭新的风格和概念，走差异化道路。

王良星从商务通的流行中敏锐地捕捉到了商机，最终挖掘出了"商务休闲男装"的概念。有了概念和方向，利郎决定将其作为品牌定位，但利郎也发

现，自身原有业务的方向与这个概念以及利郎所在的地区产业基因都不相符。

在此之前，利郎业务的主攻方向是男士正装，然而中国服装最完整的正装产业链并不在利郎所在的福建，而在浙江，而福建则拥有国内最完整的休闲男装产业链。

考虑到产业空间集中的原则，以及未来品牌定位的因素，利郎决定立足当地，整合当地资源以确立品牌优势。于是，它对产品重新进行了风格上的定位，在国内服装界率先提出了"商务休闲男装"概念，主攻方向由男士正装调整为开发既不失风度又看起来轻松，适合商务谈判时穿着的男装。

在率先提出"商务休闲男装"的概念后，利郎采取了"焦点法则"，也就是汇集设计开发、广告创意、形象代言、销售终端等方面的所有能量，集中打造利郎品牌，由此成就了利郎。

首先是产品设计开发方面，当时整个福建休闲男装产区因为价格战的原因已经出现了病态，为了抢占市场，各品牌的产品都将价格作为竞争手段，导致所有的品牌都在中低档位混战，这使得休闲男装市场处于低水平的竞争状态下，市场已显疲软。对于利郎这个后来者，要想在休闲男装领域做出成绩，必须跳出低水平、同质化竞争的圈子，并以某种"后发优势"才能够实现后来居上，而它提出的"商务休闲男装"的概念恰好提供了切实可行的方向。

"商务休闲男装"针对的消费群体是年薪6万以上的新兴的"中产阶层"，这是一个随中国经济的发展而逐渐形成的具有相当消费能力的阶层。而如何在产品上充分体现"商务休闲男装"的概念及满足新兴阶层的需求，则需要从设计开发的原点进行提升。

服装的灵魂在于设计。香奈儿（Chanel）之所以风光无限地存在，知名度上碾压一众品牌，是因为它拥有世界上最具标志性的时装设计师——"老佛爷"卡尔·拉格斐（Karl Lagerfeld）。他就像一个旗帜鲜明的文化符号，永远站在前方，遥遥引领着一个时代的脚步。路易·威登（LV）之所以一直保持国际一线水准，是因为它拥有总能给予大众惊喜的服装设计总监马克·雅可布（Marc Jacobs）。

为了提升利郎的设计能力，早在确定"商务休闲男装"的产品定位之后，利郎便邀请中国十大设计师之一、"中国最具商业价值的设计师"、两夺中国设计师最高奖"金顶奖"的计文波加盟。当时的计文波已盛名在外，曾经担任盖奇、七匹狼、九牧王等品牌的总设计师。对于他不菲的身价，还处于调整期的利郎没有能力聘请他担任设计总监，只能采取迂回的方式，邀请他以顾问的身份对利郎的产品设计进行技术指导。

因为感动于利郎对产品的执着和诚意，计文波不计报酬为利郎倾力服务。几年后，计文波成为了利郎的设计总监。而利郎推出的子品牌L2的设计总监王玉涛在2011年获得了"金顶奖"，也让利郎成为了中国第一家同时拥有两位"金顶奖"设计师的男装品牌。

利郎还在2012年成立了国际研发团队，邀请了阿玛尼（GIORGIO ARMANI）、GAP前首席设计师的拉法尔·安托斯（Rafal Antos）担任创意总监，邀请阿玛尼（ARMANI EXCHANGE）前设计总监卢西奥·何塞·卡斯特罗（Lucio Jose Castro）担任高端系列的设计总监和潮男品牌L2的总设计师，邀请Levis前设计师乔吉·塞基奇（Joji Sekiguchi）担任国际部牛仔项目的设计总监，邀请曾任职ALDO品牌的丹娜·耐德瑞（Dana Niddery）担任鞋类高级经理，并且还组建了一批日本精英设计团队。

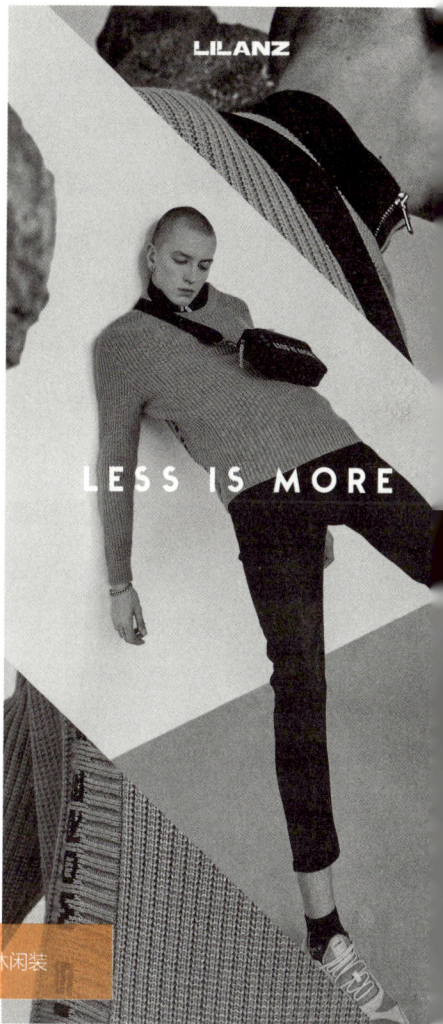

利郎休闲装

其次是广告传播方面。产品是承载品牌所有信息的重要载体，是品牌接触消费者的最直接载体。在实现了产品的差异化设计后，利郎在广告传播和代言人的选择上也紧紧围绕"商务休闲男装"进行。在代言人的选择上，利郎采取了谨慎的态度，它认为代言人的知名度固然是挑选的一个考量因素，但代言人本身的形象和气质与利郎品牌内涵的匹配才是关键因素。

为此，利郎经过了长达半年的调研和考量，备选的知名人士有任贤齐、罗嘉良，甚至还包括时任国家足球队主教练的米卢，最终确定由陈道明担任代言人。之所以选择陈道明，是因为他本身具有的内涵修养刚好可以传递利郎的品牌内涵：简单、大气、有品位。为了确保代言人能够更好地展示利郎的品牌内涵，利郎还委派副总经理胡诚初亲自与陈道明进行了多次洽谈，在接触中，副总经理胡初成发现陈道明不但对服装有独到的见解，而且在自身的服装穿着方面时尚而不张扬，这和利郎的品牌文化定位非常吻合。

2002年1月1日，利郎正式与陈道明签约，并拍摄了精美的广告片，广告播出后，很多人都评价说这是利郎和陈道明的完美结合。随后，利郎在北京服装展会上搭建了豪华展位，邀请陈道明亲临走秀，一下子轰动全场，利郎加盟商一下子从80多个跃升为120多个，也让利郎在接下来的几年中业绩直线上升。这一系列操作都是在利郎几乎"弹尽粮绝"，欠着大量外债的情况下的破釜沉舟之举，而这场"豪赌"的结果令利郎相当满意，利郎也由此逐渐走向品牌化。

除了产品设计和广告传播，在销售终端的改变上，利郎也围绕"商务休闲男装"的新定位进行。

当时的服装消费渠道呈现出逐步分化的发展态势，而受到海外时装发展潮流的影响，品牌专卖店逐渐成为吸引高端消费人群和年轻人关注的重要渠道。加上利郎推出了"商务休闲男装"的新定位，必然要选择与新定位更加契合的销售渠道模式，于是品牌专卖店成为了利郎新的渠道开发焦点。

而在随后的多年间，利郎对渠道进行多样性重塑，不断加快渠道市场覆盖，从批发转向零售，积极向一二线城市进军，并向购物中心发展，提升一级分销商店铺的比例。

为了进一步激发消费意愿，利郎成立了专属的视觉营销团队，从产品企划到门店中产品的陈列展示、视觉呈现和门店的形象风格设计等方面进行整合规划，最大程度契合消费者的审美偏好，并提升消费者的消费体验。

综合来说，利郎的成功得益于"焦点法则"运用下的整合营销，可以说正是源于产品定位、产品风格、品牌广告、销售终端的综合性成功，利郎才能成就非凡的个性，成为男装界的黑马，仅用五年时间就跻身商务休闲男装第一品牌，并开创中国商务男装大格局。

—【利郎的品牌经营策略】—

30多年的发展，利郎的品牌经营战略经历了集中生产单一产品的早期发展阶段、相关多元化战略、集中化发展战略、前向一体化战略、后向一体化战略和国际化战略等多个阶段的衍变。

以产品多元化战略满足更多消费需求

在新经济时代背景下，消费升级趋势日益明显，消费者越来越追求产品的品质化和多元化。而服装作为塑造个性形象的有力工具，更需要顺应变革的趋势，进行个性化的创新，身处服装行业的利郎当然也不例外。已进入"而立之年"的利郎早已"功名成就"，成为了中国服装行业的引领者，为了稳固品牌地位，利郎也进行了多元化战略的布局。

相对于日新月异的女装和童装品类，男装品类的发展相对缓慢，缺乏品质高端、种类多样的强势品牌，男性消费需求也一直被低估和忽视。而近年来男性消费需求逐年上升，面对品牌稀缺、品类单一的市场现状，男性消费需求一直处于被限制、不满足的"饥渴"状态。

利郎看到了这片"隐藏的蓝海",在原有产品序列的基础上,不断繁衍出多品类产品,扩大品类矩阵,覆盖男性服装领域的全品类,抢先占领新一代的消费者市场。比如,利郎结合亚洲男性的身材比例特点,推出REAL内裤产品,借此挖掘国内的内衣经济,并扩大产品序列,占领更多市场。利郎还推出了男鞋、男袜等相关品类产品,将不同体验的产品带给消费者。

利郎还针对年轻消费人群,推出新品牌和新产品,在产品中融入更多的多元化和个性化设计元素,不断传达着品牌年轻化和活力化的理念,吸引了大量的消费关注。

以新时尚、新渠道和新形象的策略赋能品牌年轻化

颜值经济时代,除了曾经在消费领域强势崛起的"她经济","他经济"正在逐渐成为新的消费趋势,男性消费者愈发注重外形,在服饰和妆品方面的消费也逐渐增多。为此,越来越多的购物中心开始加码男装、男士美妆等品类,以掘金新的消费市场。

男装行业正迎来复苏,与良好的发展前景相应的是男装行业将迎来愈发明显的格局分化。经过了快速发展阶段和市场低迷阶段,中国的男装行业逐步进入了调整期,新一轮的洗牌即将开启,市场集中度将呈现出不断上升的态势,是否能顺应时代发展趋势、抓住消费升级的契机,是男装品牌能否顺利度过调整期,在洗牌中脱颖而出的关键。

深耕男装领域已超30年之久的利郎也意识到了行业的发展趋势,借助新时尚、新渠道、新场景的"三新"策略赋能品牌的年轻化。

首先,利郎以新时尚让品牌更潮流年轻。

随着男性消费者对形象的日趋重视,男装一改传统,越来越多地融入了时尚潮流元素,越来越多地彰显着个性和独特的特质。特别是随着新生代年轻消费群体的不断崛起,他们对多元化、个性化的崇尚和独特的消费方式成为各个行业和品牌关注的重点,不约而同地在产品中加入更多的年轻化、个性化、时尚化的元素。于是,彰显个性和时尚成为新时代男装的一个重要诉

利郎羽绒服

求。同时，男性消费者对服装产品的关注焦点已由原来的经济耐用，转变为款式、材质和品质等更能表达自我个性和形象的元素。

看到了这一行业的发展趋势，利郎先行一步，抓住了男装市场的新切入点，针对年轻男性消费群体的需求，在2016年推出了LESS IS MORE轻时尚系列产品，借助新产品提升品牌的年轻化程度。

LESS IS MORE轻时尚系列产品在保持了利郎"简约而不简单"的设计理念的基础上，以简约的设计风格、独特的设计结构和特别的工艺手段实现了服装的轻便、舒适和品质的特质。更重要的是，在设计中融入了更多的创意和变化，让产品的款式更加多样和时尚，在展现个性的同时也传达了品位。

也正因为LESS IS MORE轻时尚系列产品所具备的"随意不乏正式感，体面不失时尚感"的特点，产品面世后很快就在国内的一线和二线城市吸引了大量的消费关注。可以说，LESS IS MORE轻时尚系列产品帮助利郎在品牌年轻化的征程上迈出了重要的一步。

其次，借助新渠道的战略布局，利郎实现了线上和线下双渠道的共同发力。

为掘金万亿级的男装市场，利郎开始强化线下商场和线上渠道的双重布局。利郎通过研究发现，年轻消费群体更倾向于选择shopping mall等大型购物中心作为消费渠道，而较少光顾传统的街边专卖店渠道。同时，利郎发现，大型购物中心正在逐渐成为年轻消费群体的第三生活空间，以体验式的业态更多地融入到消费者的生活之中，是未来的趋势性消费渠道，将对传统专卖店渠道形成较强的分流和冲击。

于是，从2013年开始，利郎开启了对购物中心渠道的战略布局，将自己的销售终端从原有的街边专卖店模式逐步升级为大型购物中心店铺的模式。大型购物中心多位于城市的核心地带，对周边具有强烈的辐射效果，利郎借助布局大型购物中心渠道的策略，以点带面地对市场进行覆盖，以此抢占年轻消费群体消费入口的制高点，也借助大型购物中心的品牌影响力有效提升了自身的品牌影响力和辐射力。

同时，利郎的线上渠道布局也在同步进行。研究数据表明，近两年，中国男性线上消费的种类和额度都在增加，年均消费在某些领域甚至超过了女性，其蕴藏的市场空间和发展潜力不容小觑。

为此，利郎以原有品牌优势和多年来的品牌积淀为基础，以适合线上发展的LESS IS MORE轻时尚系列产品为契机，对新零售渠道也进行了布局，并实现了线上渠道与线下实体渠道的协同销售，产品在双重渠道同款同价，消费者可以根据自身需求选择送货到家或门店取货。

其三，利郎采取新形象的策略，加码终端形象升级改造，打造新消费场景。利郎品牌的目标消费群体是注重高品质和强体验性的中产阶层和新兴消费群体，针对消费群体的这一特点，利郎在销售终端的空间设计和产品陈列展示上融入了更多的时尚元素，通过销售空间的立体化呈现，向消费者传递品牌的创新与情怀，增强消费者体验感的同时，也强化了品牌与消费者的互动性，提升了消费者对品牌的认知和了解，形成稳固的品牌忠诚。

为了增强销售终端的体验感，利郎聘请国际知名的设计团队以"家"的概念对门店进行创意，比如在店内融入屋顶的元素，装饰材料选择更具有亲和力的木质材料等等，为消费者营造出一个简约又温馨的购物环境。

而为了提升销售终端的传播效果，利郎对已有的销售终端都进行了视觉升级，以更具品质感的材质和更雅致的风格对门店进行形象改造，改善了销售终端的空间利用率，也有效提升了消费者的购物体验。

借助品牌的多元化策略和新时尚、新渠道和新形象策略等品牌发展策略，利郎形成了覆盖外穿、内搭、鞋袜、配饰等男装全品类的产品结构，在全国构建了80余家分公司、2400余家终端门店的销售网络，成为当之无愧的商务男装品牌引领者。

—【结语】—

从名不见经传到荣获"中国国际时装周品牌大奖"，从率先提出"商务休闲男装"概念到推出"轻时尚"男装产品，从福建的区域性品牌到登上国际舞台的全国知名品牌，从单纯的生产型企业到全产业链的布局……纵观30多年的发展历程，是利郎不断提升品牌力的进程，也是利郎以消费需求为导向不断转型升级的过程。

如今的利郎站在新的起点上，将以新的战略开启新的征程，但始终未变的是利郎"为中国人设计最理想的男装"的初心。

摩拜单车：

让城市生活更美好

共享单车，是中国人在新世纪第二个十年中的一次创新。与其他互联网经济不同，共享单车精准地抓住了一个真实而庞大的消费需求，即最后一公里的交通，成功地运用互联网技术，解除了定点归还的束缚，并形成了中国标准，对海外进行输出，成为中国"新四大发明"之一，堪称创造了奇迹。

一【事件】一

2018年4月4日，美团与摩拜联合宣布，已经签署美团全资收购摩拜的协议。通过此次收购，美团携手摩拜为用户提供全场景消费体验，共同践行"让大家吃得更好、生活更好"的使命。交易完成后，摩拜单车将保持品牌和运营的独立。

摩拜单车CEO王晓峰表示："让自行车回归城市是摩拜的初心和愿景，而'吃得更好、生活更好'是美团的使命，两家公司倡导的健康、美好生活理念殊途同归。未来，摩拜和美团将继续以创造用户价值为中心，不断创造令人惊喜的用户体验。"

摩拜在未来将保持独立品牌、独立运营，为摩拜用户继续提供更好的服务，同时将最大程度地保护用户和合作伙伴的权益，继续为行业创造价值。同时，摩拜的管理团队将保持不变，王晓峰将继续担任CEO，胡玮炜将继续担任总裁，夏一平将继续担任CTO，摩拜管理团队其他成员将继续担任现有职务，王兴将出任摩拜董事长。

2018年12月23日，摩拜创始人胡玮炜宣布卸任CEO一职，由刘禹接任CEO。

2019年1月23日，美团联合创始人、高级副总裁王慧文发布内部信，宣布摩拜已全面接入美团APP，摩拜单车将成为美团LBS平台单车事业部，由他本人兼任事业部总经理。

在内部信中王慧文表示，目前美团APP和摩拜APP均支持扫码骑车，未来摩拜单车品牌将更名为美团单车，美团APP将成为其国内唯一入口。

ofo走入绝境，摩拜美团化完成，共享单车"红黄大战"的故事彻底落幕。更名的完成代表着摩拜从此退出历史舞台，这或许是摩拜最后一次被广泛讨论，但不可否认，摩拜的出现确实改变了城市的交通格局，让曾经淡出人们视线的自行车又重新回归了城市。

—【摩拜单车的发展历程】—

2015年1月，北京摩拜科技有限公司成立。

2015年10月，摩拜获得A轮融资，第一把智能锁研发成功。

2016年4月22日，摩拜单车在上海正式上线运营。

2016年8月，摩拜获得B轮融资。

2016年9月30日，摩拜宣布完成C轮1亿美元融资。

2016年10月，摩拜获得C+轮融资。

2016年10月19日，摩拜推出轻骑版"mobike lite"，该车重量17公斤，每辆单车造价1000元以下，费用降低为每半小时0.5元。

2016年12月15日，摩拜携手爱立信与中国移动在上海率先完成基于蜂窝物联网现网的端到端应用测试

摩拜单车

2016年12月17日，全国首个摩拜单车社区在广州亚运城启动。

2017年1月4日，摩拜完成D轮2.15亿美元融资。

2017年1月9日，摩拜单车微信小程序发布。

2017年1月23日，摩拜单车宣布与全球第一大科技制造服务企业富士康达成行业独家战略合作。

2017年2月20日，摩拜宣布完成D轮后新融资，D轮融资累计超3亿美金。

2017年2月28日，招商银行、摩拜单车联合宣布双方达成战略合作，在押金监管服务合作基础上，双方还将在资金结算、绿色金融、信用卡积分、零售客户资源共享以及物理网点停车服务等方面深入合作。

2017年3月8日，海口交警工会联合摩拜单车举行"绿色出行共享文明"骑行活动。

2017年3月21日，摩拜单车正式登陆新加坡，正式开启海外运营。

2017年3月25日，摩拜单车与云南保山市隆阳区政府签署战略合作协议，双方将保山青华海环湖道（红色自行车道）建设为摩拜单车骑行大道。

2017年3月26日，摩拜单车与世茂集团战略合作，建立智能共享单车街区。

2017年3月28日，摩拜单车与祥鹏航空签署战略合作。

2017年4月4日，武汉建成全国首条共享单车专用道，摩拜单车为合作伙伴。

2017年4月6日，摩拜单车进驻枝江成全国首个引进共享单车县市，枝江市与摩拜单车科技有限公司签订战略合作协议。

2017年4月12日，摩拜单车联合国内十一家部委直属的研究机构、科研院所共同发起成立了城市出行开放研究院，同时发布《共享单车与城市发展白皮书》；当日，摩拜单车正式发布行业大数据人工智能平台——"魔方"。

2017年4月28日，摩拜单车正式进入仙桃。仙桃市成为首个引进摩拜单车的副地级城市。

2017年4月28日，摩拜单车公布全面接入微信以来的"成绩单"，4月份活跃用户量环比增速超过200%。过去一个月摩拜单车新增2400万注册用户，继续保持市场领先地位。

2017年5月2日，摩拜单车与汉能控股集团旗下汉能移动能源控股有限公司签署战略合作协议，双方将在移动能源领域进行合作，包括共同组建联合实验室，研究移动能源与能源互联网解决方案等。

2017年5月15日，摩拜单车携手爱立信、中国移动围绕"一带一路"建设签署合作备忘录，探讨物联网和数字化服务领域的深入合作，加速物联网新技术的核心应用与全球布局，建立了智能共享单车新技术标准，全面助推共享单车"越洋出海"。

2017年5月23日，摩拜单车宣布与高通、中国移动（微博）研究院达成合作，试图打造共享单车物联网大平台。

2017年5月26日，2017中国国际大数据产业博览会在贵阳正式拉开帷幕，摩拜单车亮相本届数博会，向观众展示了过去一年间取得的创新成就。

2017年6月，摩拜单车因在节能减排方面的杰出贡献，被世界自然基金会（WWF）授予新一届"气候创行者"称号，并获得"可持续城市交通特别奖"。

2017年6月13日，摩拜单车宣布登陆英国曼彻斯特，并同步进入毗邻曼彻斯特的索尔福德。

2017年6月16日，摩拜完成E轮6亿美元融资。华兴资本担任独家财务顾问，这一数字创下共享单车行业诞生以来的单笔融资最高纪录。

2017年7月18日，教育部、国家语委在北京发布《中国语言生活状况报告（2017）》，摩拜单车入选2016年度中国媒体十大新词。

2017年8月30日，中国共享单车公司摩拜在泰国曼谷召开新闻发布会，宣布将以泰国农业大学为起点，向泰国民众和外国游客提供无桩共享单车服务。

2017年9月，摩拜单车被《财富》杂志评选为"2017年正在改变世界的50家企业"，《财富》评价摩拜单车"两个轮子，解决中国碳排放问题"。

2017年9月17日，摩拜单车携手联合国环境署、联合国人居署、世界资源研究所和世界自然基金会等机构，发起"世界骑行日"，在海内外180多个城市举行绿色骑行线上线下活动，引发社会各界的强烈关注和积极响应。

2017年10月，摩拜全球顶尖品牌咨询公司Prophet铂慧发布2017中国品牌相关性指数及品牌50强榜单，揭示与当今中国消费者最息息相关的品牌，摩拜单车成为唯一一家跻身2017品牌50强排行榜的互联网出行企业，首次上榜即高居第14位。

2017年11月14日，摩拜单车正式落户悉尼。

2017年12月，摩拜入选第四届世界互联网大会发布的2017世界互联网领先科技成果，荣获联合国在环境领域颁发的最高奖"地球卫士奖"。

2018年3月8日，摩拜单车宣布，在智利首都圣地亚哥正式投放单车，并逐步设立100个摩拜智能停车点。

2018年4月，美团大众点评全资收购摩拜单车。

2018年5月2日，摩拜在洛阳、中山、唐山、绵阳、湖州、盐城6座城市展开免押金活动。

2018年7月5日，摩拜率先在行业内开启全国无门槛免押金，公布了品牌升级、全生命周期管理计划，并发布了新一代共享出行产品——摩拜助力车。同时，美团App将上线摩拜单车入口。

2018年7月23日，摩拜单车"免扫码解锁"功能正式上线。

2018年12月23日，摩拜创始人胡玮炜因个人原因辞去摩拜单车CEO职位。

2019年1月23日，美团联合创始人、高级副总裁王慧文宣布摩拜已全面接入美团APP，将成为美团LBS平台单车事业部，摩拜单车将更名为美团单车。

2019年6月13日，美团宣布将旗下摩拜单车的新置换车辆的主色变更为黄色，此前一直以橙色为主的摩拜将变身"小黄车"。

一【摩拜单车的与众不同】一

摩拜凭借不断的科技创新改变了人们的出行方式

2016年，当《新京报》前记者胡玮炜第一次走上前台，向曾经的同行们介绍她和伙伴们推出的这款公共自行车时，她不会想到，这款造型前卫的红色小车，会在接下来的两年时间里，深刻地改变了中国人的出行方式和城市运行效率，并以"中国创造"的代表身份，将崛起中国的风采，传递到更广阔的世界市场。

而摩拜单车能取得如此成绩，与它始终坚持创新密不可分。

共享单车堪称新世纪以来最具原创度的中国创新之一，而率先将其推向全国、驶向世界的摩拜，无疑是该行业的第一品牌。

在产品方面，摩拜采用了远高于传统自行车普遍水准的设计理念、制造工艺、材质原料，同时在配件上还融入了更多的科技元素，比如安装了具有GPS、北斗、格洛纳斯等全球多模定位系统的智能车锁。摩拜单车还构建了全球最大的移动式物联网系统，不但可以极大地提升用户的使用体验，而且实现了对单车的全面化、实时化、精细化和智能化管理。

摩拜单车创始人胡玮炜讲述品牌故事

　　作为融入了众多科技元素的新生事物，摩拜单车在科技创新上一直不遗余力。无论是基于传统自行车进行的全铝车身、轴传动、实心胎等优化升级式创新，还是自主研发的智能锁和云端传输技术的应用，摩拜单车一直通过科技创新的积极探索，持续提升着品牌的运营效率和用户的使用体验。以智能锁为例，智能锁是共享单车可以快速推广运营的关键技术之一，它的发明不但解决了传统有桩式公共自行车需要办卡的问题，还解决了单车定位和精准计费等共享单车运营模式中的痛点。在推出第一代智能锁后，摩拜单车并不满足，而是继续对智能锁优化升级，持续对锁具结构布局、锁具外观和内部零件等细节优化调整，让智能锁的使用稳定性和开锁流畅性得到了大幅提升。

　　在车型设计方面，摩拜单车也没有止步，在推出第一代单车产品后，陆续又推出了轻骑版lite、经典升级版"风轻扬"、新轻骑和新轻骑变速版以及摩拜助力车等不同车型，在保证车体的耐久性和稳固性基础上，融入更多时尚科技元素，既保证了品质又提升了"颜值"。高颜值的单车产品也以极高的辨识度成为街头一道亮丽的风景。

　　摩拜还打造了业内唯一的大数据人工智能平台"魔方"，在提升运营效率的同时，为城市管理和交通规划部门提供科学决策参考。

　　截至2018年6月，摩拜单车在国内外共提交专利申请450多件，已获得授权专利200多件，这些专利申请覆盖了共享单车领域多个核心技术。摩拜也因此获得了第二十届中国专利奖和"2018年度北京市知识产权示范单位"称号，摩拜单车已成为共享单车行业内拥有知识产权最多的企业。

除此之外，摩拜单车还通过与多行业的优秀品牌进行跨界融合和深度合作，不断践行着共享共赢的发展理念。通过跨界合作，摩拜单车也赋能了自身的"造血机能"，加快了产品的迭代更新。

摩拜不仅在创新驱动上领先行业，也让曾经淡出人们视线的自行车再次回归，成为与公交、地铁并列的城市三大公共出行方式。摩拜单车已在全球170个城市开展了服务，注册用户超1亿人，日骑行次数超2500万，累计骑行距离超过56亿公里，累计节约碳排放量126万吨。从"让自行车回归城市""骑行改变城市"，到每一次科技创新变革和骑行理念的推广，再到全新生活方式的传递，摩拜单车无一不在以"摩"力改变着城市发展的轨迹。

对商业本质的尊重与回归，让摩拜成为共享单车的代名词

在共享单车行业进进出出的各色企业中，摩拜单车在投放量、市场份额等方面，并不是始终占据第一的位置。但从品牌的层面上看，摩拜单车已然就是名副其实的第一品牌。人们或许会为了更加便宜而选择其他单车，但只要提到"共享单车"这个称谓，第一时间想到的，几乎都是摩拜。

这是只属于原创者的荣誉，也是摩拜单车在品牌传播上重情感诉求，淡化商业味道的结果使然。作为互联网企业出身，面对线上万能的各种思维，摩拜单车并没有跟风炒作，反而显现出对传统商业规律的重视与回归。

这既有胡玮炜传统媒体人出身的专业使然，也是整个创始团队理想主义风格的显露。

有一段时间，实体已死的说法十分风行，但随着移动互联网的发展触及边界、达到天花板，各大线上巨头又纷纷抢占实体据点。淘宝无人零售店、京东线下超市开张，行业终于发现线下的场景体验拥有着无可取代的意义，并且实体消费对品牌的影响起到决定性的作用，以实体为核心的线上线下联动才是未来行业发展的大势所趋。

线上的本质是一种传播，天然具有实时消息那种"朝生夕死"的基因，今天还是热点和网红，明天就被新的热点取代。而线下场景才是产品与用户更加直接产生联系的场景，只有线下实体的经营才能成就品牌。

摩拜单车解决的是真实物理世界通勤的问题，线下战场才是一绝胜负的关键所在。目前，已经有越来越多的企业认识到了这一点，通过线上数据，洞悉用户需求，通过线下服务，提升用户体验和满意度，进而真正提升品牌。

遵循这种以实体运营为核心的经营原则，在"京东6·18"活动期间，摩拜单车还跨界充当了抽奖媒介，全城车随机刷开凑齐"京东6·18"词组的用户获得京东大礼包，以无处不在的线下单点产品为基础，借着各种商业跨界，做足传播的文章。唯有这样的品牌经营，才能使消费者实时地感受到摩拜品牌的存在，才能在注意力经济时代，不被信息洪流淹没。

摩拜不止拥有令人羡慕的大数据，还能通过人工智能去发挥这些大数据的作用，这一切使得摩拜得以用小成本追求更大的营销市场。现代通信终端算力的整体提升，使新时代的营销与传播达到了新的效率。然而无论是大数据的优化，还是服务体验的提升，最终都是通过街头巷尾一辆辆橙色的小车直接传递给消费者的。

所有线上的传播和后台性能的提升，只有通过产品这个唯一的载体，才能转化成人们对品牌的评价和认知。

总的来说，摩拜的成功，来自对未来需求的精确把握，来自对技术进步的敏锐追踪，来自对规模经济的清晰认知。这群年轻的创始人，将无形的市场需求与现实的商业规则完美结合，打造出能够长久稳定支撑品牌发展的商业模式。

极具特色的产品成为摩拜屹立于市场的稳固根基

摩拜单车能够迅速成为都市流行话题，其独具特色的自行车产品是基础。

摩拜单车经过专业设计，车身专为共享单车重新设计，使用防爆轮胎，无链条的轴传动，全铝不锈车身，整个单车可达到五年高频次使用条件下无需人工维护的标准，降低了维护成本。

　　与普通自行车不同，摩拜单车的外形和鲜亮色彩，在街头有较高的辨识度，自上线以来，便以"小橙车"的形象展示在公众面前，而且多处运用最新的科技元素，实心轮胎、轴传动系统……这些都让它看上去更加与众不同。摩拜二代mobike lite推出以后，仍然采用实心轮胎，只是链条变为KMC链条，单车也变得更加轻巧，车身重量约为17公斤。除此以外，摩拜二代的车筐上还配备了太阳能发电板，用以给车身的智能锁供电。而此前的摩拜单车，则是靠骑行者骑行时的机械力来发电。

　　不管怎样，这些设计元素都在一定程度上保障了它"时尚+酷炫"的本质特征。这种与众不同的"酷"感，正是摩拜单车的品牌认知度远高于竞争对手的秘密之一。

　　除了当初产品设计的一鸣惊人，摩拜单车非常注重根据用户使用体验的反馈，对产品进行迭代升级。随着笨重、费力等不佳体验的逐步消除，摩拜单车在市场中的品牌领先优势不断加大。

　　以摩拜的"风轻扬"版智能单车为例，其车架、车圈、车轮都有了更轻量化的体现，据称整辆车连女生都能轻易地举起来；同时它还采用了汽车级的齿轮，用以提升传动效率，并且它使用了意大利进口的座椅，可机械式升降。摩拜单车宣称，这款车型在骑行时，能比上一代省力30%以上，称得上是"最好骑的共享单车"。

新版摩拜单车发布现场

除了产品设计值得赞赏，摩拜单车成功的根源，还在于共享单车这一产物独有的核心竞争力——不受束缚的便捷使用。共享单车之所以一夜之间"消灭"了传统公共自行车，究其根本，靠的是"自由"两个字。

传统公共自行车的堆放与归还地点，都是固定的，考虑的是附近人流总体的聚集点，无法满足每个用户不同的出行目的。人们必须去特定的站点提取用车，再到特定的地点加以归还，即使离目的地还有一段距离，因为只有特定归还地点，才能够完成费用结算。

共享单车的出现，释放了人们对公共自行车憋闷已久的不满，给予了随骑随放的个人自由。摩拜单车摒弃了固定的车桩，允许用户将单车随意停放在路边任何有政府画线的停放区域，用户只需将单车合上车锁，即可离去。超高的便捷度极大地提升了摩拜单车的使用体验。

这种效果的实现，来源于互联网和移动智能终端（手机）的普及。为了提高用户用车的便捷性，摩拜单车一直在利用大数据带来的便利，不断优化着自己的服务。

—【摩拜单车的品牌经营策略】—

做到极致的产品策略

从创建之初，摩拜单车就以"科技智能，健康环保"的产品理念不断为实现"让自行车回归城市"的愿景而努力。在产品设计上一切以人为本，具备全球多模卫星定位系统的智能锁，凭借手机APP就可以轻松实现扫码开锁，关锁自动停止计费等使用方式无不以方便用户使用、减少使用环节为宗旨，也由此获得了广大使用者的青睐。

而共享单车的出行场景设计初衷是作为出行的补充方式，简单来说就是满足人们短途使用的需求，比如其他交通方式的接驳、短途目的地的到达等，与公共交通方式和出租车、网约车不同，它解决的是用户"最后一公里"的出行问题，除了具备成本低、使用便捷、方式灵活、性价比高等优势，还有效规避了交通堵塞的问题，极大地降低了时间成本的花费。也正是因为这些优势，以摩拜单车为代表的共享单车一出现，就迅速占领了市场，成为备受青睐的一种新的出行方式。

不过，早期摩拜单车出于车辆耐用性的考虑，将产品制作得过于坚固笨重，给大部分用户尤其是女性留下了较差的骑行体验。而摩拜秉承将产品做到极致的理念促使其不断改进产品，提升产品的使用体验，以此赢得了消费者的青睐。

为了改进骑行感受，摩拜单车推出了二代轻骑版lite，采用链条骑变速版等改良产品，此后又相继推出第三代"风轻扬"和第四代New Lite，每个版本在人性化方面都有所改善，有效提升了摩拜品牌的美誉度。

同时，在细节上也无不体现着摩拜单车"把产品做到极致"的产品策略。比如，为了解决夜间光线暗不好扫码的问题，摩拜单车在平台系统中增加了手电筒的设计。

极致的产品策略、过硬的产品质量和良好的使用体验，让摩拜单车成功抢占了消费者心智，成为了共享单车的代表品牌。

重情轻利的传播策略

作为一款出行类应用，摩拜单车品牌传播渠道包括：APP内的消息中心、弹窗，以及双微（微博、微信）的内容营销，还有短信、地铁广告以及线上线下各种形式的信息流广告。

总的来说，摩拜品牌推广，主要有以下几种形式：官方层面的发声、活动预热的文案，比如免费骑行、骑行赢现金、宝箱车、充值返现、月卡年卡充值活动，以及其他多种形式的营销文案等等。

除了玩转线上之外，摩拜在线下也有很多运营的手段，比如通过线下举办宣传活动、志愿者活动，向用户灌输合法骑行的思想及文明安全出行的理念。摩拜单车从诞生至今，车身的个性靓丽，骑行带给生活的便捷，以及绿色环保的概念受到了一线城市年轻用户的喜爱，产品顺应移动互联网时代发展，用户接受度高，在利用资本基础上，快速占领了市场。

在线上传播方面，在资本的有力支持下，摩拜在市场营销方面投入了充足的资本。在这个自媒体传播时代，摩拜的推广速度越来越快。

总体来说，摩拜单车的品牌宣传力度堪称"彪悍"，尤其注重社交媒体的运营。摩拜单车主要通过微博和微信平台进行品牌宣传，比如采用关注发红包、整数骑行用户赠送十万使用额度、邀请好友增加信用值等社交传播的方式，不断扩大摩拜单车的使用群体。还会定期在微信公众号、官方微博上发表与摩拜单车相关的文章、新闻、图片来推行共享单车"享受自由，绿色环保"的概念，吸引更多的人群关注和使用共享单车。另外，摩拜单车还邀请各个领域的明星来参与摩拜骑行的活动，并与使用摩拜单车的用户进行线上互动，体现摩拜单车的流行性以及广泛性。

共享经济的核心，或者说人们选择的真实目的，是便宜；但其展现形式却是社交。根据企鹅智酷发布的《共享单车数据报告》，用户对共享单车的线上和线下的主动传播意愿非常积极，有超过六成的用户会主动推荐他人使用共享单车。

在借助媒体和自身客户端不断制造品牌相关新闻的同时，摩拜单车也非常注重通过线下各类活动的方式，拉近、稳固与消费者之间的关系。

摩拜品牌宣传图

2017，在北京最热闹的光华路上，一片橙红色的广告牌吸引了不少路人纷纷驻足议论。几十块摩拜广告牌上，橙色背景承载着几个简单清晰的大字，与旁边成排整齐码放的摩拜单车构成了新奇的风景。广告核心文案只有几个字："想去大望路？摩拜一下！""想去国贸？摩拜一下！""想去工体？摩拜一下！"等等。

这种巧妙的组合使得摩拜的线下推广突然跳出了传统灯箱广告的老套模式，迅速获得了市民的强力围观，引爆了现象级的全网热议。今天的商业社会，公共场所招贴广告早已司空见惯，人们走过路过甚至不再关注其内容。而摩拜的这次推广仿佛把人流密集地段的人行道变成了陈列自己商品的橱窗，广告牌俏皮地让人们记住摩拜的名字，整齐陈列的橙色小车任消费者观摩取用。

更有网友惊叹：这广告牌神了，你怎么知道我要去三里屯？！又怎么知道我要去国贸？难道你会读心术？其实这对于摩拜来说并非难事，它不过是读懂了周围上班族的心。摩拜单车通过了解北京这些地段的出行数据，清晰地知道了这一带人群下班后的行走路径。因此，这样的广告投放具有极高的针对性。简单的几个字，既激发了人们的好奇，又达到了精准传播的效果。简单与精准的背后，依靠的是人工智能系统的支持。因此，摩拜单车号称智能共享单车原创者的名号，是颇有底气的。

广告的形式也经历过由简到繁，又化繁为简的轮回。信息时代，人们的注意力被极度分散，时间成了大多数人最不愿付出的成本，长篇大论的广告越来越被人无视。而摩拜可以将广告做到如此简单化、口语化，无疑是已经确切知道了目标受众处于何种情境之中，因此能够用最简单的话语将产品和品牌呈现给潜在客户。

摩拜单车之所以能够拥有这种信息上的优势，则得益于深藏其后的"魔方"。"魔方"是摩拜单车的大数据人工智能平台，是全球首个也是唯一的出行大数据人工智能平台。基于摩拜单车每天收集的超过1TB的用户使用相关数据，可以对共享单车的供需做出精准的预测，比如车辆的运动轨迹、车辆的使用状态和车辆停放的周边环境等，而借助对数据进行智能运算的结果，就可以实现在合适的地点为用户准备好车辆。比如光华路的投放，用广告牌呈现出用户内心的需求，直接将用户引导到附近地方摆放好的车辆。

摩拜单车看似简单的传播，却包含了优势展现和情感沟通两方面的含义：其一是展现自身在大数据方面的优势，表达了摩拜单车可以将车辆放置在离用户习惯更近的地方的优势；其二则是实现了与用户的情感沟通，针对目标人群进行了有效对话，广告牌边上就是车辆，让受到广告引导的人群随手就开始尝试使用。而且，为了方便用户体验，在广告牌附近无需开启APP，只需打开微信小程序就可以用车，既增加了用车的便捷性，也增加了一个新的使用入口，有效提升了用户人数。

其实，在传播方式日新月异的今天，属于传统广告方式的灯箱广告并不被看好，大多是作为辅助传播方式而存在的。但摩拜单车凭借"魔方"这一高科技平台的引入，为传统的传播方式注入了新的科技元素，实现了对用户的深度细分，将传统的大众传播形式转化为小众精准传播形式。以品牌传播结合车辆实物的形式，极大地吸引了消费关注。

最重要的是，摩拜单车的车辆本身既是产品又是传播载体。随时骑行随处停放，车辆无意中完成了品牌推广和传播的效果，大街小巷无处不在的一片橙色，就是对品牌影响力天然的提升。在骑行这个场景中，有目的地进行投放，直接触发用户互动。

除此之外，摩拜单车也非常注重通过各类社会公益，积累品牌的美誉度。

摩拜单车几乎在每一次信息发布中，都要提到自己在城市中掀起了骑行的热潮，推动"让自行车回归城市"，给城市倡导绿色出行提供了可持续发展的智能解决方案，并发布自身在节能环保方面的贡献。例如，自正式运营以来至今，摩拜用户累计骑行超过56亿公里，节约碳排放量超过126万吨，相当于减少了35万辆小汽车一年来行驶的碳排放量，等等。

以海外发展反哺国内市场，提升品牌形象

从摩拜单车2017年3月宣布进入新加坡市场开始，正式迈出了海外扩张

的第一步，也由此开启了整个共享单车行业的首次真正意义上的扬帆出海。此后，摩拜单车陆续在英国的曼彻斯特和索尔福德、泰国的曼谷、澳大利亚的悉尼、智利的圣地亚哥、英国伦敦、日本、美国、意大利、马来西亚、印度等城市和国家开展业务。

开拓更大的市场，满足企业快速发展的需求是中国共享单车品牌纷纷向海外发展的根本动机。由于国内市场竞争的日趋白热化，投资者的期望和企业本身国际化发展的愿望促使中国共享单车品牌将目光投向了尚未被开发的国外市场。并且，开拓国际市场还能够为品牌提供良好的背书，可以反哺国内市场，提升共享单车品牌在国内的社会形象。故而，中国的共享单车品牌前仆后继地投身到海外市场的开拓大战中，是否盈利不是他们考虑的首要因素，抢占市场才是他们关注的重点。

回顾以摩拜为代表的共享单车行业的发展过程，人们可以清楚地看到，这种完全不同于西方市场经济规律和法则的"玩法"，之所以能够在中国生长壮大，原因无不指向两个字：规模。

共享单车的模式之所以可以在中国市场大行其道，究其根本是因为中国的人口规模，加上城市聚合效应和使用习惯等因素的影响，让共享单车成为了解决内地城市"最后一公里"的良方。

中国拥有庞大的人口规模，规模是共享经济赖以生存和发展的根本条件，如果没有足够的规模，共享经济难以持续发展，更产生不了切实可行、真正有效的商业模式，而中国全面推行移动互联网化的政策也为共享经济的发展提供了良好的基础。基于此，以共享单车为代表的共享经济在中国市场才能够全面开花。

但海外市场与中国不同，很多国家的城市结构和人口布局与中国市场差异明显，比如说日本的东京、法国的巴黎和美国的曼哈顿这样的国际型大都会，人口虽然密集，但相对的公共交通网络发达，形成了足以全面覆盖城市各个区域的点对点的交通布局，人们不需要自行车来实现接驳。而且，在人口规模上，即便是密集度极高的城市，也难以和中国相提并论。

尽管海外市场的实际情况并非共享单车发展的最佳土壤，但摩拜单车的国际化道路，依然全都是从欧美等发达国家开始，这与手机等科技类企业形成了鲜明对比。而之所以有这种不同，在于共享单车是一个全新的"中国创造"，并不是对西方工业文明某一部分的模仿。原创性让它不惧怕中国企业此前常遭遇的专利指控，也没有所谓的司法纠纷。向欧美进军，成为一种实实在在的反向输出。这在中国近现代历史中，亦实属罕见。

摩拜单车用自身的海外化发展，给所有的中国企业树立了一个模范：在创新方面，中国人完全可以形成自己的模式，并在未来引领世界潮流。

一【结语】一

共享单车，是中国人在新世纪第二个十年中的一次创新。与其他无中生有的互联网经济不同，共享单车精准地抓住了一个真实而庞大的消费需求，即最后一公里的交通，成功地运用互联网技术，解除了定点归还的束缚，并形成了中国标准，对海外进行输出，成为中国"新四大发明"之一，堪称创造了奇迹。

而在众多共享单车里，作为率先将共享单车"骑"进千万中国人生活的开创者，摩拜无疑在当代中国商业创新史上留下了不可磨灭的一页。它凭借独特的气质，以创新性的设计美，融合了传统与科技，重新诠释了自行车，让自行车焕发了新生，再次变成城市短途出行的首选。更为可贵的是，摩拜单车的出现，向全世界证明了中国人在原始创新上的巨大进步。

虽然摩拜单车已平静"谢幕"，但这并非终点，而是一个新的开始。创新不断涌现，技术持续迭代升级，共同推动互联网产业繁荣发展，亦给社会创造了巨大价值。希望中国的互联网产业，还能涌现更多的创业者，迸发出更多优秀的创新公司，助力我国互联网产业走向世界巅峰。

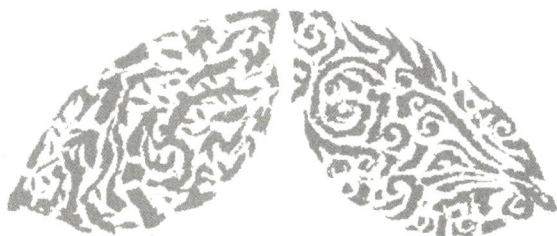

纳爱斯：

出奇制胜，绿色前行

从一家全国排名倒数第二，只生产肥皂的国营小厂，到领跑中国洗涤市场，销售额两三百亿元的品牌，纳爱斯缔造了国内外强势品牌的逆袭神话。在当今日化产业的战场上，纳爱斯在众多品牌中脱颖而出，成为中国高质量绿色发展的样板和大国品牌的先行者。

—【事件】—

2019年8月,历时3年试点,中国日化行业领军企业纳爱斯成为行业首批获评国家工业产品生态设计示范企业,同时入选国家工信部评定的"绿色工厂"名单,其产品为国家供给侧改革引领消费趋势的行业首批高端洗涤产品,也为行业和地区高质量绿色发展树立了标杆。这是继纳爱斯率先于同行获评国家生态示范点,荣登《中国制造2025》绿色制造先进典型榜、轻工业联合会《升级和创新消费品指南》等名录之后,获评的又一国家权威荣誉,足以见证纳爱斯秉承"环境友好、安全健康"发展理念的正确性与前瞻性,不仅蹚出了"两山"生态工业发展的新路,更成为国家高质量绿色发展的典型代表。

早在20世纪90年代末期,纳爱斯就具备了超前环保意识,提出"先环保,后生产"的理念,在生产工艺中进行技术创新,确保生产过程中的排污控制,投资1000多万元建设污水处理工程,在产品设计过程中,处处考虑到绿色发展的理念因素……与自然和谐相伴半个多世纪的纳爱斯,是工业发展与环境保护共生共荣的样板和典范。此前,中国工业和信息化部节能与综合利用司召集全国各省工信部门负责人和有关代表,联合欧盟发展总司召开了2019年工业产品绿色设计培训班。纳爱斯作为洗涤行业唯一受邀企业,传授了生态工业发展与绿色产品设计的成功经验,促进中欧工业高质量绿色发展。

种种殊荣的背后,是纳爱斯人对以科技创新提升绿色发展理念的坚持与实践。如创新建立生态设计体系,导入LCA(全生命周期评估),在产品设计开发阶段就对原材料、配方、包装、生产、销售、回收等全过程进行系统评估其对环境的影响,做到产品全流程对环境更优。纳爱斯的生态设计还提高了行业绿色设计一体化与评价规范性，主持和参与了数十项国家行业质量标准、环保标准及评价体系的编制，带动上下游行业绿色发展，引领整个产业高质量地"走上去"。

—【纳爱斯的发展历程】—

1968年，一批老干部创建了纳爱斯前身——丽水五七化工厂（后改名为丽水化工厂），当时的产品只是单一的肥皂。由于计划经济的羁绊，加之规模过小，企业徘徊不前，在中国肥皂行业定点118家企业中排序倒数第二，被上级列入关、停、并、转的对象。

1971年，19岁的庄启传进入这家化工厂成为一名普通工人，谁都不会想到正是这个年轻人改变了这家惨淡的小厂，并带领它登顶中国洗涤市场。

1984年底，丽水化工厂停工停产，职工工资无着落，职工们依靠上街卖肥皂度日。

1985年，庄启传临危受命，被推举为厂长。

1986年，纳爱斯有别于诸多企业，毫不留恋计划经济，采取横向联合，涉入市场为上海制皂厂贴牌加工，签订了3年的代工合同，并采取承接外贸加工等办法借以学习他们的制造技术，日后开发新产品。这种快市场一步的行为，不但为企业带来了120万的代工费，使企业在夹缝中求得了生存，也为企业积蓄了创新的能力。

1989年，因为煤炭供应紧张，许多肥皂厂都因为缺少燃料而被迫停工。庄启传决定以柴代煤，坚持生产。

1990年，国际市场放缓，国内市场疲软，国家取消了油脂和肥皂收购的财政补贴，进口油脂关税提高，一系列打击下，将庄启传推向了自主创新的自救之旅。

1991年，纳爱斯引进了瑞士先进技术，开发出多项指标与"力士"难分伯仲，但售价仅为其一半的纳爱斯香皂，创出了集团的第一块名牌。

1992年，企业成功进行股份制改造，与香港丽康公司投资合作成立了NICE（纳爱斯）日化有限公司。对肥皂进行了颠覆性的技术性改造，第一块蓝色"雕"牌超能皂问世，掀起了肥皂革命，并迅速占领全国肥皂市场，彻底改变了国人过去使用黄肥皂的历史，使蓝色风暴席卷全国，企业一跃成为中国肥皂行业的新秀。

1993年，纳爱斯在中央电视台投入500万元，伴随着"肥皂，我一直用雕牌"的广告，蓝肥皂彻底占领市场。

1994年，"纳爱斯香皂""雕牌超能皂"连续多年荣登全国销量第一的宝座。纳爱斯不仅拿下全国老大的位置，还将肥皂市场90%以上的利润揽入怀中，纳爱斯就此成为全国肥皂行业龙头企业。其后，纳爱斯加强企业管理，引进"日清"制度，通过了ISO9000认证。同时，实行"双加"工程（国务院提出的"加快技改进度，加大技改力度"），扩大生产规模，稳坐行业龙头。

1998年，纳爱斯进入洗衣粉市场。

1999年，集团建成全国最大单塔洗衣粉联合厂房，伴随着"只选对的，不买贵的"和"妈妈，我能帮您干活了"的广告语，雕牌洗衣粉以物超所值的口碑迅速被广大消费者接受，从此改写了洋品牌垄断洗衣粉市场的格局。为了避开国外巨头的围追堵截，纳爱斯选择了三四线城市作为主战场，和那些规模、能力都更弱的地方品牌正面交战。

2000年，纳爱斯洗衣粉销量突破40万吨，继洗衣皂后，成为洗衣粉行业的第一名。纳爱斯实行内扩外联，双管齐下，一方面对内扩大投资，加快技术改造；一方面对外实行委外贴牌加工，带动行业发展，其中包括汉高、宝洁等世界500强在华的生产企业，也为纳爱斯贴牌加工。

2001年，经国家工商总局核准，纳爱斯集团成立。纳爱斯在全国"设阵布局"，除总部华东外，在华南的湖南益阳、西南的四川新津、华北的河北正定、东北的吉林四平、西北的新疆乌鲁木齐等地建立生产基地，形成六壁合围之势，成为具有领先实力的洗涤用品生产王国。

2002年，雕牌洗衣粉市场份额占比39.63%，产品利润总额占行业的99.31%，销量突破100万吨，相当于所有在华跨国公司销售总量的5倍。

2003年，推出雕牌全效透明瓶洗洁精，改写当时市场上以非透明瓶为主流的洗洁精格局，销量连续两年增长25%，成为继肥皂和洗衣粉后，又一个行业第一。雕牌洗洁精也获得了国家免检产品的资格。纳爱斯的"雕牌透明皂"在全国市场占有率达67.1%，洗衣粉占有率达42%，并跻身世界洗涤用品前八强。纳爱斯集团从世界最大的肥皂生产基地演变为最大的洗涤用品生产基地。

2004年，推出纳爱斯营养牙膏，建立了差异化的品牌定位，以独创透明内管设计与透明膏体在产品包装和膏体上进行了突破性创新，获得年轻消费群体的喜爱。国家质量监督检验检疫总局在北京人民大会堂召开"中国名牌暨质量管理先进表彰大会"，雕牌液体洗涤剂（雕牌全效洗洁精、雕牌高效洗洁精、区域专供洗洁精）获得中国名牌称号。

2006年，推出富含VC的伢牙乐儿童营养牙膏这一极度细分产品，并以护牙儿童科普故事书等创新赠品营销形式，引导少年儿童养成良好的口腔护理习惯，既赢得了家长的好感又获得了孩子们的喜爱。全国首创推出高端洗涤用品超能天然皂粉，以独特的产品定位和较为高端的品牌形象获得了很好的市场反响，且产品在市场上独树一帜，开启皂粉时代，引领绿色时尚洗衣新浪潮。11月，集团一举全资收购英属中狮公司旗下的三家公司裕晹、奥妮、莱然，开创了民营企业收购外资的先河。通过收购，集团拥有了"百年润发""西亚斯""奥妮"三个著名品牌和83个商标的所有权或独占使用权，为收购知识产权的实践和自主创新以及企业的更大发展拓展了新的途径。集团围绕"只为提升您的生活品质"的企业宗旨，产品从中低端走向高端。

2008年，伢牙乐儿童营养牙膏获得了中国营销艾菲奖铜奖，迅速成为儿童牙膏品牌中的明星，成为国内儿童牙膏领域的领先品牌。纳爱斯豪掷5亿元拿下央视特约剧场冠名权，100年润发月销量突破千万。纳爱斯推出超能洗衣液，以一句"超能女人用超能"抢占市场。多品类拉动下，纳爱斯实现销售收入91.7亿元。

2011年，推出超能植翠低泡洗衣液，并成功申请国家专利。产品以"低泡易漂清"的独特差异化功能克服了行业内"泡沫多，难漂清"的技术难题，给消费者带来一款真正低泡易漂、节能环保的天然洗衣液产品。

2014年，纳爱斯在世界洗涤用品行业中排位第五。

2015年，纳爱斯以7000万美元收购妙管家。收购后，集团对妙管家进行了全面梳理与资源整合，致力将妙管家打造成家居护理专业品牌，并借力其国际渗透打开国际市场。推出高端专业口腔护理品牌"健爽白"专效系列牙膏，推出雕牌"除菌"系列产品，签约奥运冠军李小鹏夫妇为品牌代言人。经过多年耕耘，纳爱斯在中高端市场发展稳健，其高附加值产品在产值中占比已达67%。与此同时，销售额也突破190亿元。在国内缺少现有设备和技术的重重压力下，仅用8个月时间，通过自主研发，实现了超浓缩洗衣液配方、水溶膜包裹技术、生产设备及工艺等关键技术上的重大创新，打响中国民族日化企业进军洗衣凝珠市场的第一枪，荣获了中国轻工业联合会科技进步奖。超能洗衣凝珠的浓缩度远超市场瓶装浓缩洗衣液，一次一小颗，拥有8倍洁净力，它的成功上市，帮助消费者实现使用定量化，体验到浓缩化产品对生活带来的智能便利，又一次为行业大规模推广绿色浓缩创新产品起到了标杆和引领作用。

2016年，纳爱斯在杭州建成最为前沿的国际科创园，其中被誉为行业一流的创新发展研究院，成为中国轻工业洗涤剂重点实验室、中国轻工业联合会科技进步荣誉企业，拥有强大的科研平台和"新模式"团队，产品开发包罗家居洗护、织物洗护、口腔护理、个人护理等多种领域，并已布局美妆、护理、健康产品、健康服务、智能生活产品等新领域，还积极发展特色经济产业群和大健康产业。纳爱斯以生态发展为导向、生态设计为路径，还率先运用全生命周期(LCA)评估产品生命全流程和指引产品设计开发，掌握智能化、绿色化工艺生产等关键技术，以技术创新引导行业和地方工业转型升级，更促进和带动依托绿水青山地方产业的高质量可持续发展。推出健爽白男生女生牙膏，开创了青少年口腔护理全新蓝海。纳爱斯荣获由国家质检总局负责实施的中国质量领域最高荣誉——中国质量奖提名奖，为日化行业唯一入选企业。2016年，纳爱斯市场渗透率高达75.3%，名列中国日化企业之首。在被誉为"亚洲品牌价值第一榜"的"亚洲品牌500

纳爱斯品牌海报

强"排行榜上，纳爱斯成为行业内唯一入选企业。

2017年，纳爱斯推出超能APG薰衣草洗衣液。纳爱斯蝉联中国轻工业百强榜，位居行业首位，蝉联"中国制造业企业500强"日化行业之首。"雕"牌稳居中国500最具价值品牌榜日化品牌首位。纳爱斯的粉、皂、洗衣液和洗洁精类产品入选为国家绿色制造体系首批绿色设计产品。

2018年，"2018中国品牌价值榜"发布，纳爱斯集团品牌价值居日化行业榜首、"中国轻工业百强企业榜单"行业榜首。纳爱斯集团党委书记、董事长庄启传因病去世，集团董事会全体董事一致推选何丽明为集团董事长，庄彬彬为集团副董事长。中国轻工业联合会官方网站发布《升级和创新消费品指南（轻工第五批）》升级消费品名单中，纳爱斯成为国家供给侧改革引领消费趋势的首批高端轻工产品及行业内唯一入选企业。

2019年，超能织物洗涤、餐具洗涤等精致升级，APG系列产品强势扩张，推出超能天然皂液、超能工坊系列洗洁精等新产品，并升级超能家族产品。2019中国制造业企业500强榜单发布，纳爱斯集团有限公司名列第305位，连续8年在中国轻工业百强企业洗涤行业中位列第一，持续领跑中国日化。

―【纳爱斯的转折点】―

高质低价的香皂产品让纳爱斯成功实现突破

纳爱斯最值得称道的是产品创新，而纳爱斯的突破和发展，往往都是先有"骂名"，后有"掌声"。

依靠为上海制皂厂和外贸订单代工，在20世纪80年代中后期，纳爱斯积累了经验，学习了技术，也让曾经濒临倒闭的工厂得以转危为安，但是要想真正获得发展，企业必须要有自己的品牌。意识到这一点，纳爱斯从瑞士引进了先进的技术，开始研发自己的香皂产品。

1991年，"纳爱斯"香皂样品诞生，庄启传把它送到世界日化行业翘楚的瑞士奇华顿公司进行检验认证，被认定为"一流精品"。良好的结果让他们兴奋异常，立即回国准备大干一场，却遭遇了"重复建设论"和不定点、不贷款、不供应进口原料的"三不主义"的质疑，难道就这样放弃产品生产计划？

好在有不服输的庄启传一再坚持和据理力争，他强调纳爱斯香皂品质超越一般香皂产品，不是低质产品的简单重复生产，也分析了社会进步的动力来自于竞争，是促进市场经济保持活力的根本因素，不能用简单的"重复建设论"来以偏概全。在他的努力下，最终，纳爱斯香皂得以顺利生产。

然而，纳爱斯香皂生产出来之后在销售的过程中又遇到了质疑，原因在于庄启传选择了"离经叛道"的销售方式。当时，纳爱斯香皂没有像其他企业那样选择国营商业批发站进行销售，而是先在义乌小商品市场等地建立经营部，把小商品市场作为突破口，实行统一售价和送货制度、代理商管理制度，形成初级销售网络，而这种不随大流的销售方式在资深人士眼里又被看作十分不靠谱。面对质疑，庄启传没有动摇。

由于纳爱斯香皂具备与当时市场上进口高端香皂产品力士香皂难分伯仲的优势，而与力士动辄四五元的高价相比，纳爱斯2元左右的价格显得亲民。高质低价一下拉近了纳爱斯与消费者的距离，一时间，纳爱斯香皂走进了千家万户，为自主创新品牌奠定了市场基础。

1993年，纳爱斯香皂就被评为"浙江名牌"产品。到了2005年，纳爱斯再次斩获中国驰名商标的殊荣。2006年，纳爱斯成为中国香皂行业唯一的标志性品牌。纳爱斯香皂的诞生不但反击了当初对它的诸多质疑，也让纳爱斯集团成功拥有了自己的第一个名牌。

向管理型企业转型，开启"振兴中国民族洗涤工业"新目标

有了先进技术设备，有了名牌产品，有了一定文化素质的人才，纳爱斯并没有沾沾自喜，止步不前，它意识到企业要想长久发展，必须实行科学管理。

早在1994年，纳爱斯就花大力气推行ISO9000质量保证体系。企业专门组织，请专家讲学、培训，在公司全面推行ISO9000标准。经过全体干部员工1年多的努力，1995年12月经中国兴轻质量认证中心和浙江质量体系审核中心同时审定通过，成为全国肥皂行业首家和目前唯一一家实行ISO9000的企业。

为了保证ISO9000质量保证体系的严格执行，纳爱斯还配套导入"日清"管理模式，做到"日事日毕，日清日高"，保证了产品质量，提高了工作效率。

纳爱斯提出以目标为导向，以结果为关注点，以系统思考见长的管理方式。目标管理立足于"重"，着眼于"效"，发力于"系统"。纳爱斯强调以系统思考为指导，全面深入分析现状，让重要问题凸显，然后设立目标，采取针对性强又系统的措施来进行解决。

为了更好地实施目标管理，纳爱斯还建立了包括分销物流管理、物资管理、人力资源管理和费用管理四大信息化管理的配套系统。四大系统相互衔接，形成实时数据管理、明确流程管理和紧凑审批监督管理等结果，为企业制定目标、进行决策提供有效数据参考。

纳爱斯的信息化管理实现了物流、信息流和资金流三合一的集约化管理，可细化到每一块肥皂、每一包洗衣粉的市场流向和产品追溯，既确保了产品的质量，也促进了企业的发展。

纳爱斯建立"以目标管理为主线的管理体系，追求卓越绩效"的课题，在2011年该课题被列入浙江省质量措施项目并成功通过验收，成为了"质量强省"先进管理方法的示范和标杆。

就在纳爱斯竭尽全力推进ISO9000质量保证体系的同时，中国洗涤工业正面临着国外洗涤巨头来势凶猛的挑战和冲击。如果中国市场被国际洗涤业

巨头垄断，国人在洗涤方面的支出将大幅提升，彼时已位居中国洗涤行业前列的纳爱斯已经意识到国外品牌的野心。

1995年，庄启传在参加全国轻工优秀企业表彰会上呼吁"振兴中国民族洗涤工业"，引起了时任国务院副总理李岚清的高度重视，庄启传受到了时任国务院副总理李岚清、时任国务院秘书长何椿霖、时任轻工总会会长于珍的接见，领导们希望纳爱斯能够发挥表率作用，总结经验，共同振兴中国洗涤工业。

纳爱斯不辱使命，与国内30余家企业实行合作加工，联合起来与外国洗涤巨头们展开了市场争夺战。在纳爱斯的引领下，中国洗涤用品工业从退却、防御走向战略反攻，并取得了很大成绩，不仅迫使跨国公司产品大幅度降价，为中国百姓减轻50多亿元的生活开支，还使跨国公司放下尊容转为为纳爱斯加工，为国内众多洗涤企业重新赢得生机。

面对市场的种种诱惑，纳爱斯始终埋头于主业，用优势扩张发展自身实力。通过建立管理体系，设立"振兴中国民族洗涤工业"新目标等步骤，纳爱斯从偏安一隅的区域性企业逐渐发展为可影响全国洗涤工业发展的大型企业，并不忘初心，志存高远，一直向着更大更强的世界级企业发展前行。

—【纳爱斯的与众不同】—

实现肥皂领域的"改朝换代"，扭转赤膊黄肥皂一统江湖的市场格局

在纳爱斯推出"蓝肥皂"之前，市场上只有没有包装的"裸奔"黄色肥皂。黄色肥皂虽然比香皂去污力强，但是味道过于刺激，使用过程中的体验非常不好。一次庄启传的妻子在家翻洗棉衣，他的女儿嫌味道难闻，妻子的一句"要是香皂能洗干净呀，谁愿意用肥皂"的抱怨让庄启传产生了灵感：决定生产味道好闻、去污力强的肥皂。

纳爱斯一直秉承品质首位的原则，认为产品品质不但要遵循"部标"

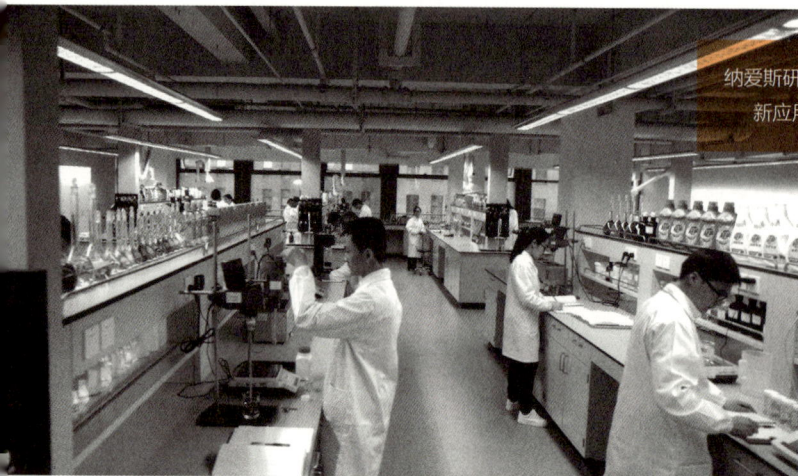

纳爱斯研发团队将核心技术的创新应用与生态优势相结合

"国标"，更要讲"市标"，即要有适应市场和吸引潜在消费需求的标准。而要确保产品品质，技术含量一定要高。为了研发肥皂，庄启传集合了全厂之力从改进肥皂性能上进行研发。

其实早在80年代初，业内就意识到老旧的黄色肥皂味道不佳的弊端，要改进肥皂的说法一直被提及，但十年过去了，却没有人真正去落实。而一向敢想敢干的庄启传不但将之付诸实际，还超额完成任务，以创新产品扭转了市场格局。

曾经在谈及洗涤用品为什么总是打价格战的时候，庄启传说过那是因为产品的差异性不大，消费者被迫只能在价格上做出选择。如果不能在产品上创新，这个瓶颈不突破，就难以有胜出者，这个观念在他领导团队进行肥皂改进研发的过程中得到了充分体现。庄启传认为"如果永远做一块黄的肥皂，就会一直跟在人家后面爬，"应该搏一搏，进行大胆创新。于是，经过一年多时间的刻苦钻研，突破了一个个技术瓶颈之后，蓝色、柔软、去污力提高4倍还有淡淡香味的新型肥皂诞生了。

实验成功后，生产又遇到了新难题：新型肥皂的生产需要改变生产装置和工艺。为此庄启传引进新的生产线，带领团队日以继夜地进行试车，最终完成了技术攻关。看着新产品，庄启传认为光有质量提升还不够，他还要给新肥皂穿上漂亮的"衣服"，于是蓝色肥皂套上了透明包装，结束了肥皂"裸奔"的历史，也解决了肥皂在运输过程中的损耗和卫生问题。

一块品质彻底更新换代，颜色截然不同的蓝肥皂，加上包装上的细微改进，形成了雕牌超能皂完全不同的品牌差异化，为其随后良好的市场成绩奠定了基础，也成就了肥皂行业的一场创新革命。

可以说纳爱斯凭借这块与众不同的蓝肥皂不但开创了事业的新局面，也开创了肥皂的历史先河。但是在产品刚刚面世的时候，销售情况并没有预料中的好，雕牌超能皂上市好几个月竟然很少有人问津。

面对市场冷遇，庄启传亲自深入一线进行市场调查。经过询问、调研和实地考察，他终于明白了问题的症结所在。由于雕牌超能皂与众不同的质地和包装，经销商和销售人员误将其归类于香皂类别，将产品全部放置于香皂货架，与包装花哨、香味浓郁、类别众多的香皂产品相比，包装朴素、香味清淡的雕牌超能皂自然没有竞争优势。

于是，公司一声令下，赶紧通知各地纠正陈列错位，将雕牌超能皂重新摆放在肥皂货架，与传统的黄肥皂一对比，雕牌超能皂的竞争优势立刻凸显出来。而纳爱斯又加大了产品的宣传力度，以"雕牌超能皂，肥皂新一代，什么都能洗"的广告词，突出雕牌超能皂是肥皂新一代的产品定位，一时间吸引了大量的消费关注。

随后，纳爱斯在雕牌超能皂的营销上又做出了大胆之举，不但豪抛500万元在中央电视台进行广告传播，更是在浙江全省范围内开展了"雕牌百万大赠送"促销活动。1993年6月，纳爱斯在《浙江日报》刊登了大幅广告，宣称只要剪下报纸广告上的广告券，就可以免费领取一块雕牌超能皂，还有机会抽得免费港澳游。

今日看来，这只是市场中常见的促销方式，但是在彼时却算是破天荒的创举，不但获得了极高的市场关注，也引来了"年利税也不过上百万的企业竟敢慷国家之慨，出风头，挥霍员工血汗，败家子"的抨击，社会上甚至流传出"纳爱斯是花架，是资不抵债的空壳"的流言蜚语；而活动开展前夕的一场台风也让纳爱斯面对的困难变本加厉。

内外交困的重重压力没有让庄启传退缩，为了保证活动的正常进行，销售人员半夜里冒着生命危险，开船强行突破，黎明前将产品送到各地代理商的手中。随着活动影响力不断加大，加上产品本身超强的去污能力和低廉的价格，雕牌超能皂得到了消费者的普遍认可，博得了浙江省内90%的市场份额。

全国布局的6大生产基地成功阻击外资企业的围攻

纳爱斯最与众不同且值得称道的除了在产品方面的洞察和创新能力，还有其对中国洗涤行业的巨大影响和维护，这就首先要讲到纳爱斯与老对手宝洁的渊源了。

20世纪90年代后期，由于国内肥皂市场快速饱和，庄启传将目光投向了洗衣粉行业。当时的洗衣粉行业被认为市场饱和，国内众多企业全线喊亏，纷纷要求行业主管部门出台文件，设置准入门槛，以限制不断扩大的产能。而纳爱斯却偏偏反其道而行之，在经过市场调研和分析后，庄启传认为但凡

纳爱斯集团雕牌品牌海报

害怕竞争的行业，必有无限成长的市场空间。洗衣粉生产企业一味寻求政府部门保护，必然不能适应市场竞争。从表面看到的是思维上的缝隙，背后却是市场缝隙与市场潜力所在。

而在市场调研中，庄启传发现，在广大的三四线城市和农村地区，洗衣粉并没有形成品牌集中效应，消费者最关注的是效果和价格，品牌意识不强，市场空间还很巨大。

于是，全国最大的洗衣粉喷粉塔在纳爱斯正式上马，雕牌洗衣粉应运而生。由于纳爱斯引进国际著名的瑞士EMPA标准，使雕牌洗衣粉具备了工艺先进、批量大、成本低、物美价廉的几大优势。

在销售渠道和目标市场的选择上，纳爱斯再一次执行了"农村包围城市"的策略。当时国内一线城市50%的市场份额都被宝洁旗下的奥妙、汰渍和碧浪三大品牌长期把持，与宝洁硬碰硬的正面冲突不是明智之举，纳爱斯选择了"曲线救国"。它在义乌市场建立销售部，迅速吸引了2000多家经销商，一时间品质优良，售价却比外资品牌一半还低的雕牌洗衣粉势如破竹，极快地占有了国内三四线城市及农村地区的市场份额，并在上市的当年年底占领了全国20多个省会城市的市场份额。

到1999年底，雕牌销量已经突破1个亿，跃居全国洗衣粉销量第二名。而纳爱斯也抓住了彼时国内各大企业转型，下岗工人增多的热点时机，在中央电视台推出了"懂事篇"广告，广告中小女孩的一句"妈妈，我能帮您干活了"扣人心弦，牵动着中国千千万万民众的心，也让雕牌洗衣粉成为深入人心的品牌。在价格、营销、情感的多重作用下，到了2000年，雕牌洗衣粉销量突破40万吨，继洗衣皂后，成为洗衣粉行业的第一名。

在纳爱斯的洗衣粉成为中国第一后，宝洁曾向纳爱斯伸出了橄榄枝，提出了"合资"的意愿。面对巨大的诱惑，纳爱斯保持了清醒。多少国内日化品牌投身外资怀抱反被"雪藏"，企业最后变成外商独资，全部心血拱手相让。所谓的"合资"不过是一场短暂的"露水姻缘"，最终成为外资进入中国市场的跳板。为了避免纳爱斯几十年的努力付诸东流，也为了维护中国洗涤日化行业的发展，庄启传拒绝了宝洁的合作提议。

合作不成，宝洁自然不能小觑纳爱斯这个势头迅猛的"定时炸弹"，将之视为真正的竞争对手，专门针对纳爱斯的雕牌洗衣粉发起了"射雕行动"。宝洁旗下的汰渍洗衣粉对雕牌展开了紧跟肉搏战略，将市场从城市下沉到小卖店和农贸市场，并将3元多的价格降到1.9元。纳爱斯也不示弱，把洗衣粉产品原本2元左右的价格进一步降到1.5元的冰点低价。

都是降价，纳爱斯却比汰渍拥有更多的底气，因为它在浙江丽水、湖南益阳、四川成都、河北正定、吉林四平、新疆乌鲁木齐建有六大生产基地，形成了辐射全国的生产和市场网络，在哪里生产就在哪里销售，极大降低了相关成本，而依靠代工的汰渍与其相比自然无成本优势可言。几次交锋下来，纳爱斯的市场份额未见明显下滑，仍然高居行业首位。汰渍洗衣粉却亏损了3000万之多，最终铩羽而归，只能终止降价，恢复原价，彻底退出农村市场。

2002年，雕牌洗衣粉市场份额占比接近40%，产品利润总额在行业中占比超过99%，这个数值相当于海外公司在中国市场年销售总额的5倍。雕牌洗衣粉也成功建立了覆盖全国的销售网络，也让竞争对手发出了"水没有流到的地方，雕牌洗衣粉都卖进去了"的感叹。

—【纳爱斯的品牌经营策略】—

以创新思维和技术优势快速抢占市场，而后挺进中高端领域，进一步扩大品牌影响力

面对海外品牌的围剿，能够脱颖而出的中国品牌大多依靠的是低价优势和渠道优势这两点。低价优势来自于技术模仿和成本优势，而渠道优势则依靠的是企业多年来的布局和投入。

纳爱斯在最初也是如此。经过广泛的市场调查，纳爱斯发现，其企业所在地丽水市位置较为偏僻，在交通、信息、经济和城市知名度等方面都不具备优势，没有可以赋予产品高价的基因。而企业本身的知名度偏弱，在市场竞争中无法在品牌、形象和实力上与强势企业和品牌相抗衡，只能通过低价切入抢占市场，才有可能赢得市场先机。依靠技术引进和最初的低成本策略，让纳爱斯得以在竞争激烈的市场撕开一道口子，在价值链低端快速占领一席之地。

虽然依靠产品规模和代工业务，纳爱斯取得了成功，但身处一个薄利的赛道，纳爱斯无法获得丰厚的利润，眼前的辉煌只是暂时的，无差异的、低附加值的产品，很难让纳爱斯获得市场主导地位，无法给纳爱斯带来可持续竞争力。

"卖便宜货做大市场不是本事，只有把高附加值产品也卖得最大，才是英雄。"面对高居首位的市场份额，纳爱斯没有满足。在与跨国巨头斗智斗勇的同时，纳爱斯便开始着眼于更广阔的产品领域。

一方面，纳爱斯通过建成全国生产基地，大大降低生产成本，使产品更具竞争优势，死守低端阵地；另一方面，纳爱斯集中力量研发新产品，瞄准中高端市场，并逐步走向国际市场。

于是，纳爱斯投入2个亿，进行新品研发，将产品序列扩展到5个系列、13大产品类别。纳爱斯的目的其实非常明确，扩大产品序列可以让纳爱斯利用品牌效应从其他产品类别里实现利润多元化。况且，任何一个单一产品类别都不可能永远保持巅峰状况，必须在适当的时候选择一些产品类别作为后备。

首先，纳爱斯涉入了盈利水平高、市场用户容量大的个人护理用品中端市场，2004年在全国率先推出了全透明包装的纳爱斯牙膏。通过提出"营养清新，健康清新"的差异化品牌定位，及独创的透明内管设计和透明膏体等产品创新，成功吸引了年轻的大众时尚群体，在细分出的营养类牙膏品类中成功抢占了头把交椅。

2006年，通过对裕旸、奥妮、莱然三家公司的收购，纳爱斯不但开创了民营企业真正层面上规范收购外资的先河，也对日化界乃至整个民族企业的发展产生了巨大影响。借助这次收购，纳爱斯将"百年润发""西亚斯"和"奥妮"三个知名品牌以及83个商标的所有权或独占使用权收入囊中，有效扩大了纳爱斯在个人护理行业的业务版图。并且，收购也让纳爱斯拥有了核心研发、管理体系和专有技术，为其在个人护理用品市场的发展、后期的资本运作和进一步进军国际市场都奠定了基础。

2007年，继纳爱斯营养牙膏成功推向市场后，针对中国儿童牙齿健康状况，纳爱斯又推出了伢牙乐儿童营养牙膏，快速成为中国儿童营养牙膏第一品牌。

其次，纳爱斯发力洗涤用品高端市场，推出"超能"品牌，以超能天然皂粉这一绿色创新产品作为其撬开高端市场的敲门砖。高端市场一直是外资品牌掌控的阵地，进入高端市场，纳爱斯避开了合成洗衣粉这个成熟的竞争领域，转而选择了天然环保的皂粉。

纳爱斯集团超能品牌海报

由于运用了新研发出的植物水养洗护、Coloright防串染科技、HE时尚洁净科技、特有Ascum（阿丝康）助剂以及双离子3层去渍、冷水去油等全新技术，超能天然皂粉以超低泡、强去污、易漂清、节水省时、不伤织物不伤手的产品优势彰显其人性化和生态化，以适应消费者对高品质生活的追求。而且，由于天然皂粉脱离了对石油资源的依赖，使其原料的来源和成本更有可控性，也加大了产品的成本优势，其性价比也远远超出市面上同类竞品。

随后，纳爱斯又推出了超能洗衣液，以一句"超能女人用超能"抢占市场。2008年，在多品类产品的拉动下，纳爱斯实现了销售收入91.7亿元。

2015年，其高附加值新产品的销售总额占比达到了62.14%。与此同时，销售额也突破190亿元，位居世界日化行业第五位。

以"中国市场二分论"的差别化战略，通过别具一格的渠道分销策略形成覆盖全国的销售网络，借助"先市场后工厂"战术不断推出创新产品，赢得市场关注

纳爱斯从战略层面提出了"中国市场二分论"，从体制上将销售渠道划分为国有商业体制和农贸市场，根据不同渠道的特性采取渠道分销策略，建立了覆盖全国的销售网络。

首先是抢占渠道的制高点。全国的商业批发流通网络体系可分为三个层次，覆盖全国的顶层网络，掌控区域性的中层网络和深入到县域性的基底网络。纳爱斯首先攻下了上海的市场，然后拓展到北京和天津，以点带面，通过核心城市形成对全国市场的居高临下之势，将产品铺向全国市场。

抢占了制高点，还要稳固中层市场，纳爱斯通过在全国一些重要的地区积极组建自己的经营部，并挑选事业心强、文化水平高的人员充实到销售队伍，并用以老带新的方法形成了自己庞大的营销队伍，在全国各省、市、自治区组建了自己纵横交错的营销网络，充分发挥经营部的市场带动辐射作用。

最后是下沉到基底的广大县城和农村。纳爱斯一反行业常态，率先进入义乌小商品市场设立经营部，利用小商品市场成本低、辐射面广、深入县城与农村市场的特点来整合过去条块分割的销售渠道，集聚市场份额，最终一统肥皂市场的天下。

在战术上，纳爱斯则一直立足于"先市场，后工厂"。将根据市场需求和发展现状，选择产品进行生产，然后把有限的资源先行集中在市场网络和品牌宣传建设上。这种先以市场为基准的战术在如今看来是明智且有效的，但在当时纳爱斯的举动可谓一反传统，离经叛道。而纳爱斯的这种反传统一直伴随着它的每一步发展。

在国内众多企业还迷恋于计划经济时，纳爱斯就以市场为基准进行产品选择和生产了。当不少企业在改制面前徘徊观望时，纳爱斯在全区首先搞规范化股份有限公司。在行业内还在固守国营三级批发渠道的时候，纳爱斯率先闯入义乌小商品市场，并借此整合了全国销售渠道。当一些企业才开始具备品牌意识的时候，纳爱斯所拥有的几大名牌已为其创造了良好的效应。当众多企业还对标准化懵懵懂懂的时候，纳爱斯已率先执行了ISO9000国际标准……当很多品牌守着一亩三分地的时候，纳爱斯又一次次自我颠覆、创新突破。

通过战略与战术的结合，纳爱斯一步步提升产品价值链，加大产品附加值，完善渠道网络，充分发挥自身优势，实现了产品策略、渠道策略、配送、促销和定价策略的环环相扣，互相补强。

新时代背景下，与多家现代渠道巨头携手共布全面发展战略

一直以来，纳爱斯的渠道网络都是它能在宝洁、联合利华、欧莱雅等跨国巨头联军围城中避其锋芒、逆风飞翔的关键要素。

作为一个以洗衣皂、洗衣粉起家的企业，纳爱斯通过早年的"棋"先一招在渠道上积累了势能，拥有了先天优势。对渠道的掌控力确保了纳爱斯产品无论在何种渠道都可以及时铺货到位，这也让纳爱斯能够让大卖场成为其重要渠道，却又不会过度依赖大卖场，被大卖场渠道制约。

进入新消费时代，善于审时度势、锐意变革的纳爱斯再一次发挥了在渠

道上的远见卓识，率先与多家现代渠道巨头携手，共布全面发展战略。

纳爱斯陆续与重庆、武汉等地多家现代渠道巨头及互联网企业阿里巴巴集团、苏宁集团达成"零供一体化战略合作"，共建线上线下智慧营销标杆。

比如在武汉市场，先后与当地中百、大润发、武商等重点超市系统高层达成共识，深度开展"零供一体化战略合作"，形成逐鹿中原之势。在重庆市场，与西南地区零售龙头重庆百货大楼股份有限公司签署"零供一体化战略合作"协议，携手针对重庆百货、新世纪百货等开展市场资源、人才沟通、营销策略、产品创新升级等方面的全面整合，共同升级西南区域的消费新模式。在南京市场与苏宁（零售）集团在南京苏宁集团总部签署"2018年度生意计划"，旨在通过实现品牌、产品、销售模式等多领域多元化的全面战略合作来引领消费者对美好生活的追求，联手共同打造"智慧快消"的综合标杆……

而在其大本营丽水，纳爱斯则与阿里巴巴集团签署了战略合作协议，力图在强强联合的基础上共享更多资源，尝鲜更多营销玩法，探索品牌运营数据化新方式，并开辟互动运营的新零售模式。同时，利用大数据进一步加快纳爱斯产品的创新步伐，通过大数据分析深度挖掘消费者的个性化需求，从人群研究、市场洞察、爆品创造等维度再添产品智能孵化新动力。

一【结语】一

从名不见经传到领跑中国洗涤市场，从产品单一到建立日化帝国，从综合实力全国排名倒数第二到全球第五，年销售额两三百亿，纳爱斯创造了对国内外强势品牌的逆袭神话。作为纳爱斯、雕牌、超能等诸多知名品牌的缔造者，纳爱斯不但在宝洁、联合利华等国际名牌的行业垄断中抢占了较大的市场份额，还成功击败了宝洁的"射雕行动"，让宝洁在巨亏中不得不放弃中国三四线市场。纳爱斯一次次逆势上扬，创造了中国日化"把不可能变为可能"的品牌发展奇迹!

纳爱斯用事实告诉世人,只要有满足市场需求、引领消费趋势的产品,具备强大的市场竞争力,从"思维、管理、机制"等方面贯彻创新意识,就可以在重重围剿中闯出自己的一片天地。

纳爱斯秉持永不止步、开拓进取的奋斗精神,坚守"走进去""走出去""走上去"的战略方针,不断将中国日化发展推向新高度,为传统行业创新探索出一条成功的高质量发展新路,为中国品牌走向世界提供了经验借鉴。我们期待,纳爱斯未来能创造更大的奇迹。

柒牌：

大美不言，匠心可见

　　四十年砥砺前行，柒牌从一把剪刀、一台缝纫机和不足300元资金的裁缝铺起家，在改革开放浪潮的洗礼下，经过多年的不懈努力，逐渐成长为一家传承中华文化，并不断突破、创新的服装企业。

—【事件】—

2019年4月3日，中国服装行业知名品牌柒牌在意大利都灵举行隆重的签约仪式，正式宣布国际足坛超级巨星克里斯蒂亚诺·罗纳尔多（C罗）出任柒牌全新代言人。此前柒牌已通过官方社交平台发布这一消息，立刻引爆舆论关注。

柒牌董事长洪肇设表示，C罗的成功不仅归功于其超凡的天赋，更源自持续的自我突破，及追求极致的人生态度，这与柒牌自信、敢创的品牌精神不谋而合。正因有相似的成长经历，共同的价值追求，柒牌与C罗的携手可谓强强联合。此次合作定会加快柒牌的国际化进程，实现品牌全方位升级。同时，他还希望借助C罗的榜样力量，以拼搏进取的精神激励中国男士在人生道路上勇敢前行。

国际巨星C罗代言柒牌

谈及与柒牌的合作，C罗表示，这是他首次代言中国男装品牌，他十分荣幸在柒牌创立四十周年之际，以代言人的身份参与到柒牌创新时尚的变革与发展过程中。他非常欣赏柒牌所倡导的创新精神，并认为无论是球员，还是企业管理者，坚持和拼搏都是最为重要的品质。同时，柒牌所呈现出的别具一格的中华美学也是吸引他的重要原因之一。他认为，与柒牌的合作将是一次东西方文化的碰撞与融合，他十分期待作为参与者见证中华时尚绽放全球。

作为国内首个签约国际足坛超级巨星的男装品牌，柒牌与C罗将通过更多元的合作，演绎全新时尚风格，诠释品牌价值主张，彰显中国时尚力量。

—【柒牌的发展历程】—

1979年，在福建省晋江市英林镇，洪氏几兄弟用一把剪刀、一台缝纫机和300元资金，办起了村里最早的一家缝纫店，也由此开启了柒牌的创业之旅。

1984年，小店"升格"为新艺佳丽服装厂，并申请注册了"佳丽"商标，成了当时泉州地区第一个兄弟合办的乡镇企业。

1985年，从香港引进二手的电动平车来进行技术设备改造，更换落后的缝纫机。

1986年，从日本引进全新"兄弟"牌电动工业平车更换之前引进的二手设备。

1992年，组建晋江万事达制衣有限公司，并引进德国华宝电脑商标织机及瑞士缪勒电脑钩边机，引进纺织CAD技术应用于商标织造。

1996年，成立福建柒牌时装有限公司，并进行西服厂的投建工作。

1998年，柒牌西服厂投厂使用。从西欧引进组建了国内一流的西服生产流水线，同年完成了CI形象设计，开始严格按ISO9002质量体系进行质量管理工作。柒牌服装成为"第十三届亚运会中国体育代表团指定礼仪西服"。

1999年，组建福建柒牌集团，更名为福建柒牌（集团）时装有限公司，同时成立了福建晋江英林柒牌贸易有限公司、福建晋江柒牌织唛有限公司，福建泉州柒牌计算机系统工程有限公司三个子公司，成为以服装研究、设计、生产和销售为一体的综合性服装集团公司，并通过了ISO9002质量体系认证。

2000年，柒牌被公安部确立为"99"式人民警察服装及软肩章指定生产企业，荣获AAA级信用企业，销售收入和利润总额在全国同行业中名列前茅。

2001年，公司更名为福建柒牌集团有限公司，完成了ISO9001：2000版的升级工作，柒牌荣获"全国服装质量过硬十佳品牌"称号。实现销售收入和利润总额在全国同行业中排名第12位和第7位，全国专卖店数量突破1000家。

2002年，投资一亿元新建30000多平方米的柒牌裁剪中心和功能化完备、现代化的员工生活公寓，并投入5000万元引进西班牙艾维斯CAM自动裁剪设备进行技术改造。实现销售收入和利润总额在全国同行业中排名第13位和第6位，成为福建省纺织服装业在全国排名最前的企业。柒牌董事长洪肇设被评为2001年"福建省年度经济人物"。

2003年，邀请国际巨星李连杰出任柒牌品牌大使。柒牌董事长洪肇设被评为2002年"福建省年度经济人物"，柒牌被评为"福建省首届最佳信用企业"。

2004年，邀请世界足球先生菲戈加盟柒牌形象代言。"柒牌"商标被认定为中国驰名商标。柒牌董事长被授予"福建省突出贡献企业家"称号。8月中华立领夹克上市，上市伊始便受到市场青睐，产品一

柒牌董事长洪肇设亲自设计服装现场剪影

度脱销，而国庆期间中华立领婚庆西服也备受青睐。

2005年，中国著名时装设计师、"金顶奖"得主武学凯先生加盟柒牌，担纲柒牌首席设计师。12月，与清华大学美术学院合作在北京成立柒牌中华立领产品研发中心。

2006年，中非合作论坛召开期间，"柒牌中华立领"被指定为此次会议北京人民大会堂工作礼服。柒牌中华立领龙魂系列被选定为中国体操队礼仪西服出征第39届世界体操锦标赛。6月，柒牌被世界经济论坛及世界品牌试验室评为中国最具品牌价值500强之一，品牌价值高达50.26亿元，位列中国纺织服装行业第六名。

2007年，"柒牌中华立领"成为第十二届世界游泳锦标赛和第四十届世界体操锦标赛唯一专用礼服。柒牌男装成为中国男子篮球职业联赛（CBA）指定男装和中国篮球协会官方指定男装。柒牌被评为"2007中国纺织十大品牌文化"企业。

2008年1月，柒牌集团通过ISO14001（环境管理体系）和OHSMS18001（职业健康安全管理体系）两大管理体系的认证。8月，柒牌集团同清华大学美术学院及中国服装设计师协会共同发起了"柒牌非物质文化遗产保护与发展基金"。柒牌"青花瓷系列"礼服被正式确定为北京奥运会和残奥会奥运升旗手礼服，并被奥组委特别授予

"北京2008年奥运会颁奖礼仪服饰设计组织贡献奖"。柒牌集团荣膺最具文化内涵奥运营销创新奖。

2009年2月，柒牌集团启动"柒牌时尚中华产业园区"建设项目。6月，经世界品牌实验室评定，柒牌品牌价值80.61亿元，位居中国纺织服装行业品牌前列。柒牌凭借多年来对国家公益和慈善事业的奉献，最终荣获"中华慈善突出贡献企业奖"。

2010年，经过金融风雨洗礼后，柒牌产品线重组扩充，销售业绩空前提升。柒牌应美国世界艺术家体验组织的邀请，携手"多彩中华"——中国民族服饰展演团，赴美国五大州市进行服装巡演，中华立领喜获"2010多彩中华"唯一指定馈赠美国政要国礼。

2011年，作为国内男装代表的柒牌男装，在第七届（2010）中国品牌影响力高峰论坛年会中被誉为"中国男装第一品牌"，中华立领喜获"中国男装最具影响力品牌"荣誉称号，洪肇设董事长荣膺"中国男装品牌建设十大领军人物"。4月，首届柒牌·清华非物质文化遗产研究与保护基金项目研究成果展暨座谈会在北京清华美院举行，展示了柒牌非物质文化遗产研究成果，其中多项研究成果填补了国内外空白，使中国非物质文化遗产保护与研究取得了突破性的进展。9月，第六届亚洲品牌盛典在香港隆重揭幕，柒牌位列"亚洲十大最具影响力品牌奖"前三甲。10月，柒牌被中国纺织工业协会授予"中国纺织品牌文化50强"荣誉称号。

2012年，柒牌物流园新厂房基础建设已基本完工交付，同时引进国内服装行业的第一条全进口物流自动悬挂输送线。同年，柒牌成为第三届纽约中国电影节官方战略合作伙伴。柒牌携手中国国家交响乐团，为其量身打造全新形象，订制独具民族色彩的中华立领演出服饰。

2013年，"柒牌·清华非物质文化遗产研究与保护基金"成立5周年，研究取得了丰硕的成果，涵盖中国传统民族文化、民族服饰领域，柒牌更是将非遗元素应用到中华立领的设计当中。10月，柒牌作为第四届纽约中国电影节的战略合作伙伴，柒牌董事长洪肇设受邀担任纽约中国电影节组委会主席及电影节终身名誉主席。

2014年1月，柒牌董事长洪肇设在亚洲品牌协会年会被授予亚洲品牌协会副主席、亚洲品牌协会服装专业委员会主席两项殊荣。柒牌与清华大学共同举办首届非物质文化遗产研究与保护高峰论坛，"柒牌·清华非物质文化遗产研究与保护基金"开启第二个五年征程。9月，柒牌中华立领及西服成为第十八届中国投资贸易洽谈会"指定投资专家礼服"及"指定高级商服"。11月，柒牌荣膺"2014年亚太经合组织（APEC）会议特别赞助单位"，柒牌中华立领为"2014年亚太经合组织（APEC）会议官方指定服装"。

柒牌董事长洪肇设

2015年，柒牌在国家纺织面料馆设立福建省首家企业面料馆——中华立领分馆。4月，柒牌荣获福建省质量领域最高荣誉——福建省政府质量奖。柒牌携手尚雯婕、任重开启"寻梦海丝"柒牌非遗之旅。9月，柒牌集团与清华大学深圳研究生院全国首家研究生联合培养基地在柒牌中华时尚产业园正式揭牌。12月，柒牌荣获中国工业设计行业奖——"中国工业设计十佳创新型企业"。

2016年，柒牌与清华大学深圳研究生院合作启动"创响计划"。同年，柒牌携手京东众筹开启智能时尚创意众筹，柒牌多功能智能夹克创先版问世，并于次月开启众筹。7月，以"你定未来"为主题的柒牌智能时尚发布会在厦门盛大开启，柒牌开始全面进军智能时尚领域。8月，柒牌携手陈楚生开启"寻梦丝路"非遗探索之旅。柒牌董事长洪肇设荣获"2016年度两化融合十大领军人物"。

2017年，柒牌联合福建省环保志愿者协会启动倡导绿色时尚新理念的"柒牌焕新行动"旧衣回收项目。3月，柒牌被工信部认定为国家级智能制造试点示范企业。9月，柒牌服装成为2017金砖领导人厦门会晤礼宾服指定产品，助力礼宾人员圆满完成贵宾接待工作。11月，中国纺织非物质文化遗产大会上，柒牌董事长洪肇设荣获2017年度"中国纺织非遗推广大使"称号。

2018年7月，由柒牌作为主要起草单位之一的"中式立领男装"国家标准正式实施，柒牌"中华立领"成为中式立领男装的标准化参考。8月，柒牌被福建省工信委授予福建省工业设计中心，同时被福建省工信委授予福建省工业和信息化龙头企业。

2019年，柒牌在意大利都灵举行签约仪式，正式宣布国际足坛超级巨星克里斯蒂亚诺·罗纳尔多（C罗）出任柒牌全新代言人，同时柒牌入选百年中国制造企业。5月，柒牌被福建省人民政府发展中心授牌为企业发展研究基地。6月，柒牌品牌价值达到615.78亿元，荣登"中国500最具价值品牌"第81名。

―【柒牌的转折点】―

在柒牌发展的40年风雨历程中，经历过两次重大的转折。第一次转折发生在1998年，当时知名度还不高的柒牌把所有资金投入到购买先进机器设备上，由此奠定了日后厚积薄发的基础。第二个转折点则出现在2004年，柒牌独创性地推出了将中国传统文化与现代时尚元素完美结合的"中华立领"，就此奠定了强势品牌地位。

孤注一掷购买先进设备为柒牌的发展奠定稳固基础

1979年，洪氏几兄弟靠着一把剪刀、一台缝纫机和300元资金创立了柒牌男装的前身——村里最早的缝纫店。后来，缝纫店升级为服装厂，产品商标也演变为柒牌，之所以叫"柒牌"，是因为"柒"暗指的是洪氏七兄弟，而洪肇设便是其中的老七。

敏锐的市场嗅觉、坚韧的毅力和果断的胆识是柒牌的特点。早在1984年，缝纫小店就升级为服装厂，成为泉州地区第一个兄弟合办的乡镇企业。1986年，服装厂率先引进了日本的"兄弟"牌缝纫机，由此成为英林镇200多家服装相关企业中的佼佼者。

为了提升生产水平和产品品质，1992年，柒牌从德国引进了华宝电脑商标织机，从瑞士引进缪勒电脑钩边机，引进纺织CAD技术应用于商标的织造。

1998年，柒牌西装厂投产使用，尽管当时柒牌的资金实力一般，仍然果断地投资700万美元从西欧引进法国力克CAD、德国杜克普缝纫机、意大利迈埠整烫设备等当今世界最先进的生产设备，组建了国内一流的西服生产流水线，并于同年完成了CI形象设计，开始严格按ISO9002质量体系进行质量管理工作。700万美金相当于柒牌当时所能拿出的所有资金，将其全部用于设备的引进，柒牌也是抱着孤注一掷的决心。柒牌此次的大举动打造出了福建第一条制衣生产线，也极大地提升了柒牌的生产水平。借助新的生产线，有效提升了柒牌西服的生产工艺和版型款式，凭借优质面料、时尚版型和精湛做工，柒牌西装瞬间成为市场关注的热点，也唤醒了消费者对时尚潮流和品质生活的向往。

看到了技术提升对产品品质的巨大影响，柒牌此后在产能和工艺水平的提升上一直不遗余力。随后，柒牌又花了1400万美元引进了具备世界制衣最高水平的缝纫和整烫定型设备。2002年又投入5000万元引进西班牙艾维斯CAM自动裁剪设备进行技术改造，全年投于技术改进和扩大规模方面的资金高达1亿元。通过这些硬件的保证，柒牌的产品在市场的声誉节节攀升、步步为营。

2012年，柒牌引进了中国服装行业的第一条全进口物流自动悬挂输送线，并对输送线进行了自主化的改进，让产品从生产、仓储到配送等一系列环节实现了无缝衔接。并且，柒牌还通过建立全国中央仓库及物流指挥中心，强化了总部对各级分公司和销售终端的实时配送调控能力，也由此完成了在智能物流领域的布局。

除了智能物流，柒牌在智能制造领域也进行了布局，建立了运用智能制造技术和智能制造系统的"西服生产数字化车间"。在这个车间内，西服产品的生产和管理都由数字化和可视化的智能系统进行监控和调控，实现了全程的一体化和信息化，也让产品的品质更加精益求精。

2015年，柒牌在业内率先构建了智能时尚生态圈，涵盖了智能产品、智能零售、智能物流、智能制造和智能办公五大模块，由此实现了向数字化和智能化企业的升级。

几十年来，柒牌从传统制造向智能制造不断迈进。目前，柒牌制衣过程的数字化、自动化水平已居国内制衣行业的前沿。

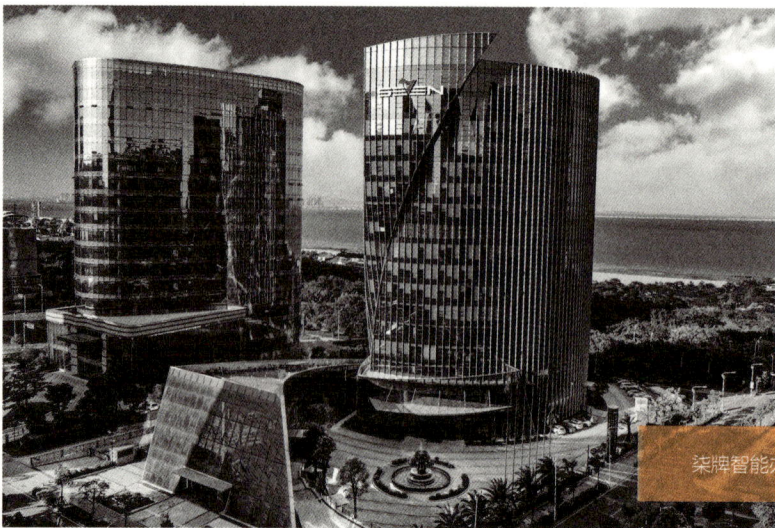

柒牌智能办公大楼

独创性地推出"中华立领"，以品类创新吸引品牌关注

品牌是提升企业核心竞争力的关键因素，从某种程度上来说，对品牌的消费其实就是对品牌背后所代表的文化的消费，所以品牌文化附加值的提升可谓至关重要，服装行业尤其如此。为此，柒牌一直致力于深度挖掘中国传统文化，并最终推出"中华立领"，以"时尚中华"的全新品牌理念，全面锻造属于自己的品牌个性和文化内涵。

在中华立领的研发上，柒牌花费了13年之久。在服装品类，尤其是男士正装品类中，找寻优秀的物质层面功能诉求点并不是一件容易的事，而要进行一定程度的产品创新更是难于登天。西装领域的市场已趋于饱和，无数细分和无数定位已非常全面，诸多男士正装品牌多年来在面料、款式、设计、做工等种种细节上不断演变创新，柒牌要想从产品层面进行创新，就必须真正解决竞争对手尚未满足的需求。

服装的价值不仅仅在于其面料、做工、设计和款式，更在于隐藏在其背后的品位、气质、文化，甚至立场。于是，柒牌跳出面料、材质、做工等技术层面的限制，站在更高的角度去审视西装，去追根溯源。

对于中国消费者来说，西服是一个西方舶来品，其发端于17世纪的路易十四时代，而中国直到"五四运动"之后才开始接触西服的概念。而西服在中国大行其道，成为社交场合的首选则是在20世纪40年代之后。由于西服本身的基因使然，导致了中国本土西服品牌在品牌高度上的天生不足，即便是那些在市场深耕多年，具备一定产品优势和渠道能力的中国西服品牌，一旦面对国际品牌的大肆冲击，也会颓势尽显，这其中西服的外来属性对消费者心智的影响是主要原因。

而洞悉到中国男性消费者对正装的需求和替代西装的需求，柒牌大胆地替换掉竞争对手都迷恋的"西服"这一核心产品属性，选择了中国元素。中国男性消费者在很多场合需要穿着正装，但因为没有更好的可以替代西装的服装，即便个人并不喜欢西装或者身材气质不适合西装，仍然只能选择西

装，可以说他们在被迫选择西装。而且，对于不太精通西服着装礼仪的消费者来说，选择西服也意味着更多的困扰："是否应该系扣？到底要扣几颗扣？衬衫袖口应不应该露出来？需要露出多长？搭配的皮带有没有要求？搭配的领带应该选择什么色系？怎么穿才不至于像推销员？"

于是，当柒牌用将中国的传统文化与时尚元素完美结合的"中华立领"替代了"西装"，立即就解决了这些不适合西装的中国男性消费者的需求，也避免了众多穿着方面的困惑，使得柒牌一炮打响，彻底成名。

而且，"中华立领"不但是一个独立的产品品类，还具有极强的产品延展性，可以不断开发以"立领"为核心元素的服装序列。近年来，我国领导人出席重要场合多次穿着立领套装，不但体现了对国家、民族文化的自信，也印证了中国实力和文化的崛起。柒牌在这样的大背景下，紧紧抓住目前这个难得的市场机遇，努力向全世界推广柒牌"中华立领"的产品和文化，赢得了越来越多的认可和喜爱。

十几年来，柒牌不但以"中华立领"为核心推出了众多系列产品，还制定了中华立领的行业标准。"中华立领"已然成为了柒牌的核心标志，柒牌也成为了"中华立领"品类的代名词。

—【柒牌的与众不同】—

致力于打造比肩世界的中华时尚，让柒牌凭借差异化脱颖而出

在服装领域，品牌的差异性体现在消费心理感受上，对于消费者来说，服装是其个性和形象的显性载体。消费者购买品牌服装，究其根本是对品牌背后所代表的文化的消费，也是满足自我心理需求的消费。

服装品牌如果只是单纯靠资金投入、技术提高和广告投放等手段，虽然可能获得昙花一现的成功，但永远只能做国际服装市场的追随者和模仿者，永远也不可能具有真正的国际市场号召力。只有抓住消费者心理需求，培育服装品牌独特的民族文化内涵，才有可能形成品牌差异化优势，成为真正引领时尚的品牌。

在柒牌的创业之初，创始人并不懂产品定位，也谈不上发展规划，完全依靠市场导向，无论是羽绒服还是牛仔裤，不管是男装还是女装，什么卖得好就做什么。尽管产品线繁杂，发展思路不明，但至少为企业后续的发展奠定了一定的资金基础。

在积累了一定的生产能力和资金基础之后，柒牌的品牌意识也在不断增强，品牌的构建逐渐提上日程。

20世纪90年代中后期开始，柒牌陆续花费大量资金引进国外先进的生产设备，并对生产技术不断升级改造，持续提升自身的生产能力，以西服产品为核心产品，切入中国职业服装市场。因为生产设备先进，制作工艺精湛、服装品质优秀，柒牌迅速占领了市场，也为它后来的品牌化升级奠定了坚实的市场基础。

然而，随着跟进者的不断增加，服装行业的同质化越发严重，市场竞争也日趋激烈。为了在竞争中实现突围，柒牌采取了众多技术层面和管理层面的措施，比如引进更先进的生产线，在生产过程中引入数字化，在企业经营中运用集团化运作策略，等等。但是，单纯的技术手段和管理调控并不能让柒牌抢占服装行业的制高点，产品创新才是实现差异化的关键因素。

经过研究，柒牌发现，国内男装市场的竞争格局已初步形成，国际知名品牌占据了高端市场，国内知名品牌保持着中端市场，而众多区域性品牌分食着低端市场。与此同时，市场的专业化细分也越发凸现，众多国内知名品牌纷纷抢占细分品类的制高点，比如七匹狼的夹克专家、九牧王的西裤专家。与这些品牌相比，柒牌虽然拥有更全的产品种类，但缺乏能够代表柒牌独特个性的标志性产品品类，这也导致了消费者对柒牌的品牌形象识别不清晰，无法形成指向明确的品牌联想。

　　要想在与外国知名品牌的博弈中胜出，就不能依靠对手擅长的产品，只有拿出带有中华民族特色的产品才能"攻其不备"。在以前，中国的服饰文化也曾受到世人追捧，然而时至今日，中国民族文化在服装时尚的词典里已经缺失太久。"我们就要做民族文化，别人跟从时尚，而我们则要创造时尚，创造具有中华民族特质的时尚，最终改写舶来时尚一统天下的历史。"确立了新的产品思路，柒牌开始放手一搏。最终，在2003年秋冬之际，在设计师的众多设计方案中选中了"中式立领"的设计方案，并计划将其打造为柒牌未来的标杆性品类。

　　但是在将这一设计方案付诸实际的过程中，还是遭到了股东们的一些劝阻。最后，在柒牌第二代掌门人洪晓峰的坚持和力推下，"中式立领"的首批产品得以生产并投入市场销售。"中式立领"在当年的订货会上一经亮相，就凭借独特的款式设计吸引了大量的关注。但是关注量虽大，下单的却不多，大多数经销商都持观望态度，"初战遇冷"的局面给柒牌带来了不小的打击。

　　但是柒牌并没有放弃，而是经过一系列的营销推广手段，对新产品进行品牌传播，首先是名称的调整。洪晓峰提出把中式立领改为中华立领，他认为，"中华"才是关键词与突破点。因为时值中国人文化觉醒的开端，人们逐渐从对西方文化的狂热中走出来，转而用心接触和热爱自己的民族文化。越来越多的中国人开始渴求自我，"中华立领"的推出，正是迎合了这样的需求，祭出文化改造与回归的大旗，这对于"中华立领"而言是一个战略性选择。其次是配合代言人和一系列的广告投入，其三是借助服装盛会推广。在2004年的中国国际服装服饰博览会上，"中华立领"系列服装正式亮相，并代表柒牌男装全面亮出了"时尚中华"大旗。柒牌以"龙的精气神"为设计灵感，将中华优秀传统文化与21世纪的时尚元素完美结合，一时间引发了大众的惊奇和赞赏，而"时尚中华"则被大会组委会援引为此届博览会的精练总结。

　　柒牌凭借"中华立领"的推出，深度挖掘中国传统文化，开启了"时尚中华"的伟大梦想，也全面塑造了"中华立领"的品牌形象，通过对中国民族文化的回归来影响中国人的服饰消费，来树立"中华立领"在服装市场的地位并培养消费人群，最终创造了上市首年销售额突破3亿元的良好市场成绩。

—【柒牌的品牌经营策略】—

以创新抢占服装行业的制高点

纵观我国现代化的服装产业，发展于改革开放之后的"三来一补"政策下，很长一段时期内，服装产业都以加工为其核心环节，彼时的服装生产企业没有品牌意识，产品也谈不上品牌。随后，在通过OEM代工后，中国服装企业掌握了技术和工艺，逐渐开始有了自己的品牌。

近几年来，服装行业又相继经历了成本上升、消费趋缓、经济低迷和线上冲击等一系列的考验。作为中国现代服装产业的一员，柒牌在面对这一系列的挑战时，始终以创新为核心，一步一步闯出了今天的成绩。可以说柒牌的发展史也是其创新史，而柒牌的每一次"大动作"都可以称之为创新典范。

20世纪90年代末，柒牌的掌舵人洪肇设顶着世人难以理解的目光，花费全部身家从美国引进了国际最先进的西服生产线，因为他怀抱着品牌的梦想，也明白只有产品创新才有可能实现梦想。

先进设备的引进让柒牌的西服产品在款式、做工和品质上获得了极大的提升，也让柒牌的品牌梦想越来越明朗。初见曙光的柒牌随后又引进了英国皇家犀牛褶永久定型技术，开创了商务男裤免熨烫的风尚潮流。

除了技术创新，柒牌最值得称道的是产品创新，其中最典型的代表就是"中华立领"的推出。从西服到"中华立领"，是柒牌从模仿西方时尚到挖掘民族文化的演变，也是柒牌自我革新、品牌升级的涅槃。而"中华立领"的推出，不但是产品创新，也是文化创新。

随着中国经济的不断发展，中国消费者对服装的要求也愈加苛刻，既要符合时尚潮流，又要体现自我个性，既要彰显独特品味，又要传达底蕴文化。在此背景下，柒牌在2003年开创性地将西方现代时尚与中国传统文化进行了完美结合，融会贯通之下推出了"中华立领"，在创新出一个新的服装品类的同时，也开启了中国男装行业的中式时尚变革。风格独具的"中华立领"面世仅一年就创造了3亿销售额的良好业绩，也成为了柒牌的标杆性产品。

凭借着对民族文化的良好表达，"中华立领"也获得了官方极大的认可，先后成为北京奥运会和残奥会升旗手礼服、中国APEC峰会官方指定服装、金砖国家领导人厦门会晤指定礼宾服，频频亮相于重要国际赛事和会议。

2016年，柒牌再一次创新性地推出了智能夹克产品。作为一款改写服装定义的前沿产品，智能夹克汇集了科技性新材质、多功能设计、智能设备和商旅APP等多重创新。

智能服装的探索要追溯到几年前柒牌对智能时尚产业链的布局。早在2015年，柒牌便建立了智能时尚实验室，与清华大学深圳研究生院及众多高科技厂商共同合作研究智能时尚产品的生产和应用。同时，柒牌还构建了包括智能供应链、智能店铺、智能产品在内的智能时尚产业链。在产品的研发过程中，柒牌还创新性地运用了创意众筹策略，极大地提高了智能夹克与市场的契合度。

柒牌此次在业内率先推出智能服装是对自我的又一次突破，也是对服装行业的一次颠覆。更重要的是，柒牌此次对智能服装的探索不仅拓宽了服装的功能，也让智能产品有了更好的承载空间。

柒牌的掌舵人洪肇设曾经提出了七大创新理念，即领导创新、管理创新、技术创新、产品创新、经营创新、文化创新和服务创新。正是在此理念的指引下，柒牌不断推陈出新，一次次引领着中国服装行业的变革和发展。

以民族文化为核心，结合现代营销策略进行品牌推广

除了创新产品，柒牌的多样化营销对其形象的塑造和推广也起到了至关重要的作用。与很多服装企业习惯采用模仿式营销不同，柒牌在进行品牌推广的过程中更多地运用了横向创新营销思维，通过将民族文化内涵与现代营

销手段的结合，借助有趣的创意来满足消费者的个性化需求，吸引了大量的品牌关注。

首先是代言人策略。在"中华立领"刚刚诞生的2003年，柒牌果断邀请国际影星李连杰为其代言，李连杰功夫影帝的个人形象与极具中国文化内涵的"中华立领"相结合，通过精美的广告片《武》，以李连杰、武术和竹等蜚声世界的中国传统文化精髓将"中华立领"的中国元素演绎得更加纯粹，与消费者进行了精神上的沟通与共鸣，广告一推出便引发了火爆的销售热潮。

其次是体育营销策略。柒牌充分利用体育营销，借助体育名人的明星效应，传播品牌。

先是借助欧洲杯的时间节点，邀请世界足球先生菲戈参与"煮酒论球"活动，菲戈身穿白色"中华立领"服装的形象给球迷留下了深刻的印象，也让"中华立领"成功抢占了大众的心智。

此后，柒牌更是将体育营销运用得轻车熟路。2006年，柒牌中华立领龙魂系列成为中国体操队出征第39届世界体操锦标赛的礼仪服装。2007年，柒牌的"中华立领"成为第十二届世界游泳锦标赛唯一专用礼服，柒牌男装成为中国男子篮球职业联赛（CBA）指定男装和中国篮球协会官方指定男装。

2008年的北京奥运会，柒牌更是大放异彩，"青花瓷系列"礼服被正式选为奥运会和残奥会奥运升旗手礼服，"中华立领"由此频繁亮相于奥运会和残奥会七百余场的颁奖仪式上。柒牌更是借助北京奥运会最真实地印证了"重要时刻只穿中华立领"的意义，在品牌层面找到了奥运与柒牌的结合点，解决了柒牌这个非运动品牌与奥运会关联性不强的难点。

2019年，柒牌在意大利都灵举行隆重的签约仪式，正式宣布国际足坛超级巨星克里斯蒂亚诺·罗纳尔多（C罗）出任柒牌全新代言人，再一次把体育营销的策略发挥得淋漓尽致。

其三是借助栏目赞助和公共活动来进一步扩大品牌知名度。

除了借助体育名人的效应传播品牌，柒牌还通过赞助大型活动和电视栏目等方式进行品牌传播。比如，冠名赞助东南电视台"相约名人坊"大型晚会，柒牌将"中华立领"实质性地融入了晚会，在节目中让张纪中、李自健等文艺界名人穿着"中华立领"服装，将服装与节目进行了深度结合，更好地演绎了服装的文化内涵，配合多种媒体的共同报道，让"中华立领"一时间风光无两。

在北京申奥成功三周年的时间节点，柒牌举行了"中华武术迎奥运"的万人太极拳表演活动。作为中华传统文化的重要组成部分，武术一直被视为"国粹"。柒牌以武术为切入点，借助武术与"中华立领"在文化内涵上的契合，有力地弘扬民族文化的同时，也提升了柒牌的品牌形象，更借助奥运的契机，为其国际化征程的开启奠定了基础。

柒牌的品牌推广一直围绕着"民族文化"这个核心而进行，民族文化是内核，现代营销策略是手段，其推广的不仅是产品和品牌，更是产品和品牌背后所蕴含的文化理念与消费体验。也正是基于其横向创新营销思维引领下的多元品牌推广，让柒牌在中国服装行业一路凯歌，成为了引领风尚的现象级品牌和品类的代名词。

一【结语】一

从一个资金不足300元，只有一把剪刀、一台缝纫机的裁缝铺，到不断推出创新产品颠覆中国男装行业的知名企业，40年的砥砺前行，让柒牌从传统制造业迈向了智能制造业。在诸多服装企业还沉浸在制造及销售的地面优势中怡然自得时，"中华立领"带领柒牌已经开始了品牌文化的倾力打造与创新营销。

40年来，柒牌不断以创新的理念引领着中国时尚市场的消费趋势，也促进了中国服装产业的全面升级。

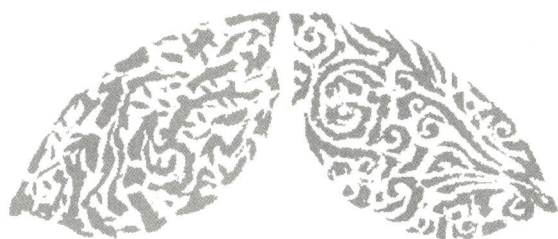

中车：

让世界见证中国速度

　　从小手工到大装备，从中国制造到中国创造，疾驰的中国高铁向世人展示着中国高端装备制造的崭新形象。如今，中车作为中国高端装备已经"走出去"了，并成为投身"一带一路"建设的主力军，正以令人目不暇接的速度进行着全球布局。

─【事件】─

2019年10月，在比利时举行的世界客车博览会上，中国中车发布了搭载"智慧电池"的全新一代电动客车"新巴客2.0"，兼具电动化与智能化于一身，吸引了来自世界各地的行业专家和客户的广泛关注。

"新巴客2.0"由中国与匈牙利双方企业联合研制，中车电动提供核心部件及技术指导，匈牙利企业负责整车制造，旨在培育匈牙利新能源汽车市场，打造欧洲公共交通"零排放"新标杆。

"新巴客2.0"搭载了"智慧电池"管理系统，具备多项先进技术，通过对电池单体进行动态监测和数据采集，为车辆织成一张缜密的数据网、安全网，能利用灵敏的触角，监测、采集车辆实况信息。

"智慧电池"管理系统早在2008年奥运会期间便开始批量应用，经历过3次迭代升级，已经更加完善，可使新能源汽车实际节能20%~30%，电池降重10%，电池系统使用寿命延长8%~10%。

在智能安全方面，"新巴客2.0"还搭载了智能系统，将网联、智能、大数据功能引入日常行驶，使车辆具备了驾驶预警（PCW&FCW）、油门误踩防护（ECA）、驱动防滑等自我保护能力，停车、行车、用车安全性更高。乘客仓与电池仓、电器仓采用了隔离设计，可有效阻隔火情蔓延以及有毒有害气体进入。紧急情况下，应急系统可自动开启逃生窗，确保3分钟内车内人员即可逃生。

—【中车的发展历程】—

1881年，中国最早的机车车辆制造厂成立，中国第一台机车"龙号机车"诞生。

1949年，铁道部厂务局成立。

1966年，铁道部厂务局改组为铁道部工厂总局。

1975年，铁道部工业总局组建成立。

1986年，中国铁路机车车辆工业总公司组建成立。

2000年，中车公司与铁道部脱钩，分别组建中国南车集团公司、中国北车集团公司，归属国务院国资委领导和监管。

2002年，中国南车集团正式注册成立。中国南车旗下株洲电力机车有限公司获得12台出口乌兹别克斯坦的电力机车订单。中国北车长客股份引进日本跨座式单轨技术，填补了国内相关领域空白。

2003年之后，中国南车青岛四方、中国北车长客股份和唐车公司先后从日本川崎重工、法国阿尔斯通和德国西门子引进技术，联合设计生产高速动车组。

"复兴号"中国标准动车组首发

2004年，中国南车时速200公里动车组技术引进、消化、吸收拉开序幕。

2006年，首列国产化CRH2型动车组在中国南车下线。中国北车长客股份取得了向澳大利亚出口626辆双层不锈钢客车的大订单，是中国第一次向发达国家出口轨道车辆产品。

2007年12月，中国南车股份有限公司成立。3月，中国第一列国产化动车组CRH5"和谐号"在中国北车长客股份整列编组下线。

2008年3月，中国北车长客股份在京签订出口中东455辆地铁车和160辆双层客车合同，成为当时中国国内最大的机车车辆出口合同。中国南车海外订单达到5.7亿美元，获得哈萨克斯坦、乌兹别克斯坦等国出口电力机车订单共94台。6月，中国北车股份有限公司成立。8月，中国南车分别在上海证券交易所和香港联交所上市。高速列车系统集成国家工程实验室落户中国南车。

2009年，中国南车海外订单攀升到12.8亿美元。HXD1C型7200千瓦六轴电力机车在中国南车下线。中国南车被科技部、国资委、中华全国总工会联合命名为"创新型企业"。12月，中国北车在上海证券交易所上市。内地第一个为香港特别行政区研制的地铁车辆项目正式签约，长客股份公司将为香港研制10列共计80辆国际一流的地铁客车。这标志着内地企业首次成功打入高端城市轨道车辆市场，具有里程碑意义。

2010年，中国南车CRH380A型高速动车组批量投入运营。5月，中国北车长春轨道客车股份有限公司高速车制造基地一期工程在长春竣工，是当时世界上规模最大、设施先进、配套完备的高速车制造基地。

2012年，中国南车代表绿色智能发展方向的储能式轻轨列车原型车下线。

2014年5月，中国北车在香港联交所上市。12月30日，南车北车发布重组公告，中国南车与中国北车进行合并。合并双方拟定中文名称为中国中车股份有限公司，简称"中国中车"。

2015年6月，中国中车在上海证券交易所和香港联交所上市。7月，中国中车宣布获史上最大地铁订单。11月，中国中车出口欧洲的首列动车组在马其顿成功开跑。12月，中车生产的巴西里约地铁4号线项目15列90辆"奥运地铁"正式投入运营。

2016年3月，中国中车获得芝加哥846辆地铁订单，占到芝加哥全部运营地铁车辆的一半，中车还将继春田工厂之后在美国当地建设第二个工厂。随后，中国中车及旗下南京浦镇车辆有限公司与德里地铁公司签订诺伊达地区地铁线车辆采购合同，合同总额达1.09亿美元，约合人民币7.25亿元。8月，中国中车集团公司在"2016中国企业500强"中排名第53位。11月，国家重点研发计划"先进轨道交通"重点专项"时速400公里及以上高速客运装备关键技术"项目正式启动，开启了我国时速400公里跨国联运高速客运装备的新一轮研发工作。世界品牌评价机构Brand Finance发布的《世界品牌五百强》中，中国中车排名第179位。

2017年7月12日，中国中车集团有限公司获国资委2016年度经营业绩考核A级。

2018年8月，中国中车宣布拟以约4.08亿元向中国中车集团转让中车北京二七机车有限公司100%股权。剥离后的二七机车将转型为以文创为主体的科技文化创新城。12月，中国中车在美国本土制造的首列波士顿地铁车辆下线。

2019年7月，《财富》发布2019世界500强榜单，中国中车排名359位。在2019中国制造业企业500强榜单中，中国中车排名第29位。

—【中车的转折点】—

从全球范围大规模引进高速列车技术，开启了中国高铁的快速发展

有人把2004年称为"中国高铁元年"，因为正是在这一年，以中国南车、中国北车为代表的中国轨道交通企业开始大规模地从全球范围引进高速列车技术。

但是事实上，这一年并非中国高速铁路交通的起点，而是一个转折点或者加速点，因为早在此前中国高速铁路交通便已默默积累，只等着沉淀多年后的厚积薄发。

早在20世纪90年代初，中国高速铁路的发展就已经做好了前期的准备，为其后的飞跃式发展奠定了基础。而彼时中国南车和中国北车在客运快速和高速方面的研发试验也实现了技术方面的积累。

2003年，中国南车和中国北车共同参与，自主研发的"中华之星"动车组在秦沈客运专线上创造了时速321.5公里的"中华第一速"。

2004年，为了验证自身技术并获取更多的先进技术，当时分属中国北车的长春轨道客车股份有限公司、唐山机车车辆有限公司和分属中国南车的青岛四方机车车辆股份有限公司与法国阿尔斯通、德国西门子和日本川崎重工合作，设计生产高速动车组。其中青岛四方与日本川崎重工业株式会社合作生产高速动车组。经过两年的努力学习，青岛四方以新干线E2-1000为原车型，制造属于我国自己的CRH2A新车型高速动车组，并且从第10列车组开始，全部实现了国产化生产。CRH2A动车组在随后的中国铁路第六次大提速中作为主力车型，承担了重任，也带领中国铁路驶入高速时代的荣耀时刻。

此后，青岛四方再接再厉，又先后自主设计推出了CRH2B、CRH2C和CRH2E三种动车组型号。其中，CRH2C是在时速200公里CRH2A基础上开发出的300公里以上的新产品，而CRH2C最引以为傲的一点是其车型所应用的牵引逆变器、辅助牵引变流器、通风系统和列车信息系统，全部由国内企业

提供。

2008年，我国第一条时速达350公里的高速铁路京津高铁开通运营，"和谐号"动车组惊艳亮相。2009年，全新提速的CRH2C疾驰在武广高铁线，并以350公里的时速向世界昭示着中国速度的更多可能性。2010年，青岛四方生产出具有完全自主知识产权的新一代高速动车组"和谐号"CRH380A，再一次向世界展现了中国高铁的实力。

被中车"拜师"的川崎重工曾经预言，中国要到2020年左右才有能力自己设计制造高铁列车，而中车将这一目标的实现整整提前了十年，中国高铁游刃有余地完成了"出师"。

如今，中国已成为世界上高铁运营里程最长、在建规模最大、运营动车组最多、商业运营速度最高的国家。

南北车合并，巨无霸改写世界高铁格局

近十年来，消费者对乘坐高铁从叹为观止到习以为常，高铁成为国人出行的主要方式之一，也表明中国已经进入名副其实的高铁时代。高铁在引发人们生活方式"巨变"的同时，也成为了让世界认可中国的一张有力的名片。

数据显示，目前，中国高铁运营里程不仅位居全球第一，更是已占据了全球半壁江山。正值高铁行业即将迎来井喷之际，两大铁路机车巨头中国南车和中国北车即将合"二为一"的消息一经爆出，便搅动了资本市场。

2000年，为了激发企业活力，中国南车及中国北车由中国铁路机车车辆工业总公司一分为二，也由此开始了南北车在竞争中发展的征程。十几年后，南北车都发展成为世界知名的轨道交通装备制造商。但随着全球发展形势的变化，南北车之间的竞争日趋激烈，特别是在海外市场的竞争已到了影响双方顺利发展的程度。

为了避免因恶性竞争导致两败俱伤的局面，也为了借助合并发挥协同效应，整合既有的研发制造能力，南北车经过几个月的运筹和规划，最终采取对等合并方式进行合并，组建中国中车集团，甚嚣尘上几个月的南北车重组

猜测也至此尘埃落定。

合并后的新"中车"总资产超过3000亿元，年营业收入超过2000亿元，无疑是轨道交通装备领域的"超级巨无霸"。而这个"超级巨无霸"的诞生必然将改变全球轨道交通装备的行业格局，同时对推动中国高铁出海，带动中国装备制造业转型升级也将产生极为积极的推动作用。

合并后的中国中车果然没有让世人失望。经过持续的创新发展，中车已经成为全球规模领先、品种齐全、技术先进的轨道交通装备供应商，拥有铁路装备、城轨及城市基础设施、新产业、现代服务业相互支撑的四大业务板块，同时也是中国向制造业强国迈进的名片。据德国权威统计机构SCI的统计，2018年世界轨道交通装备企业排名榜中，中国中车位居第一，销售收入超过位列第二位的阿尔斯通和第三位的庞巴迪之和。

一【中车的与众不同】一

以坚持不懈的自主创新，为世界提供"中国方案"

跑出中国速度的中国中车是既古老、又年轻的企业。中车旗下的子公司历史可以追溯到19世纪的1881年，可谓真正的百年企业。而2015年才由南北车重组而成的中国中车，又是一个极为年轻的企业。就是这个既古老又年轻的轨道交通"巨无霸"，以不断地研发创新，让世界见识了中国速度，也为世界提供了"中国方案"。

50多年前，中车长客的车辆研发人员在没见过地铁的情况下，靠着老一代人在一沓沓草纸上的演算，硬是攻克了技术难关，让新中国第一辆地铁成功下线。30多年前，在缺少订单、缺乏资金支持和国外先进技术封锁的内忧外困下，中车坚持投入和自主研发，确保了我国轨道交通研发的"火种"。20年前，世界高铁大发展，但是中国高铁技术攻关刚开始不久，与国外技术相比差距巨大。这让中车深刻地意识到没有核心技术就要受制于人，中车也由此坚定了走自主研发和创新之路的信念。

中车先后建立了国家轨道客车系统集成工程技术研究中心、国家高速动车组总成工程技术研究中心、高速列车系统集成国家工程实验室、国家级企业技术中心、国家级工业设计中心、博士后科研工作站和国家技能大师工作室等国家级研发技术创新平台，围绕列车产品创新，搭建了结构强度、车辆动力学、流体力学、噪声、电气工程、人机工程、工艺、系统优化等仿真平台，形成了专业的仿真分析能力。同时，建成具有世界先进水平的试验台，涵盖系统集成、结构强度、可靠性、人机工程等多个领域。

在多年坚持自主创新的过程中，中车还摸索出了一整套吸引人才和最大限度发挥人才作用、潜能的机制，建立健全了大胆鼓励研发和创新的机制体制，相继建立了国内最先进的焊接、车辆电工和装调工培训基地，设立了厂内技师、操作师评审制度，吸引了大量的科研技术人员，也培育了众多能工巧匠，从人才基础上保证了自主创新的顺畅进行。

在提升研发能力方面，中车除了在美国、德国、英国、俄罗斯、南非、瑞典等国家建立了十余家海外研发中心之外，还建立了多种形式的国际技术合作机制，积极构建全球框架下的创新体系，以便进一步地深化先进技术的融合和运用。

在产品研发设计过程中，中车采用了最佳寿命周期费用管理和应用可靠性管理体系，借助顶层技术指标分解和循环迭代等技术方法，实现了从设计开发到检修评估的全闭环管理。

近五年，中车的科技投入达到了694.4亿元，科技投入比例达5.36%。凭借强大的创新体系，中车走在了行业发展的前列。

如今，中车的技术研发实力也达到世界领先水平，自主研制的首辆磁悬浮客车，使中国成为世界上少数几个掌握该项技术的国家。成功研制出国内首列城际动车组，填补了我国城际铁路客运装备的空白。中车还研发出全球首次采用全碳纤维车体结构的新一代地铁，让世界再一次对中国刮目相看。中车还已研制出时速600公里的高速磁浮工程样车，为实现高速磁浮工程的应用和产业化奠定基础……

中车相继创造出磁悬浮客车、跨坐式单轨列车、悬挂式单轨列车、复兴号、下一代地铁、世界首列氢能源有轨电车、"中国芯"和"中国脑"等中国轨道装备制造史上的一个又一个硕果，仅下一代地铁这一个创新成果就享有多项"国际首次"和"第一"。

强大的自主创新能力也让中车在全球市场中获得了更多的关注和机会。从1999年起，中车就开始向澳洲出口铁路货车。2010年，中车的内燃机车出口新西兰，是中国自主研发的机车产品首次进入发达国家的市场，也是中国的机车产品首次登陆大洋洲。2012年，中车的EMU地上电动车组出口巴西，

"复兴号"生产基地

在巴西的第二大城市里约热内卢正式上线运营，实现了"中国制造"的电动车组对南美市场的初次登陆。2014年，中车获得了美国波士顿红线和橙线地铁订单，也实现了中国轨道交通装备企业在美国面向全球招标中的首次胜出。随后，中车的产品越来越多的亮相于全球舞台，至今已出口到世界105个国家和地区。如今的中车作为中国高端装备"走出去"的典型代表，正在以令人惊讶的速度对全球市场进行深度布局。

从无到有，从有到强，从强到精，从跟随到追上再到赶超，中车以坚持不懈的自主创新，让"中国制造"为世界提供"中国方案"，也让世界见证了中国高端装备制造和发展的速度。

增强知识产权创造能力，助推中国标准专业性

2010年9月，中车CRH380A型高速动车组试验时速达到416.6公里。12月，CRH380AL型高速动车组试验时速达到486.1公里。一次次打破纪录的奇迹背后，是因为有中国中车掌握自主知识产权的支撑。

"不断增强知识产权创造能力，是中国中车实现跨越式发展的基础。"通过"三步走"，中车逐步实施专利攻略，不断提升"走出去"的实力。

第一步是以产业发展和国家需要为指引构建创新体系。

中车目前已建成了包括国家轨道客车系统集成工程技术研究中心、动车组和机车牵引与控制国家重点实验室、高速列车系统集成国家工程实验室和国家重载快捷铁路货车工程技术研究中心在内的13个国家级研发机构，拥有21家国家级企业技术中心、15家海外研发中心、47个省部级研发机构和众多专项技术研发中心。同时，中车还组建了一支由3万余位专家、院士和科研人才组成的研发团队。基于此，中车构建了强大的技术研发与创新体系，有效提升了自身的品牌竞争力，也取得了一系列的研发成果，累计申请专利超过3.2万件，累计拥有有效专利2万余件，累计获得国内专利奖项近60项。

第二步是以核心技术为中心，积极开展自主研发。

中车不但在技术研发上投入了大量的资金和人力，在专利技术的转化应

用上也走在了行业的前列。比如中车株洲电力机车研究所有限公司多年来摸索出了由技术创新到专利保护，经过专利指引促进产业发展，最终反哺技术创新的发展新模式，其科研课题的产品转化率高达85%以上，专利项目的实施率更是达到95%以上。中车的产品矩阵中，专利新产品的产值占比近60%，可见其技术创新的显著成果。

第三步是建立自主知识产权的标准体系。

近几年来，在所取得的自主知识产权基础上，中车主导制定和参与制定及修订的国际级标准超过89项，主导制定和参与制定及修订的国家级标准达到239余项，主导制定和参与制定及修订的行业级标准近703项，实现了标准对技术创新的引领，也让中国的机械装备企业在国际市场具备了更多的话语权。

除了专利数量的提升，在知识产权制度建设基础上，中国中车还出台了《知识产权管理办法》《利用专利信息提高科技创新能力行动计划》等规章制度，制定了《关于加强重大研发项目知识产权风险防范的意见》等指导文件，加大了专利的保护力度。

2013年，在马来西亚米轨高铁新项目招标中，客户鉴于中车前期提供的马来西亚城际动车组"高安全性、高可靠性、低成本"的出色表现，给众多竞争者出了道考题：转向架必须采用二级减速传动和"踏面+轴盘"制动技术，或者更先进的技术。最终，中车凭借自主研发的"二级减速传动"和新型的"踏面+轴盘"制动专利技术赢得了这份10亿元人民币的米轨高铁订单，展示了专利攻略的力量。

专利攻略的实施全面提升了中车的知识产权创造能力，推动了中国高铁产业向产业链、价值链高端攀升，为中车公司持续快速发展、实现"中车创造"和"中国创造"提供了强劲动力。通过知识产权创新，中国高铁用10年左右的时间，站在了国际市场竞争的前沿。

中车自主研制的中国标准动车组，是中国中车推行中国标准走向世界的一个标志。由于早期同时从世界高铁技术引进技术，导致中国的CRH动车组技术平台分为川崎、庞巴迪、西门子和阿尔斯通四种。多种不同技术标准的动车组在共同运行过程中问题很多，诸如不同系列的车型无法重联运行、维护零件，设备设施不通用，列车无法互相救援，救援设备不通用，车站设施重复等因素导致司机、乘务、维修人员需要重复培训，导致运行成本的极大增加。

为了解决这些困扰多年的问题，从2012年开始，中车便开始研发具有统一标准的动车组。2013年12月，由铁道科学研究院牵头，南车、北车完成顶层技术指标和技术条件的编制，2014年9月完成设计方案，2015年6月，中国标准动车组样车终于下线。

中国标准动车组综合了国内各型动车组的优点，兼具舒适、安全、自主化、简统化等特点，建立统一的技术标准体系，实现动车组在服务功能、运用维护上的统一。在研发过程中结合了我国实际运用的一些特殊需求，比如要持续高速运行、长距离、开行密度较高、载客量较大，以及高寒、多雪、高原风沙、沿海湿热、桥梁隧道、无砟轨道以及雾霾、柳絮等条件，融汇既有技术平台的优点来开展顶层设计，提出了动车组总体的技术条件。其牵引、制动、转向架、车体等13个关键系统达到了中国自主制定的"中国标准"，在功能指标等方面超过了欧洲和日本标准，拥有完全自主知识产权。

标准动车组的研制成功不仅能够适应中国高速铁路复杂多样的运营环境、满足长距离长时间的运营需求，也能促使中国标准走向世界舞台，为世界其他国家提供多元化的解决方案。

在中车的不断努力下，高铁的中国标准体系打造已经开始。比如复兴号就是具有完全自主知识产权的中国标准动车组，其CR400AF车型和CR400BF车型在研制过程中依照了134项标准和技术文件，其中的101项由中国自行制定，占比超过75%，可以说它们是完全依照中国制定的相关标准研制而成。而与复兴号动车组配套的轨道施工标准也依照中国自行制定的标准执行，比欧洲和日本的相关标准更加严格。

在输出优势产品的同时，中车也实现了中国标准的输出。比如雅万高铁项目全部采用了中国的高铁技术和装备，并且借鉴了中国高铁在建设和运营管理方面的丰富经验，是中国高铁首次以全系统、全要素、全产业链的模式走出国门。

而中车推进中国标准成为世界标准的实施策略是从技术引进到自我创新，从合作研发到独立自主创新，逐步将中国标准推向了世界标准的三步走策略。

策略的第一步是技术借力，就是通过对国际标准的等效采用来提升中车自身的产品力和技术力。策略的第二步是修炼内功，也就是中车不断提升自主研发能力，通过攻克核心及关键零部件的相关技术，形成竞争优势的同时打造中国标准。策略的第三步是标准引领，就是以单项中国标准的领先带动整机标准体系的领先发展，让中国标准成为世界标准，最终实现中国标准的国际化。

在此策略指引下，从2013年以来，中车主持、参与、起草并发布现行有效国际标准89项、国家标准239项、行业标准703项，技术标准国际话语权和影响力显著增强。

CR400BF型"复兴号"中国标准动车组

—【中车的品牌经营策略】—

坚持"五本模式"，实施国际化发展战略

在刚刚整合重组之后，中国中车的海外市场份额仅占全球轨道交通装备整体市场的6%，整合后的中车面临的是"世界看中车"的局面，为了实现增强海外市场的竞争力的核心目标，中车必须扩大海外市场的版图，并由此制定了国际化发展战略。

中国的轨道交通装备在海外市场的拓展目前仍以亚非拉国家为主，这些国家大多处于"一带一路"沿线，随着"一带一路"倡议的提出，中车的海外发展也迎来了机遇，"一带一路"沿线国家成为中车海外市场的半壁江山，在2016年签订的81亿美元订单中，"一带一路"的订单占出口订单较大比重。

当然，除了亚非拉市场，对于已成为全球轨道交通装备"一哥"的中国中车来说，发达国家市场也是至关重要的，其含金量更高，品牌效应也更大。为进入欧美市场，中国中车也下了很多功夫。

比如中车通过并购的方式，扩展海外市场。2011年，中车并购澳大利亚代尔克（Delkor）公司。2014年，中车收购德国E+M钻井技术有限公司和F集团旗下橡胶及塑料业务单元博戈（BOGE）公司。2015年，中车并购英国深海机器人SMD公司。10年间的6次海外并购大动作涵盖了汽车零部件、深海机器人、工程机械、机车业务等行业领域，中国中车希望通过这些并购，拓展市场空间，拓展自身的国际化经营空间。

执行国际化战略的几年间，中国中车的轨道交通装备在国际市场不断取得突破，完成了由配件出口到整车出口，由中低端产品到高端产品，由欠发达市场到发达市场的转变。如今，中国地铁列车已驶入全球六大洲。

中国中车在进行海外市场开拓的过程中意识到，在全球化的今天，实现全要素输出对一家跨国公司至关重要。为了实现从销售产品到提供服务，再

由提供服务到提供技术乃至整体解决方案，进而实现资本、技术标准输出的目标，中国中车对海外商业模式进行了创新，推出了本地化生产、本地化采购、本地化用工、本地化售后服务和维修以及本地化管理的"五本模式"。

为了更好地融入海外市场的经济发展，中国中车已经在美国、澳大利亚、南非、马来西亚、印度、土耳其等国家建立了先进的本土化制造基地。通过在这些基地实施"五本模式"，在为当地创造就业和税收、完善轨道交通产业链的同时，也凭借专业优势对当地的热点问题做出了积极的回应和解决，促进了中车与商业伙伴和地方经济的协同发展，实现了多方共赢。

同时，中国中车通过四种海外拓展模式的灵活运用，在实现了从"走出去"到"留下来"转变过程中，不仅实现了产品的输出，还实现了"产品+技术+资本"等全要素的输出。

中车的四种海外拓展模式分别为"产品+服务模式""金融+产品模式""合作开发模式"和"海外建厂模式"。

随着技术的不断进步，客户对产品的要求从购买性价比最优转向全生命周期使用性价比最优，这就要求装备制造商提供完整的全生命周期服务，于是中车由原来的单纯销售产品进化为产品全生命周期管理的"产品+服务"模式，除了优质的产品，还为客户提供配套的资本、技术、服务等，深度绑定市场。

同时，根据市场特质和需求的不同，中车还通过金融租赁等手段，以产品+金融的模式，拓展海外市场，提升市场竞争力。

对于某些大订单，中车单方操作会有些许困难，中车就会选择联合其他企业，哪怕是曾经的竞争对手，共同开发第三方市场。比如美国芝加哥的项目，中国中车就是与西门子合作拿下的订单。

而在海外建厂的开发模式则是中车充分实施"五本模式"的实例。跨国经营、海外投资，绝不是简单建厂，要实现"共享共赢"，必须尊重和遵循当地人的思维习惯、方式规则。为此，中国中车在海外建厂的实践过程中，严格执行本地化制造、本地化管理、本地化维保、本地化采购、本地化用工。目前，中国中车海外员工已近6000名，全球各地设立各级公司26家，但从资产规模上来看，各海外公司资产总体不到中车总资产的10%。

中国中车以"五本模式"的模式创新，不但让中车从以往的产品输出升级为如今的服务、技术、资本乃至行业标准的全要素输出，更是为中国企业的国际化提供了新的样本。

实施多元化发展战略，拓展更多业务板块

经过多年积累，中国中车已进入新的发展阶段，中国中车将通过同国际一流、世界500强标杆企业的对标，实现更高质量的发展，并逐步实现立足全球化，打造多元化、高端化、数字化、协同化中车的战略目标。

中国中车董事长刘化龙曾经表示，中国中车战略转型的空间体现为两个"外"，其一就是海外市场，其二则是在轨道交通产业之外寻求成长空间，简单来说就是业务板块的多元化。为此，中车近年来全面打造铁路装备、城市基础设施和现代服务业等业务板块，加快培育若干个技术水平高、带动能力强、经济效益好的支柱性产业，不断完善多元业务管理架构和管理体系，"业务板块多了，各个板块能够实现互补"。

而中国中车的多元化布局体现在产业、金融和资本三个维度上。产业维度方面，中国中车从轨道交通装备制造这一单一主业进化为单一主业+新产业发展的多元产业。在新产业方面，中国中车按照"相关多元、高端定位、行业领先"原则，以新材料、风电装备、新能源汽车以及环保水处理装备为重点，加快培育一批核心能力突出、行业地位领先的新兴发展产业。金融维度方面，中国中车已进军金融租赁、财产保险等领域，实现产融结合，促进实体经济发展。资本市场维度方面，中车以旗下的产业投资、金控两大平台为纽带，孵化和培育有潜力的产业，借力资本市场推进实体产业发展。

以新能源汽车板块为例，中国中车将新能源汽车板块定位为除高铁外要打造的战略新兴业务，近年来不断加大投入力度。中车时代电动是中国中车旗下专注新能源汽车领域的子公司，十几年来专注于新能源汽车的研发，是

国内为数不多只生产制造新能源汽车的企业之一。它把中国中车50年来在轨道交通领域长期积累的各项高铁核心技术融入到新能源汽车的生产制造中，成功打造了整车的全产业链平台。

依托中车先进的高铁核心技术，中车时代电动领域获得了行业领先的电机、电控系统等新能源汽车核心技术。同时，通过与全球优势企业合作，中车时代电动知识的学习和引进了大量的先进技术，并加以融会贯通，再创新出新的技术，由此保持了技术领域的领先性和前瞻性。以中车时代电动的新能源客车轻量化技术为例，它对车身采取了轻量化设计，并对电池的结构进行了优化，最大化提升了纯电动客车的内部空间和承载量，同时降低了车辆的整体能耗，增加了车辆的续驶里程，进一步的增加了产品所创造的价值。除了在既有产品领域不断提升技术含量，在行业未来发展领域，中车时代电动也进行了前瞻性的布局，比如在无人驾驶和主动安全技术方面进行了技术储备，这些积累必将在未来实现厚积薄发之势。

虽然受到制氢成本偏高和加氢站建设不足等因素的制约，氢燃料电池客车无法在短期内实现大规模的商业化运营，但是氢燃料电池客车始终是新能源客车终极发展方向的代表。为此，中车时代电动在氢燃料电池客车领域也频频发力，积极研发，并且即将推出自主研发的氢燃料电池客车。

此外，中国中车还在环保、风电、新材料等新兴产业进行了布局。当然，中车的多元化是谨慎的，所涉及的产业都是有专有技术打底，不会做太大幅度的盲目跨界。比如它涉足环保产业是因为其本身就有相关业务，对环保产业链有较深入的了解。中车选择的新业务领域都是经过市场考量、风险防范和发展空间等方面的综合评估后才确定的，只有与中车整体的业务领域和发展方向相契合，中车才会选择进入，绝对不会盲目跨界。

正是得益于对技术、产品和品牌的高度重视，中车获得了良好的发展。未来，中车还将继续在多元化发展的道路上一路向前，以轨道交通业务板块为核心，充分运用富余资源，培育上下游产业，拓展更多的支柱业务。

─【结语】─

从小手工到大装备，从中国制造到中国创造，疾驰的中国高铁向世人展示着中国高端装备制造的崭新形象。如今，中国中车作为中国高端装备"走出去"、投身"一带一路"建设的主力军，正以令人目不暇接的速度进行着全球布局。

近年来，中国中车全面开启了"打造受人尊敬的国际化公司、打造中车党建金名片、培育具有全球竞争力的世界一流企业"新征程，从引进、消化吸收到再创新，中国中车通过创新驱动在国际市场大放异彩，引领我国轨道交通装备技术迈出了"从追赶到领跑"的关键一步。

放眼未来，中国中车将继续走高质量发展的道路，通过调整业务结构、优化资源配置、激活内生动力和增强发展能力，成为在核心业务和支柱业务领域都具有全球竞争力的世界一流企业。

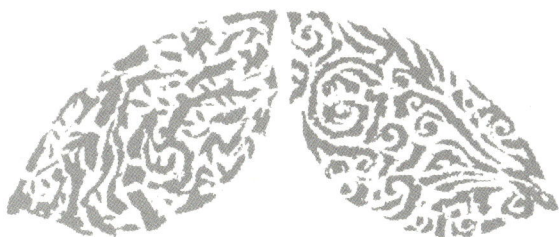

娃哈哈：

斐然华章，再创辉煌

三十多年的时间，娃哈哈从校办企业起家，到成为横跨整个中国市场的饮料帝国。如今，已过而立的娃哈哈曾经创造了一飞冲天的辉煌业绩，也经历过业绩连年下滑的迷茫。希望曾经创造过无数奇迹和辉煌的娃哈哈，能够在转型升级的新征程上再创辉煌。

一【事件】一

2019年3月27日，娃哈哈商业股份有限公司新成立了一家浙江娃哈哈智能机器人有限公司。

这一看似与娃哈哈主业关联不大的"跨界"尝试其实早在多年前便有迹可循。早在2013年，娃哈哈便有了踏上机器人之路的计划：利用在饮料机械装备开发、系统集成应用方面积累的经验，进入智能装备研发制造领域。

2017年年初，宗庆后在接受媒体采访时表示，娃哈哈做机器人主要基于两大判断，一是体力劳动已经无人愿意做，二是危险、危害健康的工作不应该由人力来做，"我们开发了装炸弹的机器人，装铅锌电视的机器人，因为铅锌损害肺功能。"

近年来，智能技术与产业结合成为发展大势，娃哈哈也大力推进转型升级，打造企业发展的新引擎。娃哈哈官网显示，公司先后成立精密机械公司、机电研究院等科研机构，致力于智能化饮料生产线和智能装备产业化研究，打造了一支具备较强专业技术能力的科研队伍，承接了工信部重大科技专项、国家863计划等多项国家、省、市重大科研项目。

一【娃哈哈的发展历程】一

1987年，娃哈哈前身，杭州市上城区校办企业经销部成立。娃哈哈创始人宗庆后带领两名退休老师，靠着14万元借款，靠代销汽水、棒冰及文具纸张一分一厘赚钱起家，开始了创业历程。

1988年11月，中国第一支儿童营养液"娃哈哈儿童营养液"诞生。在"喝了娃哈哈，吃饭就是香"的广告帮助下，产品一炮打响，走红全国。

1989年，企业名称从"杭州保灵儿童营养食品厂"变更为"杭州娃哈哈营养食品厂"。

1990年，创业只有三年的娃哈哈产值已突破亿元大关，利润超2000万元，企业产值、销售额、利税、利润等经济指标呈直线增长。通过"从无到有"的突破，企业迅速完成了原始积累。

1991年，为了扩大生产规模，满足市场需求，娃哈哈以8000万的价格兼并了全国罐头生产骨干企业之一的杭州罐头食品厂，娃哈哈集团成立。三个月后，杭罐厂就扭亏为盈，当年营业收入突破2亿元。兼并的成功初步奠定了娃哈哈通过规模生产，取得规模效益的基础，从此娃哈哈逐渐开始步入规模经营之路。因为员工人数剧增，产能大增，这次兼并成为娃哈哈从过去的打"儿童牌"转变为今天打"饮料牌"的质变诱因，娃哈哈也实现了从保健品市场到饮料市场的转向。10月，娃哈哈集团公司组建。

娃哈哈涪陵分公司签约仪式现场

1994年，娃哈哈加快了开拓全国市场的步伐，迅速扩大了市场占有率，推动了娃哈哈高速发展。娃哈哈投身对口支援三峡库区移民建设，兼并涪陵三家特困企业，组建了娃哈哈涪陵分公司，以成熟的产品、成熟的技术、成熟的市场，辅以雄厚的资金实力及娃哈哈固有的品牌优势，使涪陵公司一举打开了局面，产值利税连年快速增长，成为三峡库区最大的对口支援企业之一，跻身重庆市工业企业50强。

1996年，公司投入部分固定资产与世界500强、位居世界食品饮料业第六位的法国达能集团等外方合资成立五家公司，并坚持合资不合品牌，由中方全权经营管理，一次性引进外资4500万美元，先后从德国、美国、意大利、日本、加拿大等国家引进大量具有九十年代世界先进水平的生产流水线，通过引进资金技术，发展民族品牌，娃哈哈再次驶入了高速发展的快车道。

1997年，在西进涪陵的基础上，娃哈哈再接再厉，在三峡坝区、湖北宜昌、国家级贫困地区四川广元、湖北红安、吉林靖宇及沈阳、长沙、天津、河北高碑店、安徽巢湖等22个省市建立了40余家控股子公司，娃哈哈由此实现了销地产，也发展为中国最大、最强的饮料企业。

1998年，娃哈哈推出了"中国人自己的可乐"非常可乐，粉碎了洋可乐不可战胜的神话。非常可乐的开发、推广成功进一步稳固了娃哈哈的发展基石，提高了娃哈哈的知名度和美誉度，在中国市场与可口可乐、百事可乐形成三足鼎立之势。非常可乐挑战百事可乐、可口可乐，标志着娃哈哈已经进入一个新的发展时期，显示了与国际品牌抗衡的实力，同时也为娃哈哈的发展开辟了崭新领域。

2003年，娃哈哈实现营销收入超100亿元，瓶装饮用水产销量达到202万吨，超过世界排名第一的达能集团，成为新的世界"水冠军"。

2005年，娃哈哈自主开发的"营养快线"，创下上市当年销售近8亿元的奇迹。

2006年，达能提出要以净资产的低价并购娃哈哈非合资公司，被娃哈哈断然拒绝。此后达能与娃哈哈陷入纷争，直到2009年双方在北京签署了和解协议，达能以其出资原值14亿元人民币的价格全面退出了娃哈哈合资公司。

2007年，娃哈哈营业收入达到近260亿元。

2008年，娃哈哈营业收入达到近330亿元，国家统计局数据显示，娃哈哈位列中国最大500家企业集团第155位，制造业500强第120位，大企业竞争力500强第51位。

2009年，娃哈哈营业收入达到超430亿元，并入选中国世界纪录协会的中国最大食品饮料生产企业，创造了多项世界之最、中国之最。

2010年，娃哈哈营业收入达到550亿元，公司位列2010中国饮料加工企业第一位，在中国民营企业500强中，娃哈哈利润排名为第一位，营业收入居第八位，其掌门人宗庆后更是位居中国福布斯排行榜的榜首。

2011年，娃哈哈集团营业收入约为670亿元，多款产品位列市场占有率前茅，在资产规模、产量、销售收入、利润、利税等多项指标上连续多年位居中国饮料行业首位，是当时中国最大、效益最好、最具发展潜力的食品饮料企业。

2013年1月，娃哈哈创下783亿元的营收纪录，宗庆后三度登上"福布斯中国内地富豪榜"首位。

2015年，娃哈哈"食品饮料智能化工厂项目"入选全国首批工信部智能制造试点示范项目，在打造食品饮料全数字化管控的智能工厂上进行了实践探索，将食品饮料研发、制造、销售从传统模式向数字化、智能化、网络化升级，助推传统食品饮料制造业向智能化转型，填补了国内空白。

2017年，娃哈哈对杭州下沙第二生产基地的一条生产纯净水和含

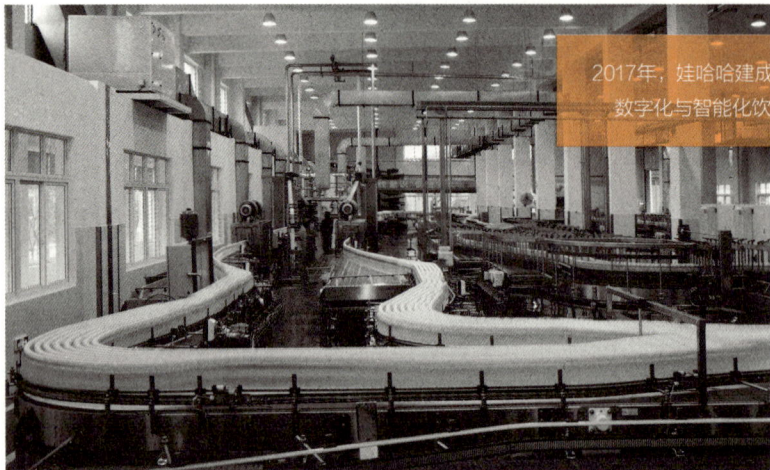

2017年，娃哈哈建成中国第一条数字化与智能化饮料生产线

气饮料的生产线进行了升级，打造了中国第一条数字化与智能化饮料生产线，打破了各个设备的信息孤岛，让全部的数据从设备层到管理层彻底贯通，成功实现了对整条生产线的中央监控。

2018年，娃哈哈营收468.9亿元，推出安化黑茶、pH9.0苏打水、火锅凉茶等新品。

2019年，娃哈哈成立浙江娃哈哈智能机器人有限公司，推出藜麦牛奶系列、九种坚果、黑糖奶茶、优的乳等新品。

—【娃哈哈的转折点】—

娃哈哈儿童营养液的诞生，帮助企业实现了"从无到有"，完成原始积累

娃哈哈的诞生，在一定程度上与宗庆后的女儿有关。

1988年，《杭州日报》的一篇报道显示，全国1/3的儿童有营养不良的现象，其中仅浙江省一地，在8至12岁的儿童中就有近一半的儿童营养不良。

而彼时国内兴起了保健品热，一大堆"宝""素""液"充斥市场，但是这些营养液全是成人产品，没有专门针对儿童设计的营养液。

宗庆后的女儿当时也有轻度的厌食症状，怎么让女儿多吃几口饭成了全家每天最大的任务。当时的宗庆后已经承接了为"中国保灵"代加工花粉口服液的业务，对保健品市场有了初步的了解，同时受到女儿厌食和报纸报道的启发，敏锐地发掘了其中的商机，激发出研制儿童营养液的想法。

在浙江医科大学营养学系朱寿民教授的指导下，娃哈哈成功开发出自己的第一支产品——娃哈哈儿童营养液。几个月后，第一批娃哈哈儿童营养液走下了生产线。

产品有了，怎么才能让大家都知道？当然是需要推广。宗庆后找到了杭州当地的电视台，但是电视台的广告要价是21万元，远远超出他仅有的10万元预算。为了让产品尽快打出名头，宗庆后孤注一掷，最终让"喝了娃哈哈，吃饭就是香"传遍了千家万户。

由于功效显著，确实解决了小孩子厌食和营养不良的问题，娃哈哈儿童营养液取得了极佳的市场反响。上市仅一个月，娃哈哈儿童营养液就卖出了15万瓶。几个月后，娃哈哈儿童营养液的销售额更是达到了近500万元。

1988年，娃哈哈儿童营养液诞生

娃哈哈儿童营养液上市后的火爆程度远远超过了宗庆后的预期，而这良好的销售业绩还仅仅是个开始。由于产品需求量的不断增加，娃哈哈的生产基地也随之不断扩大。到了1990年，娃哈哈生产基地的产能就扩大了60倍。产品量提升了，销售额和利润也随之增加，较之三年前，娃哈哈的销售额超过了9800万元，销售利润更是暴涨了100倍。

即便扩大了产能，娃哈哈儿童营养液还是一货难求，每天娃哈哈的工厂门口都排满了拉货的车辆，催货的电话和信件更是源源不断，一些销售商为了早一步拿到货，甚至背着满满一口袋的现金堵在宗庆后办公室的门口。

娃哈哈儿童营养液不但创造了市场销售奇迹，还获得了官方的认可。由于采用全天然原料，配方科学，配伍合理，填补了国内儿童营养保健品领域的空白，娃哈哈营养液得到了儿童营养专家、前中国儿童营养促进会会长、陈云同志的夫人于若木同志，以及国内众多营养学专家的支持，经过多方论证，娃哈哈营养液于1992年获得国家星火科技二等奖。

凭借着这款神奇的产品，娃哈哈由此开启了从一个校办企业变成饮料帝国的神话。

通过一系列的兼并与合资，娃哈哈实现了由小及大的转变，逐步实现了规模化经营

效益越来越好的娃哈哈因工厂场地窄、规模小，产品供不应求，急于扩大规模。于是，1991年在杭州市政府的支持下，娃哈哈以8000万元有偿兼并了6万多平方米的厂房、2000多名员工，并已资不抵债的全国罐头生产骨干企业之一的杭州罐头食品厂。此次有偿兼并，为娃哈哈的后续快速发展奠定了基础，并由此组建成立了杭州娃哈哈集团公司，从此逐步开始步入规模经营之路。

这在当时开创了小企业兼并大企业的先河，也成为了轰动杭州乃至长江三角地区的一个改革事件。谁能想到一家3年前靠3个人、2只罐子、4口锅起家，仅有100多名职工的校办小厂可以兼并了具有32年历史、拥有1300多名职工的华东国营食品第一大厂呢？

兼并之后，娃哈哈借助自身的产品优势、渠道优势、资金优势和市场占比优势对杭州罐头厂既有的资源和资产进行了梳理和充分利用，仅用了3个月就让亏损4000多万的杭州罐头厂重新焕发了活力，实现了扭亏为盈。在兼并当年，娃哈哈实现产值2.42亿元，利税总额4360万元，第二年公司产值达到3.84亿元，利税总额8413万元，实现了"从小到大"的历史性突破。

1995年，娃哈哈年产值突破10亿元，利税总额达到1.8亿元。到2002年底，娃哈哈在浙江以外的22个省市建立了30个生产基地，一年生产饮料323万吨，占全国饮料产量的16%。

1994年，娃哈哈积极响应党和国家对口支援三峡建设的号召，创造性地以"移民任务与移民经费总承包"的改革思路，兼并了涪陵地区受淹的3家特困企业，组建了娃哈哈涪陵有限责任公司。

娃哈哈涪陵有限责任公司的成立既支援了西部地区，同时也促进了自身的发展，娃哈哈借此一路跃居为行业龙头。因为具备了产品、技术、市场、资金和品牌的优势，娃哈哈涪陵分公司自建立便获得了较好的发展，无论是产值还是利税都实现了连年增长。截至2018年，娃哈哈涪陵公司已累计完成销售收入超过96亿元，实现利税近18亿元。

更重要的是，涪陵分公司的成立拉开了娃哈哈日后声势浩大的"销地产"战略的序幕。涪陵公司的成功，为娃哈哈走向全国，在支援中发展壮大自身积累了宝贵经验。

娃哈哈在随后的发展中，更加深化了"西进北上"的进程，在西部地区、革命老区和贫困地区陆续建立分公司，将"销地产"战略发挥的淋漓尽致，迄今为止，娃哈哈已经在全国的29个省、市、自治区建立了180余家分公司。

借助"销地产"战略的深化实施，娃哈哈迅速扩大了自身品牌的市场占有率，也加速了娃哈哈拓展全国市场的步调，让娃哈哈从区域性品牌迅速成长为全国性品牌，也让娃哈哈成为了毋庸置疑的行业引领者。

除了国内的规模性扩张，娃哈哈还通过合资的方式，获得了资金支持和技术支持。

1996年，娃哈哈制定了"二次创业"的战略目标，计划在产品品质和种类、生产规模和管理水平上都再上一个台阶。为此，娃哈哈与法国达能集团等国外知名品牌进行了合资。通过此次合资，娃哈哈一次性建立了5家合资公司，引入了4300万美金的资金，并从美国、德国、意大利、加拿大和日本等国家引进了具备世界一流水准的生产线。借助资金和技术的引进，娃哈哈获得了更为强劲的发展优势。

而对于此次合资的目的，娃哈哈一直非常明确，就是"借力"，旨在引进国外技术、资金，发展国内市场，优势互补、共同发展，所以在合资过程中，娃哈哈坚持合资不合品牌，由中方全权经营管理的原则。同时，为了确保品牌的发展，娃哈哈与合资方还约定了四项合作前提，第一是必须使用"娃哈哈"的商标；第二是生产经营权归娃哈哈所有；第三是绝对不可以解雇娃哈哈的原有员工；第四是要承担已退休工人的退休工资。

借助此次合资，娃哈哈有效提升了发展速度和水平，进行了大规模的设备、技术改造。一流的设备，一流的技术，使产品档次明显提高，生产规模大幅扩大，各项管理水平得到提升，企业效益快速增长，有力促进了自身品牌的发展。而达能也从与娃哈哈的合作中获取了巨额的利益，娃哈哈合资公司因而成为达能在世界范围内成功的投资项目。

—【娃哈哈的与众不同】—

娃哈哈的营销模式被誉为中国营销界的"诱人之谜"。曾有人说，研究娃哈哈，其实就是研究营销在中国的成长史。

在娃哈哈30多年的成长历程中，它形成了极富个性且独到的营销理念。其中极为重要的两点是广告传播和联销体制。通过至今依然为人津津乐道的广告内容和铺天盖地的广告轰炸，娃哈哈在与竞争对手的博弈中屡屡胜出，成就了中国营销领域的一场场经典战役，借助建立联销体制这一全新的利益分配体制，解决了中国营销市场最大的瓶颈难题。

超前的广告意识和深入人心的广告传播

娃哈哈极具超前的广告意识，可以说广告和促销是娃哈哈的传统强项。通过出奇制胜的广告传播和促销，娃哈哈的品牌影响力大增。

娃哈哈在创办之初就确立了两大理念，其一是娃哈哈的目标是要成为全国性品牌；其二就是要充分借助现代传媒工具进行有效的品牌推广。

娃哈哈是国内较早意识到食品饮料企业对广告的依赖性较强的企业，从最初的"喝了娃哈哈，吃饭就是香"开始，它一直很注意打好"广告"这张牌，并与相应的促销宣传手段进行有机整合，大大提升了市场运作的效果。娃哈哈凭借出奇制胜的广告策略，一直在不断扩大着自身的品牌影响力。

娃哈哈是较早借助电视广告推广品牌的本土饮料企业。它的广告重点大多都集中在央视等权威电视媒体上，进行高频率播放。

早在1998年，娃哈哈儿童营养液推出不久，娃哈哈与杭城两家电视台签下21万元的广告合同。由于广告的推介作用，娃哈哈儿童营养液在杭州第一个月的市场需求量便突破15万盒，第二个月冲破20万盒，并连销带动浙江整个市场甚至省外。以后几年中，娃哈哈的广告费呈几何级数上升；与此同时，娃哈哈的利润也以几何级数增长。

2001年，娃哈哈的广告投入总费用就超过了3亿元，在央视广告招标中，娃哈哈以2015万元的价格，"独霸"了2002年1~2月份新闻联播与天气预报之间的黄金广告时间。

娃哈哈纯净水上市后，面对地方强势品牌，娃哈哈成为业内第一家在中央电视台进行水类广告，进行全国性品牌传播的企业，这一举措令那些纯净水先行者们后悔不已。当年，景岗山一曲"我的眼里只有你"以及娃哈哈在20多个城市举办的"现场促销"活动取得了一定的轰动效应，对娃哈哈品牌的稳固起到了促进作用。

2009年前5个月，娃哈哈的广告营销费用就达到了15亿，占到了其同期销售额的15%，位列当时的液体饮料行业之首。在此阶段，仅仅是在其旗下的HELLO-C单品上，娃哈哈就一举投入了8.4亿元的广告费。

除了采用广告的传播手段，娃哈哈还尝试过多种形式的品牌传播手段。比如娃哈哈果奶在上市时采取了产品体验的形式，凭借报纸广告可以免费领取一瓶果奶。同时，娃哈哈还充分利用了明星代言的品牌效应。在邀请景岗山作为娃哈哈纯净水的代言人之后，在他举办全国巡回歌迷见面会的时候，联合推出了"买娃哈哈纯净水，赠景岗山签名歌带"的促销活动。在推出娃哈哈饮品的时候，与香港知名影星周星驰联手举办"2002周星驰新片演员暨娃哈哈饮品形象代言人选拔活动"等等，多种形式的品牌推广有效提升了娃哈哈的品牌知名度。

除了形式多样，娃哈哈对于广告节奏的把控和广告语促销手段的配合都十分擅长。比如在品牌发展之初，娃哈哈促销的目标群体是各地的经销商，它会根据市场变化、竞争对手的策略和自身产品的配置为经销商制定相应的针对性促销政策，以此激发经销商的积极性。由于把控到位，配合合理，娃哈哈的促销政策既可以达到促销的目的，又能够保证经销商的利润，有效避免了因品牌商盲目促销扰乱产品原有市场价格体系的情况。

联销体模式奠定了娃哈哈庞大的营销网络

上世纪90年代开始，批发市场在各地兴起。娃哈哈也切入了批发风头正劲的市场渠道。但是随着批发市场数量的增多，低价倾销、拖欠货款等问题也随之而来。面对处处受制的被动状况，娃哈哈决定建设自己的销售网络，将主动权握在自己手中。

于是在1994年，娃哈哈在全国经销商大会上创新性地提出了垂直型营销网络建设方案，由娃哈哈公司总部统一管理，下辖各省区分公司，再由各省区分公司对特约一级批发商、特约二级批发商、二级批发商、三级批发商和零售终端等实施层层管理。为了让经销商打消顾虑，娃哈哈还向各级经销商承诺了更多的优惠举措，由此逐步建立起了这个后来被哈佛商学院选作中国的渠道创新案例的联销体模式。

厂商矛盾是中国企业一直没有有效解决的一个大问题，厂商矛盾的核心其实就是利益的冲突与均衡。而娃哈哈所采用的"联销体模式"以利益机制建立了新型的厂商关系，有效协调了厂商矛盾。

娃哈哈的这一模式脱胎于专业批发市场，简单来说，就是经销商先打预付款给生产商，然后在一个圈定的区域市场内精耕细作，双方形成一个长期而稳定的经销关系，它保证了生产商在产品销售中的话语权。

同时，通过"先打款后发货"的业务模式，利用了分销商的资金和社会资金，为娃哈哈带来了巨额预付资金，帮助其解决了现金流的问题，规避了企业的风险。

联销体模式不但帮助娃哈哈减少了自建分销体系和掌控终端所要花费的交易成本和管理成本。同时，在联销体模式下，经销商也为娃哈哈分担了获取市场信息、实现市场覆盖以及物流、资金和增值服务等方面的经营风险。

并且，联销体模式让娃哈哈具备了竞争对手难以匹敌的"快"优势，娃哈哈的铺货速度在业内堪称神速，每一个新品在面世后，娃哈哈可以在3天内让它出现在遍布全国的销售终端。

联销体模式让娃哈哈具备了极大的竞争优势，而联销体模式的顺利推进又离不开产品基础和品牌推广的支持。

娃哈哈新产品的推出紧紧围绕着联销体模式，娃哈哈不断开发新品，正是为了均衡饮料的淡旺季销售，拓展经销商的盈利空间。一方面，娃哈哈为渠道商增加了效益的机会点，另一方面，增加了冬季销售的品种，形成了配销的优势。

同时，在品牌运营方面，联销体模式靠渠道发力，靠配销整合，靠价差体系来维持。娃哈哈这些年的每一个动作都是在全力维护这个体系。巨额的广告投放，一半是为了打动消费者，一半则是为了维系联销体模式。

娃哈哈与近8000家经销商签订了联销体协议，迅速形成了"农村包围城市"的营销格局。娃哈哈的新品，不出一周的时间，就可以从东北小镇铺到海南的小渔村。联销体模式帮助娃哈哈"称霸"城乡市场，适当的跟进战略和广告轰炸策略又帮助娃哈哈维系了联销体模式。

一【娃哈哈的品牌经营策略】一

借助以市场为轴心的产品创新这一独特的产品策略，娃哈哈拥有了多款大单品

产品开发是现代营销的起点，娃哈哈的产品策略正是以市场为轴心的产品创新，娃哈哈具备极其敏锐的市场嗅觉，总是能抓住市场的需求点在恰当的时机推出新产品。并且在进行产品创新的过程中，根据自身发展进程和市场发展特点，娃哈哈还适当地运用可跟进创新策略，引进创新策略和自主创新策略，并结合对产品上市速度和推广节奏的精准把控，创造了一个个市场奇迹，也让娃哈哈拥有了众多脍炙人口的大单品。

在产品策略上，创立之初的娃哈哈因为研发实力尚弱，在产品策略上大多采取了模仿与跟进策略，但它的跟进不是简单的"照猫画虎"，而是在模仿的过程中进行适当的创新，借助创新与速度超越对手。

娃哈哈的八宝粥、果汁饮料、非常可乐等畅销产品都是典型的跟进型产品，但娃哈哈在进行产品跟进的时候，加入了具备自身特色的创新，由此实现了后来居上。

1991年，娃哈哈跟进广东果奶饮料，当时市面上的果奶饮料口味单一，而娃哈哈推出了六种口味的组合包装，让消费者有了更多的选择。从营养液向果奶的延伸是娃哈哈品牌延伸的第一步。凭借着强大的品牌影响力，以及几年来积累的销售渠道和生产能力，再结合大量嘟嘟广告传播，娃哈哈果奶的销量扶摇直上，最终超越了对手，成为了儿童果奶饮料的代名词。

随后，娃哈哈又紧跟竞争对手推出钙奶产品，在原有产品的基础上进行了二度创新，使产品更加贴近市场，进一步满足了消费需求。然后借助"维生素A+D更有助于钙的吸收"的精准定位，迅速赶超对手。

在经历了一定时间的积累后，娃哈哈逐渐由"跟进创新"策略转化为"引进创新"策略。比如娃哈哈的纯净水就是从美国引进反渗透技术和设备进行生产的。

1995年，娃哈哈又出乎意料地进军纯净水领域。娃哈哈的独到之处就是看到了当时的中国市场还不够成熟，中国纯净水市场一直未出现全国性领袖品牌，这就给其品牌延伸带来很大成功的机会。借助于纯净水的成功，确立了娃哈哈全国性强势饮料品牌的地位，变脸后的娃哈哈赢得了更大的发展空间。

而娃哈哈采用跟进策略最经典的案例则是冲击了"两乐"的非常可乐。上世纪70年代后期，可口可乐和百事可乐进军中国市场后势如破竹，很快占据了我国饮料市场的半壁江山。当时的全球碳酸饮料销量中，可乐类产品占据了半壁江山，与之相比，国内每年生产的可乐产品低于140万吨，还不到碳酸饮料销量的30%。而国内每年的清凉饮料产量至少超过1000万吨。并且，尽管可口可乐和百事可乐进入中国20多年，但农村市场覆盖率却相当低。这些数据足以说明可乐类产品还有相当大的市场空间。

于是1998年，娃哈哈推出非常可乐，正式向"两乐"发起挑战。为了更加稳妥地推广"非常可乐"，娃哈哈将"娃哈哈"和"非常可乐"两个联合品牌，使品牌延伸和联合品牌相互渗透，能同时提升两个品牌的影响力。

在市场的选择上，娃哈哈瞄准二级市场和农村市场，以"农村包围城市"的战略，成功避开了被"两乐"掌控的大中城市，结合铺天盖地的广告推广和促销手段，和更加适合二线市场和农村市场的较低价位，成功占据了可乐舞台的一角。

2002年，娃哈哈"非常系列"碳酸饮料产销量达到62万吨，约占全国碳酸饮料市场12%的份额，一度逼近百事可乐在中国的销量。而曾经的可口可乐面对非常可乐的低价位和市场冲击，也不得不进行了两次降价。

依托价格优势和销售网络优势，娃哈哈"非常可乐"快速抢滩农村市场，并以"中国人自己的可乐"塑造了独特的品牌形象，给了消费者一个购买的理由，引发了消费端的热捧。在农村市场，一度形成了"非常可乐"就是可乐类产品的代名词的局面。

非常可乐的推出，不但让民族品牌切入了一直被认为是外资品牌天下的可乐"王国"，也由此改变了国内可乐类产品的市场格局。

随着国内经济的不断发展，国内市场的产品日趋丰富，大量海外产品的涌入让国内外市场的产品类型和品牌不再有明显差距，此时再采取单纯的跟进创新策略和引进创新策略则难以再赢得较大的竞争力。加之娃哈哈在多年的发展中早已积累了足够的研发实力，拥有自己的科研人才队伍，建立了国家级企业技术中心、博士后科研工作站、国家实验室认可委员会（CNAS）认可实验室，引进了大批国际一流水准的实验设备和先进仪器，娃哈哈逐步开始实施自主创新策略。

在娃哈哈的庞大的产品体系中，其自主创新的产品贡献了更多的销售额和利润。比如娃哈哈的爽歪歪、营养快线等创新产品，因为具备技术壁垒，上市后极快的抢占了品类的领导地位，并且竞争优势明显。

2005年，娃哈哈成功推出了营养快线，爽歪歪和咖啡可乐三大产品，一改过去娃哈哈所瞄准的中低端消费者，以中高端市场为目标，成功弥补了产品结构的缺失，扭转了娃哈哈过去知名度很高但美誉度稍弱的局面。其中的营养快线以"牛奶+果汁+营养素"的全新形式，在确保良好口感的同时提升了产品的营养性，面世后收到了极好的市场反馈，产品年销售额最高达到200亿元，成为对娃哈哈贡献极大的大单品。

娃哈哈营养快线系列

非常可乐的推出，不但让民族品牌切入了一直被认为是外资品牌天下的可乐王国，也由此改变了国内可乐类产品的市场格局。

除了跟进中创新的产品之外，娃哈哈的庞大产品体系中，还有众多抢先入市的创新产品贡献了更多的销售额和利润。比如娃哈哈的开山之作营养液，还有后来的爽歪歪、营养快线等创新产品，因为具备技术壁垒，上市后极快地抢占了品类的领导地位，并且竞争优势明显。

娃哈哈儿童营养液的开发和推出就是娃哈哈"求新"策略的良好体现。80年代末的营养保健品市场产品迭出，但娃哈哈发现已有的30多种营养保健品针对的都是成人，没有专供儿童饮用的产品。找到了这个市场空隙，娃哈哈推出了儿童营养液产品，一举获得成功，一句"喝了娃哈哈，吃饭就是香"红遍全国，企业也由此获得了迅猛发展。

娃哈哈还通过产品线的不断丰富，来扩展目标消费群体的范围，提升品牌整体形象。2005年，娃哈哈成功推出了营养快线、爽歪歪和咖啡可乐三大产品，在推广这三种新品的过程中，娃哈哈利用价差体系，一举摆脱了多年来低价竞争的困境。以往，娃哈哈几乎所有产品都比竞争对手（可口可乐、康师傅、乐百氏等产品）低2~5元/箱，这难免拉低了娃哈哈的品牌形象。在推出营养快线、爽歪歪和咖啡可乐新产品后，娃哈哈采取了价差体系，采用消费者能够接受的价格开始定位，倒推到零售、二批、经销商、销售人员，留够各级最有竞争力的价差空间，不仅确保了产品成功，而且获得了丰厚利润，更重要的是提升了娃哈哈的整体品牌形象。

娃哈哈在产品推广上还善于以速度制胜，通过加快新产品推出的速度，先发制人，以赢取更大的市场。

一般来说，饮料行业的新产品研发推广周期大致为半年到一年，产品形成上亿规模一般需要3至5年。而娃哈哈推出新产品的周期缩短到了3个月左右，且每年推向市场的新产品维持在5种~10种，每款产品都有自己的特色。

例如2005年，娃哈哈推出的咖啡可乐就是其以"时间赢取空间"的有力佐证。原本可口可乐公司同期正在法国推广"咖啡可乐"，并计划在2007年将其引入中国市场，而娃哈哈抢在它的前面推出了该类产品，由此先发制人的占领了中国市场。

2007年，娃哈哈的营业额近260亿元人民币，而同期，可口可乐在中国的销售额仅为180亿元人民币。

从包装升级和口味调整等方面的初级创新，到产品品类和技术工艺的高级创新，娃哈哈通过不断推出强势产品、主导产品，以强势产品拉大与竞争对手的距离，以强势产品赢得利润空间，使产业价值链条上的各个环节都有足够的利润分享。

如今，娃哈哈每年投入技术升级和产品研发的费用高达数亿元，由此形成了强大的研发体系。娃哈哈研发中心同步研究的新品数量超过100个，其中超过10%的新品可以实现迅速产品化。基于研发实力的不断升高，娃哈哈能够不断推陈出新，也由此获得了持续发展的源动力。

总成本领先竞争战略是娃哈哈进行各种广告、促销等策略的基础，价差策略则帮助娃哈哈品牌形象的提升。

简单来说，企业的竞争战略归纳为总成本领先、差异化竞争及焦点集中竞争战略三种。

在娃哈哈长达几十年的快速增长过程中，始终执行着总成本领先战略，无论是原材料供应、生产制造、市场推广等基本价值创造活动，还是营销费用、管理费用、财务费用和成本角度，以及财务管理、人力成本、行政管理等辅助价值活动，娃哈哈都在贯彻实施总成本领先战略，可以说这是娃哈哈持续成功的关键因素。

与同行业的主要竞争对手相比，娃哈哈的广告投入位居前列，主要产品的单价明显偏低，但是最后的销售利润反而较高。造成这一结果的根本原因就是娃哈哈一直以来奉行的成本领先战略。

娃哈哈之所以可以实现总成本领先，源于生产管理的成本控制、销地产模式的渠道、配送成本控制和规模优势所带来的原料成本控制。

首先是生产管理方面，在生产成本和配送成本上，娃哈哈进行了严格的管控。娃哈哈追求生产设备高效化，追求后向一体化，追求规模出效益，最大限度降低生产原材料成本。

对于饮料行业这个典型的设备制造型产业来说，生产设备是对产品品质和生产效率具有重要影响的决定性因素。为了保证产品的品质，娃哈哈不惜血本地引进了具有世界一流水准的反渗透设备、注塑机、制盖机等设备。虽然看似花费了巨额的投入，但事实上高投入带来的是高效率和低单位成本。

娃哈哈坚持配套产品一条龙生产制造的经营模式，凭借着"除了原材料，其它一切娃哈哈都能自己造"，娃哈哈真正控制价值链中的每个环节，后向一体化，大量交易内部化，最大限度降低了采购成本，也借此打造价值链优势，实现了规模效益，真正实现了制造成本优势。就以娃哈哈饮料产品的包装材料为例，娃哈哈饮料的瓶体和瓶盖大多为自行生产，与采购价格相比，一个瓶体或瓶盖只能节省几分钱，但是无数个几分钱积少成多，就形成了明显的成本优势，并且这种优势还是娃哈哈可以自己掌控的，这比受制于人要安全的多。

娃哈哈还在生产管理上实施成本倒追法，在生产过程中贯彻实施娃哈哈特有的"二级管理，三极核算"制度，以"将成本控制量化到每个员工"近乎苛刻的成本控制制度，最大限度地节约生产管理成本。在保证质量的前提下，娃哈哈每年都要评"成本管理"之类创新奖，以鼓励员工坚持成本控制。比如，通过改造八宝粥罐口的塑料盖，在提升消费体验的同时，也让年生产成本节省近400万元的费用。

其次，是销地产模式下对渠道成本和配送成本的控制。

饮料的产业特点，决定了配送的相对高成本。为根本解决产品的配送成本和速度问题，自1994年起，娃哈哈就投资数十亿元，在全国29个省市组建100余家生产型企业，率先完成中国饮料业的"销地产"生产力布局。即在每个产品的主要销售区域直接设生产分厂，就地就近生产。每个生产基地的配送范围控制在500公里以内。

经过十几年的布局，娃哈哈已建立了庞大的生产基地，在数量上，娃哈哈的生产基地远远超过了可口可乐、百事可乐等国外知名品牌和顶新、统一等港台地区的知名品牌。

对于产品配送环节，娃哈哈也实施了严格的成本控制。无论是省内的汽车配送还是跨省的火车运输，都要凑整车或整车皮，有时候为了凑整，宁可多等两天，只为合并配送订单。在产品配送的调度支持上，娃哈哈在业内率先导入了SAP软件系统，以便进一步控制运输成本，提高配送效率。

凭借销地产模式，娃哈哈实现了当地生产当地销售，有效地减少了生产成本、物流成本和分销成本。而对渠道成本的控制则是通过联销体模式实现的。

在消费品进行市场运作的过程中，品牌与渠道是两大关键因素。为了掌控更多的渠道，很多品牌采取设立直营分公司和分支机构的策略来实现对销售终端的精耕细作。当然，这种方式在强化品牌对渠道的把控力的同时，也会带来高成本的弊端。

娃哈哈反其道而行之，采取了独特的联销体模式，整合大量的社会资源、流通资源，为娃哈哈节约了大量的人力成本、资金成本和配送成本。借助几千家实力经销商的支持，娃哈哈的主力产品铺满天南海北，大街小巷，全国范围（特别在广袤的农村）的产品覆盖率远高于主要竞争对手，而娃哈哈所付出的渠道成本远远低于同类企业。

再次是凭借规模优势对原材料等生产要素进行成本管控。

一直以来，娃哈哈在原辅材料采购方面都实施的是招标制和集中采购制。娃哈哈所有生产基地和工厂的大宗原材料都要经过总部的统一集中采购，既保证了原材料的品质，也由此获得了更大的采购优惠。

同时，娃哈哈还以低成本扩张兼并了很多企业，经过规模资源的整合、共享，形成了一定的规模优势。这些优势使娃哈哈得以具备总成本竞争优势所带来的价格竞争力。

凭借着总成本领先所带来的竞争优势，娃哈哈在保证产品品质的同时，也以低于竞争对手10%~20%的产品价差迅速抢占市场。在广告投入高于同业者的情况下，娃哈哈依然获得了远远超过行业平均水平的利润。

—【结语】—

三十多年前，娃哈哈从校办企业起家。三十年多后，娃哈哈成为横跨整个中国市场的饮料帝国。如今，已过而立的娃哈哈曾经创造了一飞冲天的辉煌业绩，也经历过业绩4年下滑的迷茫，直到2018年的止跌回升，娃哈哈的整体发展依然稳中求进。

面对新的消费环境、新的消费需求和新的市场特质，一直专注于实体经营的娃哈哈也在不断修正自己的发展战略，尝试以多元化、智能化等策略找到合适的出口来"破局"。

　　如今，娃哈哈正在进行从"安全"转向"健康"、从"制造"走向"智造"的"双引擎"升级。希望曾经占据"80后"、"90后"童年记忆的娃哈哈，曾经创造过无数奇迹和辉煌的娃哈哈，能够在转型升级的新征程上再创辉煌，高质量发展。

好孩子：

品质生活，智慧之选

回首30年发展历程，已入而立的好孩子从一个不谙世事的"幼儿"，逐渐成长为风华正茂的"青年"，完成了从濒临破产的校办工厂到全球领先的母婴用品公司的完美蜕变，走出了一条自主品牌的崛起之路。

—【事件】—

2019年9月，好孩子携集团三大自主品牌"gb""CYBEX"和"Evenflo"，在第58届科隆展上推出全系列新品，其顶尖的科创能力和时尚潮流设计，成为全场焦点。

CYBEX by KK系列是好孩子跨界合作的又一个成功案例。KK是有"捷克之光"美誉的世界超模Karolina Kurkova。她过去是"CYBEX"产品的用户，好孩子与用户共创价值、在生态链中共享共赢的商业模式，给她提供了"从消费者变消费商"的平台。Karolina Kurkova全面参与了整个KK系列产品的设计，而其在产品的材质上选用了再生纤维，目的就是要强化保护地球环境这个永恒的主题。

以独立品牌展示厅模式参展的"gb"和"Evenflo"两大品牌也各有精彩。早已风靡全球的gb Pockit口袋车这次带来最新的时尚配色版，仿佛来自原野的呼唤让人迫不及待要带着孩子出门看看，所谓"随行自如"，我行我酷，最美中国风非它莫属。

美国百年品牌"Evenflo"的全新金线系列科技感十足，可提示驾车人勿把孩子遗忘汽车后座的SensorSafe解决了一大社会难题。

经过30年的高速发展，好孩子已经在创新、标准、品质等基础能力建设方面积累了丰厚实力。进入第二个"30年"，好孩子希望继续发挥自身优势，成为全球育儿生态圈的组织者。

—【好孩子的发展历程】—

1981年，昆山县陆家中学为了创收，兴办了生产模具的校办厂，后来更名为"信艺模具厂"，但因为经营不善，在80年代末期工厂濒临破产，还欠了大笔债务。

1988年，宋郑还临危受命，从"宋校长"就变成了"宋厂长"。宋郑还第一次研发的产品是既可以做摇篮又可以做推车的童车，但因当时没有生产线和资金，宋郑还在展会上以4万元的价格将专利卖给了浦东一家企业。不久后，宋郑还又研发出一个新款产品，在展会进行专利拍卖时，受到了意想不到的欢迎，有厂家愿意出资15万元购买。宋郑还由此发现童车的市场空间，决定向这个市场发展。

1989年，宋郑还成功注册了"好孩子"的公司名称和商品名称，并开始带领职工研发婴儿车，搞自己的品牌推销。随着多功能摇篮式婴儿车的面世，好孩子一炮打响。

1991年，良好的销量让市场上出现了大量好孩子仿制品，为了抵制市场上的仿冒品，好孩子组建了产品研发部，提出"自己打倒自己"的口号，加快产品研发速度，以不断的产品迭代抵制竞争对手。

1992年，设立昆山好孩子塑胶制品厂，生产童车、自行车零部件。

1993年，设立昆山好孩子自行车厂，开始生产儿童自行车。好孩子婴儿车登上中国销量第一的宝座。宋郑还在德国厂商的刺激下，到国外先进品牌厂家进行参观后，认识到了自身的不足，重新调整了发展战略，也由此开启了好孩子日后国际化的发展历程。

1994年，好孩子在北京成立第一家分公司，中日合资昆山好孩子塑胶制品有限公司成立。

1995年，好孩子到香港寻求资金支持，香港置业投资公司向好孩子投资450万美元。好孩子在美国纽约开设跨国公司——Goodbaby Ineternation, Inc.。

1996年，依靠一款全新设计的婴儿车"爸爸摇，妈妈摇"，好孩子敲开了国际市场的大门，进入美国11个连锁系统，并得到消费者的极大认可。好孩子童车和美国Dorel公司以"Cosco By Geoby"这个联合品牌在美国市场销售好孩子童车，并很快占有了近40%的市场份额。同年，好孩子在北京王府井百货大楼成立第一个直营专柜。

1997年，好孩子童装厂落成投产。

1998年，好孩子设立了"上海好孩子儿童服饰公司""上海好孩子贸易公司"，好孩子童装正式上市。

1999年，好孩子婴儿车产品开始占据美国销量榜首的位置，创立了"小小恐龙品牌"（2006年改为"小龙哈彼Happy Dino"；现简化为"hd小龙哈彼"），开始了集团的多品牌战略。好孩子童车被国家工商行政管理总局认定为"中国驰名商标"。

2000年，创立好孩子科学育儿网，这是中国第一个科学育儿网站。

2001年，通过独家代理，好孩子开始在中国市场分销、零售国际一流母婴品牌产品。好孩子与Nike公司签订全国总经销协议，第一家Nike Kids专卖店在上海百盛淮海路好孩子店开业。

2002年，好孩子产品开始销往欧洲市场，通过与当地市场的领先品牌形成战略合作关系，立即在欧洲市场成为主流产品。

2003年，好孩子儿童用品有限公司成立。好孩子集团被评为"向世界名牌进军、具有国际竞争力的11家中国企业"之一。好孩子铝合金厂成立。

2004年，好孩子童车被国家质检总局认定为中国玩具行业唯一的"中国名牌产品"。

2005年，好孩子电动车事业部和好孩子运动器材事业部成立。

2006年，好孩子被投资基金太平洋联合集团（PAG）以1.225亿美金杠杆收购66%的股份。好孩子汽车座事业部成立，好孩子婴儿车产品成为欧洲销量第一，并在上海开设全国首家"一站式"母婴用品购物旗舰店。

2007年，好孩子成立美国、欧洲和日本研发中心。好孩子开始以自有品牌进入日本市场。好孩子百瑞康健康用品有限公司和好孩子婴幼儿产业集团成立。好孩子与mothercare合资的第一家专卖店在北京蓝色港湾店开业。好孩子被批准成为"全国企事业知识产权示范创建单位"。

2008年，美国波士顿咨询公司（BCG）发布"本土50强巨擘企业"研究报告，将好孩子列入"世界快速增长经济体全球挑战者50强企业"。好孩子独家赞助发行奥运电影《筑梦2008》。好孩子获得"成长性商业品牌"称号。

2009年，好孩子为全球最大的婴儿车供货商，供应中国、北美和欧洲市场所销售婴儿车总数的1/3，开辟分省会模式，开创母婴行业市场运作先河，奠定深度分销基础。

2010年，好孩子"摇篮到摇篮"项目获得上海世博会荷兰国家馆"知识公司贵宾周"唯一的"最具革新的项目"奖项，开始在集团全面推行"摇篮到摇篮"发展理念，第五个研发中心在香港成立。7月，借助第十届上海国际少年儿童服装及母婴用品博览会的契机，好孩子集团展示了其最有代表性的产品，并正式推出全球化新标志，全新标志为红色的"gb好孩子"图案，象征着中国与关爱。好孩子国际控股有限公司以1493的超额认购倍数在香港联合交易所上市。

2011年，好孩子推出首批EQO产品，获得美国加利福尼亚"摇篮到摇篮"认证中心银级认证。

2013年，开创好孩子星站"gb Kids Station"多品牌集合店新型商务模式。

2014年1月，好孩子并购德国高端儿童汽车座品牌CYBEX，并购后仅一年时间，CYBEX的业绩便增加了88%，成功从汽车座椅延伸至婴儿车领域。6月，好孩子又收购了美国百年儿童用品品牌Evenflo，使其成功走出并购前连续5年亏损的泥潭。好孩子由此开启自主品牌经营的全球化之路，形成全球行业领先的一条龙垂直整合的经营模式，从以研发和制造为驱动成功转型为以品牌为驱动的企业。好孩子开始在中国市场实行BOOM商务模式。好孩子口袋车Pockit获吉尼斯世界纪录官方授予"全球折叠后最小婴儿车"称号。

2015年，妈妈好母婴服务App上线，O2O平台正式启动。好孩子口袋车Pockit获国家知识产权局授予"中国外观专利金奖"。

2016年，好孩子口袋车Pockit获得素有设计界奥斯卡之称的"iF设计奖"金奖，是婴童类产品的唯一获奖者。

2017年，gb品牌非耐用品业务和全渠道零售网络建立，在中国形成全品类全渠道市场。

2018年，好孩子推出全球首款碳纤维婴儿推车，这是行业内首次把宝宝出生就能使用的婴儿推车重量控制在6公斤。好孩子集团荣获多项青少年产品制造协会（JPMA）2018年度创新奖，包括三项创新奖和一项优秀奖。

好孩子30周年品牌发布会现场

2019年，宋郑还提出"四个转变"，即"从经营品牌向经营用户的思维转变，从经营资产向经营能力的动能转变，从经营产业链向经营平台的模式转变，从创造物理价值向创造社会价值的价值转变"。3月，好孩子发布年报，截至2018年12月31日，好孩子收入约为86.29亿元，增加20.8%，毛利为36.61亿元，增加33.3%。4月，好孩子集团分别与清陶（昆山）能源发展有限公司、江苏大学签约，共建苏州好孩子清陶科技服务有限公司和儿童安全座椅联合研发中心，并聘请中国工程院谭建荣院士为"首席科学家"，开始探索AI、5G、物联网等前沿技术在婴幼儿用品领域的创新应用。10月，在上海召开好孩子集团30周年品牌发布会。在中汽中心（CATARC）举办的2019年度儿童汽车安全座椅测试评比中，好孩子高速汽车座CONVY以全场最高分获评C-NCAP唯一"优+"评级。

—【好孩子的转折点】—

从"借船出海"的"隐形冠军"到攀登价值链顶端的"显形冠军"

"做世界上没有的产品"，发现潜在的需求是好孩子一直以来秉承的理念，从成立之初，好孩子就是依靠原创的产品"掌握自己的命运"。现在的好孩子已成为全球最大的耐用儿童用品公司和国际标准的制定者，但是在创业之初，好孩子的发展并非一帆风顺。

在上世纪90年代中期，好孩子虽然已经成为中国市场的销量冠军，但是国际市场对这个年轻的品牌还十分陌生。尽管好孩子当时创新推出了可以像秋千那样、并且有两种摇摆模式的婴儿车，但是美国的消费者并不信任它。为了尽快获得市场的认可，"借船出海"成为好孩子的首选路线。

于是，好孩子采取了自主研发产品，然后与美国著名的儿童用品品牌

Cosco合作，组成"Cosco-Geoby"品牌来进行销售的方式，敲开了美国市场的大门，也迅速进入美国11个主流的连锁系统。

而合作品牌的形式也意味着好孩子的品牌话语权不高，为了尽快摆脱这种受制于人的局面，好孩子一边开拓海外市场，一边勤练内功，研究美国标准，设定更高的技术门槛，始终严把品质关。虽然早就建成全球行业最先进的检测中心，但是为了保证质量检测的效果，好孩子仍然在生产基地保留了多种路况检测步道，并以人工实地推行负重500公里检测这种耗时耗力的"笨办法"来检测婴儿车产品的品质和使用体验。

同时，好孩子还在海外市场自建销售通路，通过与世界一流的儿童用品公司结成战略合作伙伴关系，把客户的通路变为自己的通路。

当年的努力换来了丰硕的成果，1999年，好孩子成为了美国市场的销量第一，随后，它又进军欧洲市场，再一次成为销量冠军。因为是合作品牌，好孩子这个真正的产品拥有者在海外市场成为了行业的"隐形冠军"。

然而，好孩子并不甘心做"无名英雄"，它要从隐形走向前台，成就真正的行业冠军。

首先，好孩子强化自身的研发能力。好孩子陆续在全球建立了7大研发中心，汇聚400多位全球行业精英，开发的速度提升到每半天产生一个新的设计，每年开发新品500多款，迄今累计研发近10000项国内外专利，超过行业前五名竞争对手的总和，由此保障了好孩子良好的竞争优势。

其次，好孩子还通过国际并购来增强自身的品牌能力。2014年，好孩子集团接连收购德国CYBEX及美国Evenflo这两家国际顶级品牌，而好孩子也借助海外并购开启了自主品牌经营的全球化之路，逐步构建可整合全球资源、服务全球用户的平台，延伸品牌价值链，实现从中国企业到全球化企业的蜕变。

通过海外上市、国际并购、强化产品设计能力、延伸品牌经营能力等举措，好孩子形成了自己的品牌体系，逐步从产品供应商转变为品牌经营商，从只能"借船出海"的行业"隐形冠军"逐步成为登上价值链顶端的"显形冠军"。

确定国际化发展道路，好孩子经历了从做中国产品到做全球品牌的转型

1994年，好孩子确定了国际化的发展路线。为了更好地了解美国市场，好孩子随后在美国开设分公司，用以调研信息和开拓海外市场。但是，经过一番闯荡，好孩子发现，美国市场的消费者对于陌生品牌难以信任，不愿意尝试购买。而美国的销售渠道也不愿意冒险给好孩子合作机会。如果要实现市场的突破，好孩子必须借力。

1996年，好孩子借助与美国本土知名品牌Cosco的合作，以合作品牌的形式敲开了美国市场的大门，也由此拉开了好孩子国际化发展的大幕。

凭借着良好的产品品质，到了1999年，好孩子婴儿车的销量在美国市场名列前茅。借着良好的发展势头，好孩子启动了品类多元化的战略。

稳固了美国市场之后，在2002年，好孩子的产品开始进入欧洲市场销售，4年后，好孩子婴儿车再一次成为欧洲市场的销售大户。好孩子也借势在美国、欧洲和日本成立了研发中心。

在几大海外市场良好的销售背景下，好孩子开始尝试以自有品牌进入日本市场，也由此经历了从做中国产品到做全球品牌的转型。

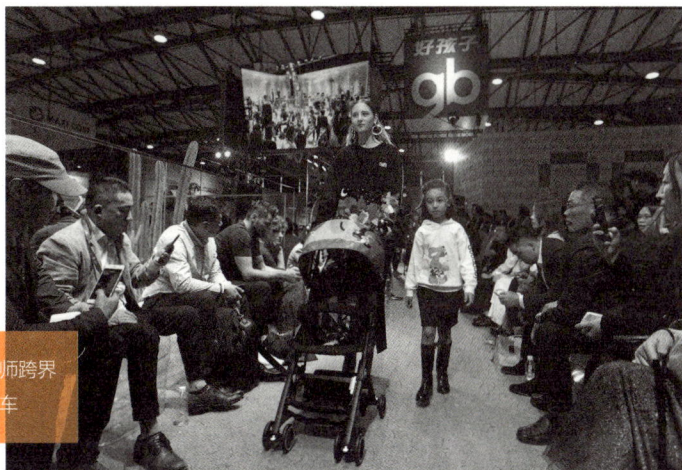

好孩子推出与荷兰插画师跨界合作的联名款婴儿车

此后，好孩子围绕品牌经营的发展方向，采取了销研产服一条龙的产业链经营模式。在收购了德国CYBEX和美国Evenflo之后，好孩子迅速扩充了自身在高端品牌领域的品牌序列，成长为雄霸美、德中高端市场的多品牌、全品类、全渠道经营平台的企业。

经过30年的高速发展，好孩子已经在创新、标准、品质等基础能力建设方面积累了丰厚实力。如今，正处于发展关键节点上的好孩子进入了发展的新阶段。

目前，好孩子集团正努力打造产业的"路由器"，连接全球最顶尖资源。比如，新推出的米糠护肤系列、全球首创的方便孩子360度自如吸奶的奶嘴，正是跟日本、德国制造企业及研发机构合作的成果，其在意大利、荷兰、奥地利、挪威、法国、新西兰、澳大利亚等地的合作也已全面展开。

—【好孩子的与众不同】—

以原创的力量展示实力，以不断的创新为品牌赢得持续的活力

走进位于好孩子总部的产品展厅，映入眼帘的是多达3000余款的各式婴幼儿用品，无论是婴儿推车、学步车、儿童自行车、儿童电动车还是哺育用品和服装鞋帽，都由好孩子自主研发创造。

上世纪90年代末，好孩子在美国市场初露头角，曾经有美国知名品牌找到好孩子，希望好孩子给他们做OEM代工。面对一年3000万美金的大额订单诱惑，好孩子拒绝了。"好孩子一定要有自己的价值。好孩子一踏上国际市场，就得依靠智慧，卖创意设计的产品，走创造价值的道路。"

为了提升研发能力，好孩子在美国波士顿、美国戴顿、德国拜罗伊特、捷克布拉格、奥地利维也纳、日本东京、中国昆山等地开设了7大研发中心，构建了全球研发创新体系。对于研发中心的选址，好孩子有自己的考量。选择北美、欧洲和日本三地是因为它们是全球儿童用品的三大发端，也代表了行业的三个流派。同时也因为这三大流派的特点各有优势，北美流派的特点是市场大和品牌集中度高，欧洲流派的特点是高科技和时尚感强，而日本流派的特点则是设计感强和独特功能。而在中国内地建立的研发技术团队是好孩子全球研发体系的基础核心和整合中心。通过建立遍布全球的研发中心，好孩子实现了兼容并包和取长补短，汇集了全球的优势资源，有效提升了自身的品牌实力。

高额的研发投入换来了良好的成果，7大研发中心保障了好孩子的研发速度和产品品质，好孩子每年生产新产品500多款，累计创造专利近10000项。自2010年至今，"好孩子"已拿下素有"国际工业设计界奥斯卡"之称的德国红点奖，德国iF国际设计奖、Good Design（G-Mark）奖、美国JPMA创新奖、中国优秀工业设计奖金奖（CEID）等国内外知名奖项。

在产品质量方面，好孩子有着近乎执拗的坚持。就以儿童汽车安全座椅为例，看着小小的一个座椅，背后却是高达6亿元的投资、历时5年的研发和超过12万次的实验检测。在产品的细节上，好孩子也极度认真，儿童汽车座椅安全带的保险搭扣看似是个微不足道的小零件，但是为了精益求精，好孩子坚持选购来自意大利的一个"零事故"品牌的产品，即便采购价格明显高出其他厂商，好孩子也在所不惜。也正是得益于这份坚守，好孩子集团30年间从未发生一起重大产品质量安全事故，即便在欧美市场，好孩子也没有一起召回事故发生。

高标准、严要求造就了好孩子产品的高品质，也让好孩子成为了国内外行业标准的制定者。到目前为止，好孩子参与制定或修订了100余项国际行业标准和75项国内行业标准，并获ISO授权成立儿童乘用车秘书处，主导行业的国际化标准工作。经过好孩子企业实验室检测的产品在欧美市场可以免检，直接销售。

不断的创新让好孩子拥有了持续发展的活力，为了进一步满足消费需求，好孩子正在全面布局儿童智能家居平台、母婴电子监护保健平台以及全系列儿童智能科技产品。为此，好孩子还聘请中国工程院院士谭建荣担任好孩子科创中心首席科学家，共同探索AI、5G、物联网等前沿技术在婴幼儿用品领域的创新应用。

凭借着对自主创新的坚守，好孩子登上了全球最大的全品类儿童用品品牌商的位置。在品质上精益求精让好孩子的产品获得了极高的品牌信任度。而凭借着标准的引领，好孩子更是成为全球众多家庭首选的知名品牌。

汇集世界优势资源，反哺中国市场

纵观好孩子30年的发展历程，可以划分为几个发展阶段。第一个阶段是从1988年创办至1996年，好孩子在这一阶段汇集中国资源开拓中国市场；第二个阶段是从1996年至2006年，好孩子在这一阶段汇集中国资源开拓世界市场；第三个阶段是从2006年到2014年，好孩子整合全球资源服务世界市场；第四个阶段开始于2014年，好孩子开始把汇集来的世界资源反哺于中国市场。

好孩子这种对中国市场的"回归"也是好孩子集团另类国际化策略的体现。

在30年间迅速崛起的好孩子也面临着很多成功品牌都要面对的品牌老化问题和行业竞争问题。上世纪90年代中后期是好孩子高速发展的时期，彼时的好孩子以国内首创的产品满足了国内消费者对"童车"这一新鲜事物的好奇，培养了国内消费者对童车的消费习惯，更是凭借着物美价廉的产品形象，牢牢占据了国内的市场份额。但是，随着时代的变迁和消费需求的升级，低价不再是消费者最关注的的购买因素，产品品质、专业化、个性化和相关服务越来越成为消费者做出购买选择的关键因素。面对市场需求的变化，好孩子调整发展模式，应对不断变化的消费市场。

而近年来中国经济实力的不断增强，也让中国消费市场的影响力逐步增大，对世界经济的影响也日趋深远。好孩子看到了中国市场的潜力，将此前多年所汇集的世界资源充分调动，用世界的资源来开拓中国市场，希望借助中国市场的崛起时机，为好孩子开辟新的发展道路。

根据市场调研数据显示，中国母婴行业从2009年起步开始，近几年来一直呈高速发展状态，整体市场规模已接近3万亿元，其中尤以婴幼儿和儿童相关产品和服务为甚，二者占据了中国母婴市场的大半江山。

也正是看到了中国市场的潜力，加之童车行业是中国屈指可数没有被海外资本或国外品牌垄断的行业，好孩子在经过海外市场的多年积累和铺垫后，再一次将目光转回国内，将企业发展的重心重新转移回了国内市场。

与品牌建立之初以国内市场为根据地不同的是，已"周游列国"的好孩子此时汇集了全球一流的技术、一流的品牌、一流的人才和一流的理念，必将赋予中国母婴市场以新的活力。

2010年赴港上市，打通了资本平台，让好孩子拥有了运用资本来兼并发展的能力。2014年收购CYBEX和Evenflo两大优势品牌，让好孩子的品牌体系更加多元，全球影响力也得到了快速提升。

在选择并购对象上，好孩子绝不盲目。并购的目的是要在保留原品牌优势的基础上，实现好孩子与原品牌的强强联手，而非将原品牌同质化。为此，在并购品牌之后，好孩子都会在坚持本土化运营的基础上对原品牌的优势和特点予以保留，将好孩子自身的优势与原品牌形成融合，最终达到优势互补的效果。

比如说对CYBEX的并购。CYBEX擅长品牌的运营管理和营销，而好孩子擅长产品创新，二者的"联姻"碰撞出更多的火花。好孩子借助CYBEX的品牌知名度，有效提升了好孩子在欧洲市场的品牌知名度，借此进入了高端汽车座椅市场，同时促进了好孩子由产品供应商向品牌经营商的转型。

而收购在北美市场具有极高知名度的百年品牌Evenflo，则让好孩子迅速实现了其在欧美市场的本土化布局，借助Evenflo旗下Evenflo、Exersaucer和Snugli等知名品牌，好孩子获得了良好的品牌序列、成熟的运营体系和优秀的本土化经营团队，也让好孩子成功转型为全球化公司。

在汇集了众多海外优势品牌资源之后，好孩子开始反哺中国市场，逐步在中国市场进行品牌多元化运作，通过旗下的CYBEX、Evenflo、gb好孩子、hd小龙哈彼、CBX、Urbini等多品牌实现对高、中、低端市场的全面覆盖。

同时，好孩子还以消费者为中心，打造母婴产业生态链。为了更好地抓住消费者需求，好孩子在2014年制定了"BOOM"战略，"B"代表的是品牌Brand，两个"O"表示的是线上Online和线下Offline，而"M"则表示互联网与用户的关系。

如今，在产品创新和品牌推广的协同效应下，好孩子在中国、美国和欧洲这三大母婴用品主流市场形成了研、产、销一条龙经营，并以三大市场为基点，对周边市场形成了显著的辐射影响。

—【好孩子的品牌经营策略】—

以多元化战略满足不同需求，借助品牌矩阵实现品牌与消费者的深度链接

消费者主权意识的全面觉醒促使中国母婴行业迈入了消费升级的新阶段，好孩子及时发现了行业变化趋势，在产品研发方向上由技术导向型转化为消费者导向型，并且以品牌多元化挖掘出更多的市场触点，通过不同的品牌传递多样化的品牌文化，与消费者形成深度情感链接。

好孩子董事长宋郑还曾说"中国消费者的品位提高了，跟海外市场的距离越来越近。世界文化正在趋于融合。"

为了更好地通过产品传递品牌文化，好孩子为旗下的每一个子品牌都制定了清晰的品牌定位，以应对不同的消费诉求，并在好孩子品牌序列中承担不同的功能和责任。

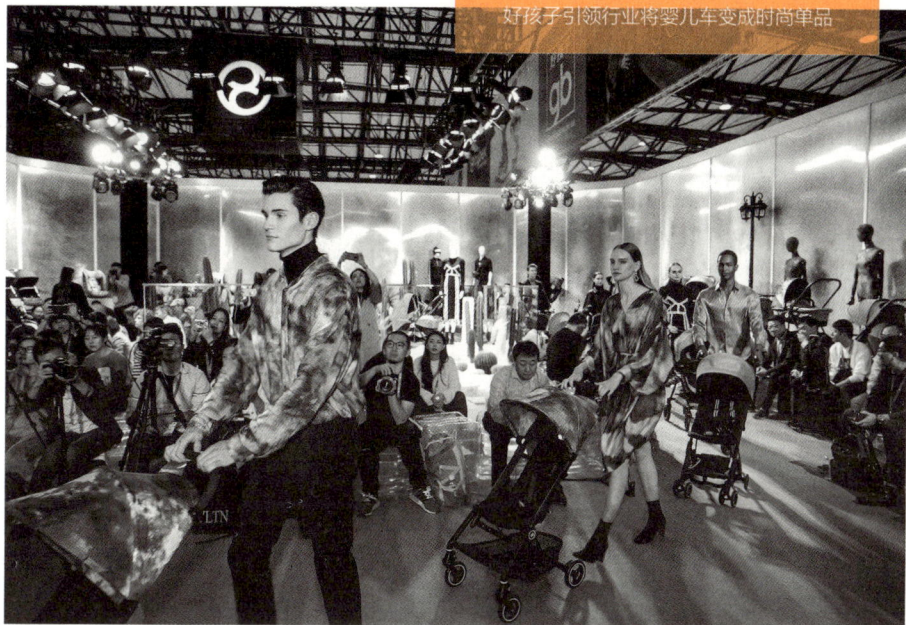

好孩子引领行业将婴儿车变成时尚单品

好孩子的自主品牌矩阵由gb好孩子、CYBEX、Evenflo等战略性品牌和hd小龙哈彼、CBX、Urbini等策略性品牌组成。

战略性品牌中，gb好孩子定位中端，以全品类为经营战略，产品销售以中国市场为主，欧美市场为辅；CYBEX定位中高端，主要产品是婴儿车和儿童汽车安全座椅，产品销售以欧洲市场为主，中美市场为辅；Evenflo定位中低端，主要产品是儿童汽车安全座椅和儿童安全防护门，产品销售大多集中在美国市场。借助不同定位的品牌，好孩子实现了对不同档次市场的全方位覆盖。

同时，好孩子还会对同一品牌的产品划分不同的市场职能类型。比如它将产品划分为铂金线、金线、银线、铜线等系列，位于产品序列顶端的是铂金线产品，这类产品的市场职能是塑造品牌高端形象；金线产品的市场职能是创造更多的利润；银线产品的市场职能是确保销售业绩；而位于基底层的铜线产品则是流量担当，借助实惠亲民的价格吸引更多的消费流量，把控更多市场份额。

而好孩子的多元化战略不但体现在品牌多元化上，还体现在市场布局的多元化上。借助多层次和多元化的品牌布局，好孩子以不同定位的产品满足了消费者的多样化需求。

如今，好孩子在中国、德国、美国建立三大母婴市场，通过多品牌、全品类、全渠道的经营平台，将产品销往全球78个国家和地区，其中好孩子婴儿车在中国、美国及欧洲已经分别连续27年、21年、14年保持销量领先。

打造母婴整合营销完整生态链，以服务迎合消费者更多的需求

现在，进入全新发展阶段的好孩子正全面朝"全球化、粉丝级、生态型、整合者"的目标迈进。为此，好孩子在国内市场实施BOOM战略。即以消费者为中心，以用户关系为王，与消费者建立关系之后通过O2O消费产品，由此在消费者心中建立品牌。好孩子通过BOOM战略的实施，打造以用户为中心的母婴生态链，以更加完善的服务迎合消费者更多的需求。在渠道方面，好孩子利用线上线下充分融合，深耕O2O领域。借助线下渠道使用户产生了更大的黏性，利用线上渠道吸引更多关注。

好孩子从2010年开始就与天猫、京东和当当等优势电商平台合作，通过开设直营旗舰店、专卖店、专营店以及经销商授权网店等形式实现了对线上渠道的规划和布局。同时，在线下渠道，好孩子与60多个全球知名品牌合作，通过建立超过2000家品牌自营销售终端以及好孩子、mothercare、好孩子星站等多种零售模式，对市场形成了覆盖。好孩子还在移动端推出了"妈妈好"APP、微信小程序好孩子云店等，对线上渠道和线下渠道的消费者进行了整合一体化管理，有效打通了原有渠道的相关资源。

在处理线上和线下渠道的关系上，好孩子采取了同款同价同活动，线上线下利益共享的"网格化的渠道管理"模式。以庞大的线下实体店为基础，好孩子的线上渠道和移动端销售能够与线下实体店实现完美的结合，而实体店也可以提供更好地服务，让产品与消费者形成牢固的联接。

　　以好孩子的大本营之一杭州市场为例，在好孩子的"网格化的渠道管理"模式下，杭州市区被划分为一个网格，处于网格中的消费者无论是通过哪种渠道购买好孩子的产品，都可以享受同款同价同优惠。而订单所产生的利润将按照不同渠道在这笔订单中所产生的作用和提供的服务内容进行分配。这样，所有的渠道之间将不再是竞争关系而变为协同关系。

　　好孩子正在以此打造一条以用户为中心的母婴生态链，在这条生态链上的渠道各方要"以用户为中心"。在这一生态链体系下，好孩子的门店由原来的坐商变为行商，服务人员不再属于某个门店，而是属于某个区域，并且时刻在维护消费者关系。而好孩子也不再仅仅是销售母婴用品的销售商，而进化为销售全套育儿方案的服务商。每一笔销售都是在创造一段用户关系，好孩子得以通过一个用户，渗透到一个朋友圈。通过建立关系、创造体验、赢得口碑，把用户拉入到好孩子研发、制造、流通、服务甚至传播中来。

　　同时，在营销方面，好孩子也配合生态链的打造，进行了跨界传播。比如和《妈妈是超人》、《崔神驾到》等节目合作，通过跨界资源的整合，从产品经营、品牌经营、渠道经营向用户及用户关系经营转变。让用户在产品

好孩子正在从产品品牌向生活方式品牌转变

和服务之外享受到品牌提供的附加值，从而与好孩子品牌建立一种良好的互动关系。

借助在产品研发、工业设计、供应链管理等资源领域的优势，好孩子通过一系列的整合营销，全渠道、全方位以用户为核心创造价值，加强社交化、场景化、年轻化、女性化的沟通，构建一个从产品到服务内容的母婴生态链。而好孩子对母婴完整生态链方面的探索和成就，不仅驱动整个母婴产业生态进行变革升级，更是以新思路开启了母婴行业发展的新未来，树立了母婴行业的标杆。

— 【结语】—

回首30年发展，"已入而立"的好孩子从一个不谙世事的幼儿，逐渐成长为风华正茂的青年，完成了从濒临破产的校办工厂到全球领先的母婴用品公司的完美蜕变，走出了一条自主品牌的崛起之路。

站在新的起点上，未来的好孩子该何去何从，如何扩大好孩子品牌在全球范围内的影响力，如何构建全球孕婴童生态圈，是好孩子接下来要面临的最大挑战。

一直以来敢为天下先的好孩子这一次将会带给我们什么样的奇迹，让我们拭目以待！

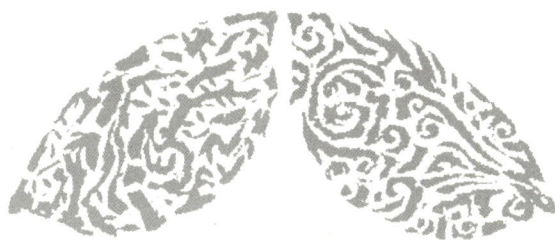

三一重工：

从乡村走出的"中国名片"

　　三一集团的发展历程宛如一部浓缩的中国民营制造企业的奋斗史、创新史，这个从中国乡村走出来的民营企业已发展成为向世界证明"中国制造"力量的中国名片。今日之三一，经过行业的深度调整，已然进入了发展新常态，三一集团将用数字化思维打造新的模式和生态，以超出市场预期的优秀业绩，继续引领行业发展。

—【事件】—

2019年10月在北京举办的第18届国际消防展上，三一集团以参展面积1866平方米、参展设备数量12款，成为本届展会最大参展商。

此次国际消防展，三一集团的展品有消防灭火及救援系列、无人作战平台系列、水域救援系列、智慧机场及无人机系列、智慧管理云平台五大系列共12款产品，其中包括国六全新一代大跨度举高喷射消防车、62米大跨度举高喷射消防车、41米重型粉剂举高喷射消防车、强力破拆举高喷射消防车等11款新品。不少产品系行业首创，本次消防展为它们的首次亮相。

有别于上一届展会的单点突破、单机智能，三一集团本届参展的新品更加趋于集群化、智能化、无人化。所有设备可智能网联，大大提高作业效率和安全性能，如高喷车和供水车之间能自动识别并无线连接，前车需要多少水、多大流量、多少转速，后车自动匹配。

综合来看，三一推出的消防设备科技含量高、作业效果好、安全性高，能够做到直面事故现场、直击行业痛点，为目前的事故应急救援提供解决新思路。

在展会现场，三一集团先后与湖南大学、中南大学、中船重工705所等高校与机构就应急救援装备研究签署了战略合作协议，致力打造应急救援行动的钢铁战队。

—【三一集团的发展历程】—

1983年，从中南大学材料专业毕业的梁稳根分配到了湖南涟源的一家军工企业。在这里，他与大学毕业一同分配到工厂的唐修国，并结识了毛中吾、袁金华等一批年轻的大学生。

1986年，四人辞职，以借来的6万元作为本钱，成立了涟源茅塘焊接材料厂。随后几年，涟源茅塘焊料厂成长为娄底地区最大的民营企业，产值过亿。

1990年，涟源茅塘焊接材料厂更名为涟源市焊接材料总厂。1991年，涟源茅塘焊接材料厂更名为湖南省三一集团有限公司。

1994年，梁稳根与向文波等人经过市场调研，决定实施"进入中心城市（长沙）、进入大行业（装备制造业）"的"双进"战略，三一集团的前身湖南三一重工业集团有限公司正式在长沙成立，并由材料工业最终进入国家支柱性产业——工程机械制造业，开始施展"创建一流企业，造就一流人才，做出一流贡献"的梦想。三一集团第一台大排量、高压力混凝土拖泵研制成功，此后全面替代进口。

1995年，湖南三一重工业集团有限公司更名为三一重工业集团有限公司。

1998年，三一集团成功研制出37米泵车，中国终于有了自己的长臂泵车。

2000年，三一重工有限责任公司重组成立三一重工股份有限公司。同年，公司混凝土输送泵、泵车实现了中国市场份额第一的目标。三一集团全液压平地机下线，属世界首创，代表了平地机未来发展方向。

2002年，三一重工有限责任公司更名为三一集团有限公司，三一集团开始尝试国际化路线。

2003年7月，三一重工A股上市。三一集团黑色路面成套机械全面进入市场，开创了中国路面施工的新工艺。

2004年，三级配混凝土输送泵在三一集团研制成功，并应用于三峡工程，成功破解了三级配混凝土不能泵送的世界难题。三一集团自行研制出中国最大的60吨水平定向钻。

2005年，三一重工股权分置改革试点成功，为中国股改成功打响第一枪，并被载入资本市场发展史册。拥有四个"中国独创"的三一集团路面铣刨机问世。

2005年6月10日，三一重工股权分置改革临时股东大会在长沙召开

2006年，三一集团"混凝土泵送关键技术研究开发与应用"项目摘取国家科技进步二等奖，成为中国工程机械行业首家获此殊荣的企业。三一集团落子印度，在印度投建首个海外产业园，三一集团在全球多个国家的布局由此陆续展开。

2007年，三一集团微泡沥青水泥砂浆车亮相京津高铁，结束了中国高铁施工中沥青砂浆灌注使用外国设备的历史，打破了德国博格公司独家拥有该项技术的格局。三一集团自主研制的66米臂架泵车成功下线，刷新世界纪录，标志着中国混凝土泵送技术由世界的跟随者成为领跑者。亚洲最大吨位全液压旋挖钻机在北京三一重机下线。亚洲首台1000吨履带起重机在三一集团研制成功。三一集团进军美国，投建第二个海外研发和制造基地。

2009年，三一集团推出72米臂架泵车，再次刷新吉尼斯世界纪录。三一重机自主研发出中国第一台混合动力挖掘机，比传统挖掘机节能30%以上、作业效率提高25%以上。三一集团在德国投建第三个海外研发和制造基地。同年，公司混凝土机械年销售收入超越德国普茨迈斯特，成为全球第一。11月，三一重装国际控股有限公司（三一国际）在香港上市。12月，三一重工与印度桑微公司举行项目签约仪式，签订了56台履带起重机、共计4.4亿元的销售合同。这是三一集团史上最大金额的单笔出口，也是全球最大的吊装设备销售合同，创下了金融危机以来工程机械行业出口的新高。

2010年，三一集团研制出中国最大的1000吨级汽车起重机。三一集团踏足巴西，投建第四个海外研发和制造基地。同年，三一正式提出将"国际化"视为"第三次创业"。同年，三一集团履带起重机参与举世瞩目的智利矿难救援，赢得全球赞誉。

2010年，三一集团的SCC4000型履带起重机参与智利矿难救援

2011年，三一集团"工程机械技术创新平台"获国家科技进步二等奖。三一集团自主研制的86米泵车下线，第三次刷新世界最长臂架泵车世界纪录。三一集团3600吨级履带起重机研制成功，被誉为"全球第一吊"。三一挖掘机销量超越所有外资品牌，首次获得中国市场第一。同年，三一集团以215.84亿美元市值荣登英国《金融时报》全球市值500强。同年，三一集团安排62米泵车千里驰援福岛核危机，被赞为"中国制造"的一张名片。

2012年，三一集团推出"中德混血科技"的长子——C8混凝土泵车。三一集团收购"全球混凝土机械第一品牌"德国普茨迈斯特，全球新领导者正式诞生。完成对德国普茨迈斯特的收购，标志着三一集团国际化进程又走出坚实的一步。随后，三一集团控股子公司普茨迈斯特出资810万欧元收购欧洲第三大混凝土搅拌车以及特种搅拌设备生产商Intermix Gmbh公司。同年，三一集团与随车起重机巨头奥地利帕尔菲格签约成立合资公司。11月，三一集团职能总部全部迁往北京市昌平区，长沙基地仅保留泵送事业部。

2012年，三一重工收购世界混凝土机械第一品牌——德国普茨迈斯特

　　2013年，三一集团"混凝土泵车超长臂架技术及应用"荣获2012年度国家技术发明奖二等奖。三一集团正式推出A8砂浆大师，引爆砂浆革命，并带领砂浆施工迈入机械化时代。三一集团正式推出V8混凝土成套设备，瞄准三四级市场。三一集团海外销售收入实现108亿元，国际化进入全面盈利时代。同年，三一经营管理入选哈佛案例，全球影响力不断扩大。

　　2014年，三一集团自主研发的LNG搅拌车正式上市。三一集团旗下三一起重机公司与奥地利帕尔菲格公司实现交叉持股，国际化进程再进一步。同年，三一集团在上海中心大厦实现620米的混凝土输送，打破普茨迈斯特在世界第一高楼迪拜塔创造的606米世界纪录，"世界泵王"实至名归。

　　2015年1月，三一集团"高速重载工程机械大流量液压系统核心部件"荣获2014年度国家科技发明奖二等奖，成为本年度唯一获此奖项的工程机械企业。7月，入选国家智能制造首批试点示范项目，全国共有46个项目入围，三一集团成为工程机械行业首批入选企业。9月，三一集团与中国人民解放军国防科学技术大学机电工程与自动化学院签订《联合研制"无人装备"战略合作协议》，三一集团介入"无人装备"领域。三一超高压拖式地泵再次创造了商品混凝土单泵垂直泵送新的吉尼斯世界纪录，泵送高度达621米。11月，三一集团与中国航天科工集团达成战略合作伙伴关系，双方共同在浮空器等产品的研制生产、市场拓展等方面开展深入合作。12月，中国国家主席习近平与非洲各国政要出席中非装备制造业展开幕式。习近平在南非总统的陪同下参观了三一集团、中地海外、中国电建的联合展台，并向非洲各国政要推介三一风电。

　　2016年2月，三一军工正式取得《武器装备科研生产许可证》。5月，三一挖掘机全球销量突破十万台，连续六年排名第一。7月，三一集团与保利科技、中天引控共同合资成立公司。同时，公司还与航天科工、湖南兵器等单位形成了战略合作。11月，三一携轻突车、车载式系留艇、轻型无人作战平台"沙漠苍狼"和"战狼"亮相第十一届中国国际航空航天博览会，受到多方关注。12月，由三一集团、汉森制药等10家民营企业共同发起设立的湖南三湘银行正式营业，是中部首家、全国第八家民营银行，也是国内首家定位产融结合的民营银行。梁稳根带队先后对南非、印度、印尼三国进行访问，在"一带一路"倡议下，深度布局海外重点市场。

2017年3月，三一集团以"Now it is time for Sany"为主题，亮相美国拉斯维加斯国际工程机械及传动机械博览会。湖南三一工学院股份有限公司（证券简称"三一学院"）正式挂牌新三板，三一集团旗下再添上市公司。5月，由三一军工自主研制的首台系留艇锚泊车成功交付中国航天科工集团某基地，这也是三一集团首台军品实现交付。三一重机SR420成功破解桥梁基础工程泥质沙土等施工难题，创造中国旋挖施工最深记录，成功填补国产旋挖钻设备在超大、超深桩基础施工领域空白。6月，金融数据分析权威机构Wind资讯发布了最新的"中国上市企业市值500强"榜单。三一集团以634亿元市值排名榜单第152位，雄居中国工程机械行业之首。三一集团公布2016年业绩实现国际销售收入92.86亿元，领跑行业。海外各大区域经营质量持续提升，印度、欧洲、南非、中东等区域实现快速增长。

2018年5月，国内首款互联网商用车三一重卡面市，这是三一传统产业数字化转型的示范项目。截至2018年底，三一重卡通过互联网累计销售6000余台，仅半年时间便跻身全国重卡月度销售前六。三一挖掘机市场占有率连续8年稳居行业第一。三一海外销售超过150亿元，创造历史最好销售业绩。11月，三一集团携68款全系产品亮相上海宝马展成为本次展会最大展商，实现销售超40亿元，创造历史纪录。三一集团2018年营业收入达558亿元，同比增长45.61%。

> 2019年，三一集团通过数字化、国际化转型，创下了历史最佳业绩，实现了更高质量的发展。装备板块2019年终端销售额正式突破1000亿元，成为国内首家"破千亿"的工程机械企业。三一重工销售收入、利润居行业全球第三。预计人均产值将达到500万/年，迈入世界一流行列。市值近1400亿元，远超行业第二、三位之和。在国际化方面，近三年来，三一的海外复合增长率达20％，且每年利润增长都在30％以上，销售额连续6年过百亿，已在近20个主要国家的出口份额做到了第一，出口规模、增速稳居行业首位。《日本经济新闻》报道，中国三一重工跻身世界工程机械三强。获评《财富》（中文版）"2019年最受赞赏中国公司"第二位等殊荣。

—【三一集团的转折点】—

　　三一集团的转折点是伴随着其掌舵者的三次创业而形成的，第一个转折点准确地说应该称其为源点，因为1986年的这次创业，诞生了三一集团的前身，也由此为后来的发展奠定了物质基础。第二次转折发生在1994年，"双进战略"的实施让三一集团进入了广阔的发展空间。而第三次转折则发生在2012年三一集团推进国际化战略的时候，这一次三一的天地扩展至更为广阔的全球市场。

初次创业，以105铜基焊料赚得第一桶金

　　1983年，正值中国第二轮改革的发轫期，各种思潮涌动，大学毕业的梁稳根怀抱着一腔热忱，被分配到了七星街镇的国营企业洪源机械厂，拥有了被众人羡慕的"铁饭碗"。

　　然而，工厂内循规蹈矩、过于安稳的现实情况让心怀大志的梁稳根难以实现自己"产业报国"的宏图大志，他和几个志同道合的伙伴毅然辞职，开

始了艰辛的创业之路。这一敢于丢掉"铁饭碗"的事件在当地成为轰动一时的新闻，众人对他们的行为大多报以不理解和不看好的态度。

在正式成立焊接材料厂之前，他们尝试了很多行业，贩过羊、做过酒，还造过玻璃纤维，但是多次尝试均以失败告终。直到1986年，经过考察，他们发现焊接材料在市场上供不应求，而创业四人组中的三人所学专业恰好是材料学，焊接材料恰好是他们所擅长的领域。于是，从亲朋好友处借来6万元作为成本，四人成立了涟源茅塘焊接材料厂，开始了真正的创业之路，也由此开启了他们真正意义上的产业报国之路。

通过100多次的配方调整，几十次改变工艺的不断努力，他们的第一个产品问世了。梁稳根把这种被称为105铜基焊料寄给辽宁一个工厂，没想到因为质量不过关遭到了退货。面对挫折，梁稳根没有气馁，而是返回母校，请来恩师翟登科教授进行技术指导，最终提升了产品的品质，并收到了8000元货款，这成为他们赚得的第一桶金。1989年，焊接厂收入突破1000万元。

看到了技术的重要性，自此，在梁稳根的带领下，工厂对技术革新与升级一直十分重视，经过几年努力，涟源茅塘焊料厂成为娄底地区最大的民营企业，产值过亿。

但是这些并没有让梁稳根觉得满足，他依然感觉这与他"产业报国"的梦想相去甚远，于是，就有了第二次创业。

"双进战略"指引下的产业报国

为了实现"产业报国"的梦想，梁稳根放下规模已达1个多亿的工厂，和向文波一起开始了耗时1年多之久的市场调研。他们拜访了几十位专家，举办了五次专家论证会，召开了十多次董事会，前前后后共花费了1年多的时间，终于找到了制约公司发展的两个根本原因。其中的第一个原因是目前公司所处的行业市场前景太狭小，未来发展空间不大。第二个原因是公司所处的涟源市地域过于偏僻，不利于未来的扩大和发展。

行业和地域的限制对于"要创造一个世界级企业"的计划无疑是极大的

限制，也无法实现其"创建一流企业，培养一流人才，做出一流贡献"的目标。同时，他们也发现，国家对基础建设的巨大投入势必带来无限商机，而与之相关联的支柱性产业——基建装备制造业，发展前景良好。

于是，梁稳根果断制定了"双进战略"，即将总部迁至湖南省会长沙，成立了三一集团，将涟源的材料基地改造为"三一材料集团有限公司"，并将公司的业务转移到重工制造领域这个以往只有国有企业才敢做的行业。

为了适应市场，同时抵御行业的竞争，三一集团一边将行业里的著名专家请到公司任职或担任顾问，提升企业的"内功"，一边积极地向海外企业学习在资金、技术、人才、企业运作和管理模式方面的长处。

同时，在产品方面，三一集团将目标对准了混凝土输送泵等工程建筑机械产品。不懈的努力终于换来了丰硕的成果，三一集团的输送泵产品改变了中国混凝土输送泵市场被海外企业占据95%以上份额的状况，让"中国造"被更多的人认知和认可，同时，也创造了一个个让世界惊讶的成绩。

1998年，在深圳的赛格广场，三一拖泵创造了钢框结构建筑垂直泵送混凝土300.8米的世界纪录，赢得了"中国泵王"的美誉。2002年，三一混凝土泵在香港国际金融大楼的施工过程中，成功将混凝土送上了406米的施工面，创造了新的世界纪录，这个成绩比原本有由国外知名品牌创造的308米的旧纪录提高了近100米。2003年，三一新一代三级配混凝土输送泵在三峡三期工程施工现场试打成功，使输送三级配混凝土成为现实，填补了国内外工程机械领域的又一项空白。此后，在众多国内外大型工程中都可以看到三一集团的产品，凭借着卓越的产品质量，三一集团一次又一次的缔造和改写了行业的纪录，创造了众多令人叹为观止的"奇迹"。

三一以令世人瞩目的成绩，成为中国工程机械行业的标志性企业，也加剧了中国机械制造业的变革。

深耕国际化与本土化，实现中国企业的华丽逆袭

2002年，三一集团成功将第一批设备卖入摩洛哥市场，自此开始，三一

集团开启了国际化的探索，但当时的尝试还处于初级阶段，出口在整体销售中只占5%左右。

而一个土生土长的中国企业进入到国际市场，其所要面对的艰辛和困难也是不可避免的。而立志成为全球性企业的三一集团，必须要踏上国际化的征程，如果市场过分集中，抵御风险的能力就不够，三一集团要想成为世界品牌，就必须国际化。

三一集团的国际化进程不但受到了时间和空间的挑战，要面对本土化的挑战，还要应对国际市场上的行业歧视和思维定式。"要想实现国际化，必须要实现企业的本土化，这是首先需要考虑的"，为此，三一集团对每一个海外市场都会深入了解，根据市场特点和需求配置相应的产品。

比如在2006年开拓非洲市场的时候，三一集团就先对经济发达的南非市场进行了深入了解。南非市场当时极为推崇欧美和日韩的工程机械产品，对于来自中国且国际知名度不高的三一集团并不信任。而三一集团的团队在充分了解南非当地工矿质地和施工条件后，配置了充分适应当地工矿质地偏硬、施工气温较高等特点的产品，并配备了特殊工作装置，确保较高的回转速度，提高冷却装置的功率。结合产品，三一集团还在报价、售后和培训等全套内容上下足了功夫，最终打动了南非当地最大工程公司，获得了第一笔400万美元的订单，撬开了市场。之后三年，三一集团逐步在南非市场站稳了脚跟。进入南非市场十年后，三一集团跻身南非市场前三，起重机的市场占有率排名第二位，港口机械的市场占有率高居榜首。

除了南非市场，在美国市场和印度市场，三一集团将"国际化与本土化"的理念发挥得淋漓尽致。经过一系列本地化策略后，三一集团在印度汽车吊市场的占有率高达70%，履带吊的市场占有率达到了40%，稳居第一。此外，三一集团的挖掘机、平地机、旋挖钻等设备在印度也有良好的市场表现。

到了2011年，三一重工市值达到了1500亿元，已成为全球第五大工程机械制造商，在英国《金融时报》发布的全球500强排行榜单中，三一重工以

215.84亿美元的市值位列第431位。

而在2012年以26亿元的价格收购最大竞争对手德国普茨迈斯特公司的举动则被看作是中国企业对海外知名企业的华丽逆袭，这次并购让三一集团在获得德国的先进技术之外，也在国际市场上有效提升了品牌知名度和美誉度，更极大地提升了自身的市场占有率。随后，三一集团又与随车起重机巨头奥地利帕尔菲格签约成立了合资公司。

凭借卓越的产品质量和优秀的售后服务，产品在性价比上的绝对优势，以及系统、规范的市场营销和服务体系，三一集团迅速抢滩国际市场，产品出口到南美、东欧、非洲、东南亚、南亚、中东等地区，并在美国、德国、印度、巴西建立生产基地，在全球多个国家设立销售大区。三一集团也由此树立了中国民族工业良好的品牌形象，为中国工程机械赢得了国际声誉。

—【三一集团的与众不同】—

搞研发最卖力的工程机械巨头，让中国企业摆脱了"技术恐惧"和"路径依赖"

"一切源于创新"，基于这个理念，在研发的投入上，三一集团一直不遗余力，对追求行业最前沿技术，生产最先进的机械产品有着近乎执拗的执着。曾经有研究公司对国内的164家机械类上市企业进行了相关统计，其中在研发投入一项上，三一集团高居榜首。即便是整个行业发展较为艰难的那几年，三一集团的研发投入占比也超过了年销售额的5%。

三一集团对技术的追求从其诞生之初就深深印刻在基因里。在创业之初，因为产品质量被退货的遭遇让三一集团对技术产生了极致追求的渴望。在越挫越勇的际遇下，三一集团秉承着"没有技术就学技术，没有资源就找资源"的信念，只用了3年时间，就从一家小小的焊接厂发展成为规模上千万的集团公司。

　　进入90年代中后期，随着国内基础工程建设大规模展开，对工程机械的需求也如井喷般快速增长，三一集团抓住机遇，顺势而起，开始大量吸纳人才，并把精力全部投入到产品研发当中。而快速发展的三一集团也让海外竞争者意识到了威胁，一些西方国家开始限制核心材料对中国的出口，面对"断粮"的困境，三一集团的研发团队经过无数次研究与实验，终于生产出了一直被认为只有外国人才能生产出的特种钢材。自此，三一集团将工程机械核心部件之一的生产工艺掌握在了自己的手中，也由此开启了技术创新的浪潮，一系列被国外垄断的核心技术被相继攻克，三一集团再一次走上了发展的快车道。伴随着一系列打破中国市场格局的重量级产品相继问世，比如"72米世界最长臂架泵车""亚洲最大吨位的SCC10000履带起重机""效率比行业平均水平提升50%以上的401强夯机""国内铣刨深度和宽度之最的SCM2200铣刨机""国内最大吨位的SY2000C挖掘机"，三一集团一次次刷新了人们对三一品牌的认知。

　　凭借着超强的技术创新，三一集团拥有了大量的专利技术，无论是专利申请总量、专利授权总量还是发明专利数量在国内同业者中都是当之无愧的第一，并且三一集团的专利申请量还在以每年提高30%的速度递增。

　　看到了创新的良好成果，三一集团对研发越发重视，每年都会将销售收入的百分之五以上用于产品研发，即便是在发展最困难的五年里，三一集团的研发投入也始终居于行业高位。三一集团不仅将创新视为发展的理念，更是形成了一整套创新的模式，它借助在海外建立的众多基地，利用欧美优势平台进行研发，并且在研发费用上不封顶。

　　而三一集团的投入也确实让世界认可了"中国制造"。2011年，日本福岛因为地震，导致核电站发生爆炸和泄露。日本急需臂长超过60米可遥控的大型泵送设备，通过持续注水来冷却核反应堆。然而日本的同行企业无法生产满足需要的长臂架泵车，日本政府只能通过外交渠道向全球求援。接到救援请求后，三一集团第一时间调配了62米长臂泵车发往日本。

而在实施救援的过程中，由于方案变动，现场急需可跨越障碍，并将水注入核反应堆塔顶上方的长臂消防车。三一集团研发团队临危受命，将62米长臂泵车改装为注水消防车，出色的完成了救援任务。而三一泵随着此次国际亮相，再一次让世界刮目相看，也让中国制造扬眉吐气的站在世界舞台之上。

凭借智能制造引领产业蝶变

随着工业4.0概念的兴起，越来越多的人开始认识到智能制造、大数据和物联网这几个名词。然而，在别人还只是停留在谈论和观望阶段的时候，棋高一招的三一集团早已走出了单纯的"人海战术"和以量取胜的窠臼，凭借在智能制造领域的突出成果，借助布局多年的"物联网"，以及陆续成立的树根互联、智能研究总院等，推动了互联网、大数据、人工智能和实体经济的深度融合。

三一集团在智能制造领域的布局主要可分为四大部分，分别是智能制造、智能装备、智能运营和智能服务。

在智能制造方面，必须要提及三一布局多年的"物联网"板块。三一集团的18个国内产业园、60多个车间、8200多台机器以及十几万种物料全部实现了在线物联。此外，三一集团还通过三现数据集控，柔性生产岛等新生产方式，规划建设六大"灯塔工厂"。在三一集团所拥有的全亚洲最大、最先进的三一18号智能化制造车间内，大部分的工作岗位不再是人，而是精准度和效率性更强的机器人。

在智能装备生产方面，三一集团依托强大的研发能力和制造能力，相继推出了全球首台5G遥控挖掘机、无人起重机、无人压路机、无人搅拌车等智能化设备，其中5G遥控挖掘机已在国内部分省市地区投入实用，为全球工程机械行业贡献了第一个5G应用落地的实例，也引领行业进入了智能时代。

在智能设备上，三一集团还实行了数据化智能管理，在产品上嵌入自主研制的SYMC三一运动控制器，设备的工况、位置、设备状态等数据都会通过这个"黑匣子"传回，通过对海量设备的工况等状态进行数据分析，用以指导服务提升、研发创新以及市场销售等环节。三一集团也由此打造了业内著名的三一"挖掘机指数"，在实现智能服务同时，为中国宏观经济发展走势提供判断依据。

除此之外，三一集团将智能化广泛运用于营销服务、制造商务、研发创新三大核心业务流程，以及人力资源、财务二大支撑流程全面信息化。搭建了互联网营销、智能供应链、智能设计等体系，实现了智能运营和业务在线。

除了积极创造与升级智能产品和智能服务，三一在"柔性生产、综合平台、延伸服务"等领域进一步加强了科技成果转化，紧抓智能制造的核心内涵，在"理念落地"与"实际效益"方面占据先机。

三一集团通过在智能制造领域的频频发力，不但加快了自身转型升级的步伐，致力成为"全球智能制造的先驱"，也引领了整个产业的提升和蝶变。

靠服务打造核心竞争能力，实现了客户价值的超越

除了研发，独特的服务文化理念为三一集团打造了与众不同的核心竞争力。可以说，将"服务"作为企业核心竞争力，放置于和研发同等重要地位的战略选择，不仅开创了中国工程机械制造业的先河，也奠定了三一集团在中国工程机械行业不可替代的领军地位。

在上世纪90年代，中国的工程机械市场还处于海外品牌占据绝大多数市场份额的状态，竞争极为不均衡，面对掌控着极大话语权的海外品牌，中国的客户在产品的选择上尚且没有什么自由度，更无法要求获得更加完善的服务了。那时候谁能够想到，那些只能在其他行业实行的"终身免费服务""保姆式服务""管家式服务"等服务概念有一天也能在工程机械行业实现。

而一直秉承着"做人是根本，创新是关键，一切为客户"的经营理念和"超越客户期望、超越行业标准"服务目标的三一集团再一次挺身而出，率先在1996年提出"终身免费服务"的理念，此后，三一集团一直大力拓展服务的内涵和外延。

1998年，三一集团在业内首家开通24小时免费服务电话。2005年，率先在行业内启动4008呼叫服务指挥中心，实现智能化派工，并推出了管家式服务，实现对客户的主动关怀。2006年，首创了ECC企业监控中心，同时，在业内首次引入"6S"中心概念，建成第一家"6S"中心，提供"专业化、高标准、一站式的永久服务，开启了行业"一站式"服务的先河。

同时，通过优质快速的售后服务打消了客户采购的后顾之忧，有效提升了客户体验。比如三一集团董事长梁稳根要求服务人员"用偏执的态度，穷尽一切手段，将服务做到无以复加的地步。"三一集团的服务工程师在接到客户电话后必须2小时内到达现场，必须在1天内为客户解决一般故障，常用配件要保证1天内准时到货。为了确保设备的正常使用，坐飞机送配件、拆新机优先保障客户设备的正常运转等情况对于三一集团的服务人员来说，更是屡见不鲜。

这些服务举措不但引发了业界震动和客户关注，也让三一集团一举占据了服务领域的制高点，更帮助三一集团实现了由传统服务向现代服务的转变。

三一集团的创新服务举措引发了行业内的模仿与学习风潮，而在服务领域遥遥领先的三一集团不畏惧模仿，以更新、更完善的服务继续保持在服务领域的领先位置。

2011年，三一集团服务再升级，推出了"一生无忧"量化式服务，对包括服务速度、服务质量在内的众多服务内容进行了量化式管理，以显而易见的量化式数字，比如多少分钟内回应、多少小时内完成等等，让消费者对三一的服务内容有了更清晰的认知。同时，三一集团也对客户赔偿的方式和金额给出了明确的承诺。

近年来，三一集团的服务更是从最初的服务人员蹲守型的保姆式服务、金牌管家服务跨越到了专业化的一站式服务、专家型服务，不断颠覆着行业的标准，也极大超出了客户的期望，创造了更高的客户价值。随着三一集团服务方式和服务内容的不断推陈出新，三一集团在成为行业当之无愧的服务标杆的同时，也引领行业的发展方向，助推中国工程机械行业实现跨越式发展。

—【三一集团的品牌经营策略】—

采用缝隙市场生存模式，实现了市场突破

缝隙市场是指向那些被市场中的统治者和具有绝对优势的企业忽略的某些细分市场。而缝隙市场生存模式则是指企业选定一个很小的产品或服务领域，集中力量进入并成为领先者，从当地市场到全国再到全球，逐渐形成持久的竞争优势。

而三一集团就是采用了缝隙市场的生存模式，从替代进口中进化，抢出市场。

在创业之初，面对着外有卡特彼勒、施维茵、小松等占据90%市场份额的外资巨头，内有徐工集团、柳工、厦工等占有市场一席之地的大型国企的局面，三一集团这个从乡村走出来的的民营企业开始了从零崛起的艰辛历程。

在三一集团初涉工程机械领域的时候，行业的发展路径无外乎两种，一种是引进——消化——吸收的形式，就是斥巨资引进跨国公司和国内企业的技术，结合自身技术，进行再创新。另一种是与国外企业合资，以市场换技术的形式。但是这两种途径都有一个无法解决的关键性问题，就是无法解决关键性的核心技术问题，所以这也成为了掣肘中国企业发展很多年的一个难题。

而三一集团在充分考量了两种模式后，认为现有的模式都不适合。如果采取第一种技术购买模式，彼时的三一集团不具备如此雄厚的资金实力，并且欧美行业巨头对输出技术设置了壁垒，不会将核心技术输出给中国企业。而如果采取第二种合资模式，以三一集团当时的"身量"还难以入海外巨头

的"法眼"。

通过对市场进行调研，三一集团发现，当时的工程机械市场，由价高质优的国外产品把持绝大部分高端市场，而价格低、质量一般，缺乏核心技术的国内产品分食低端市场。二者之间存在着一个品质好、拥有核心技术、价格适中的缝隙市场。这个缝隙市场留给了三一集团一个发展的空间。

当时的中国企业对海外企业有着严重的"技术恐惧症"和"路径依赖"，他们认为国外品牌是不可逾越的，中国企业无法超越海外企业的核心技术，所以他们宁肯沿着"引进——消化——吸收——再创新"的传统轨迹周而复始，也没有胆量进行突破。

而从零开始的三一集团大胆地采取了第三种模式，自主研发，以此实现突破。三一集团没有从国外引进关键的专利技术，而是引入了"外行"的液压专家易小刚以及其技术团队，通过"抛弃它、忘却它"的创新思想，研发出了三一集团的第一个专利产品——可以旋转90度的阀门，迈出了替代进口的第一步。也正是得益于"外行"的不墨守成规，敢于创新，敢于打破引进——消化——吸收的"路径依赖症"，使得三一集团能够放开手脚，大力开发技术壁垒高、市场竞争弱、具备高可靠的高品质产品，实现对进口产品的替代。

从2002年起，三一集团的混凝土机械市场占有率稳居国内第一，到2005年已超过50%，成为国内第一品牌，改变了原来国内市场85%的混凝土拖泵及95%的泵车依靠进口的局面。此后，三一集团实施了各个击破的技术策略，将目标指向挖掘机、履带起重机、混凝土搅拌运输车等工程机械的主流产品领域，并最终实现了各领域的逆袭，成功地从海外企业手中抢到了市场。

以灵活多变的国际化开拓策略迅速打开了海外市场的大门

从2002年首次向印度和摩洛哥出口4台平地机起，三一集团开启了它的国际化尝试。此后几年，三一集团逐步拓展海外市场。在此阶段，三一集团通过在海外不同的国家和区域建立办事处和销售子公司的方式，更便捷的与当地政府、行业协会和行业内重要的公司和客户建立了良好的合作关系。通过办事处和分公司，三一集团对当地国家的法律法规和相关政策进行了详细了解，为日后在当地的后期发展奠定了良好的基础，避免了经营风险。

2006年开始，三一集团逐渐通过海外投资的方式，进行市场拓展。先后在印度、美国、德国等地建立研发生产基地。2009年，三一集团开始实施本土化战略，以印度的工厂正式投产为标志，开启了投资——设计——生产——销售一条龙的本土化全球发展之路。

进入2011年后，在经历了全球性的金融危机后，三一集团开始重新审视国际市场和自身企业的现状，调整了国际化战略的形式和方向，通过海外并购和建立战略联盟以及建立国际经营计划总部等策略，实现了经营管理权力的下放，三一集团的国际化进程也正式进入了跨国经营的阶段。

比如三一集团并购全球混凝土机械行业第一品牌德国普茨迈斯特公司，以及欧洲第三大混凝土搅拌车生产商Intermix GmbH公司，不但可以借助这些国际知名企业的品牌、专利以及销售渠道加速自身的国际化进程，还可以为中国工业化水平的提升注入新的动力。

而与世界领先的液压升降、装载、搬运设备制造商奥地利帕尔菲格合资成立三一帕尔菲格公司，由此建立战略联盟，三一集团将在帕尔菲格技术优势和完善产品线的帮助下，迅速打开随车起重机市场缺口，提高自身的能力，并且还可以开发有价值的新战略资源，以及有效地参与市场竞争，开辟新的市场机会。

而三一集团在进行国际化开拓的进程中，也经历了从"遍地开花"到"聚焦局部"的战略转变。

2012年，三一重工收购世界混凝土机械第一品牌——普茨迈斯特，诞生了全新的行业领导者。这是三一历史上首个并购案例。

在早期的国际化开拓阶段，三一集团采取的是广撒网的模式，多少有些机会主义的色彩，随着经验的积累，三一集团逐渐意识到这种撞大运似的开拓不利于企业的长久发展，于是，三一集团开始集中精力、集中资源、集中市场实施聚焦策略。

首先是客户聚焦。在开拓海外市场的进程中，三一集团绝对不依赖低价策略来进行粗放式的竞争，以获得市场占有率，而是分析目标市场和目标客户的需求后，提出有针对性的，能够有效提升客户价值的解决方案，通过为客户提供"全价值主张"来吸引客户资源。

因为三一集团执行的是最优性价比的产品策略，其目标是为客户创造最大的价值，并保持自身的中高端品牌形象。为此，三一集团必须锁定目标客户群体，对客户群体进行深入研究后，精准锁定客户运营需求，深研施工工艺创新趋势，系统化地为客户提供最优整体解决方案。并且制定更为细致的定价细则，满足客户的多样需求，赢得了客户的青睐。

其次是市场聚焦。三一集团对海外市场实施了区域聚焦策略，集中优势资源，选择市场需求较大，建筑市场活跃的国家进行分级，按照不同级别进行分策略重点开发。比如将美国、巴西、印度、俄罗斯、南非等国家规划为第一级重点开发国家，这些市场规模大、潜力佳，三一集团在这些市场进行重点开拓，并且快速建立了一定的业务基础。而对于澳大利亚、墨西哥、肯尼亚、菲律宾、马来西亚等第二等级市场，三一集团在这些国家和地区具有较为明显的竞争优势，而此类市场的规模也相对较大，三一集团可以采取次重点开发策略。而像乌克兰等对单一品类产品需求巨大的国家和地区，三一集团采取单一产品聚焦原则进行开发，确保自身在单一品类中的领先优势。而对于日本、德国、英国、法国等潜力巨大，但三一集团目前实力和产品难以覆盖和满足的潜力市场，三一集团采取高度关注，努力发展的策略，计划在几年内以满足此类市场需求的产品实现突破。

同时，在产品配置上，三一集团也会根据不同的市场特点进行组合调配，并不是在所有海外市场都销售全系列产品，而是会根据市场需求，调配组合销售需求高的产品，以保证服务和配件资源的优化配置。

经过多年开拓，如今三一集团已在海外建有12个子公司，产品出口到150多个国家和地区，成为国际市场开拓最具代表性的中国工程机械企业。

—【结语】—

中国的工程机械制造业曾经帮助无数人实现了财富梦想，也曾经经历了相当漫长的市场调整，一时间跌落谷底。曾经的疯狂扩张和井喷式的增长让众多企业经历了短暂的绚烂之后又纷纷消亡。

三一集团历经30多年的栉风沐雨，是中国工程机械制造业转型升级、高质量发展的样本。它凭借中国工业发展史上第一款由民营企业研制的履带式液压挖掘机，打破了行业的竞争格局。成功研制出世界第一台全液压平地机、世界第一台三级配混凝土输送泵、全球最大吨位挖掘机、亚洲首台1000吨级全路面起重机、全球第一台3600吨履带起重机等一大批世界首创、世界第一的产品，不断推动"中国制造"走向世界一流。

三一集团的发展历程宛如一部浓缩的中国民营制造企业的奋斗史、创新史，这个从中国"乡村"走出来的民营企业已发展成为向世界证明"中国制造"力量的中国名片。今日之三一，经过行业的深度调整，已然进入了发展新常态，三一集团将用数字化思维打造新的模式和生态，以超出市场预期的优秀业绩，继续引领行业发展。

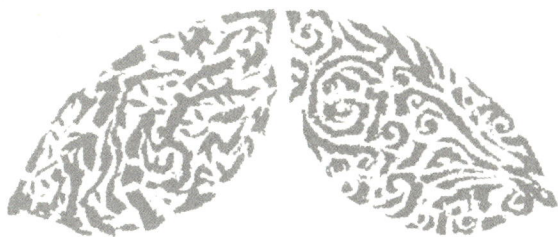

七彩云南：

植根云南，实业报国

　　一位从云南乡野走出来的企业家，带领着一个根植于云南的集团企业，打造出"七彩云南"这张耀眼的云南名片。近30年的岁月，"七彩云南"打磨出这份对家乡热土的深沉热爱，他们所迈出的每一步，在推动企业发展的同时，也引领着整个行业的变革与前行。

—【事件】—

2019年11月，2019中国国际珠宝展在中国国际展览中心拉开帷幕，展览现场，七彩云南与中国传统文化融合的设计趋势更加鲜明。作为由中国珠宝玉石首饰行业协会和国土资源部珠宝玉石首饰管理中心两大权威机构共同主办的专业性珠宝展会，中国国际珠宝展汇聚了来自23个国家和地区的专业珠宝品牌和从业人士，从不同方面展示了珠宝文化的魅力。

七彩云南作为国内翡翠行业的翘楚，携镇店之宝绝代风华、独家设计专利作品本命福佑系列、萌犬护平安系列、杨丽萍孔雀系列及众多精品珠宝参展。

"绝代风华"九颗老坑帝王绿满色玻璃种翡翠蛋面，18K金配钻工艺配以204粒总重41.58克拉完美钻石镶嵌而成，同质同色的水润莹亮，简约中尽显华贵风范，是七彩云南的镇店之宝。

七彩云南参加2019中国国际珠宝展

本命福佑系列是七彩云南历时一年多推出的独家设计系列，以八大守护佛、六字真言、故宫博物院的象牙镂雕双喜字"大吉"葫芦、上海博物馆的战国半壁双龙首式玉璜等文化元素为基础，结合七彩云南LOGO，利用双弧面立体雕刻、浅浮雕、立体雕、镂空雕的雕刻技法，创造出不同规格、适宜不同人群佩戴的白玉本命佛，目前，整套作品已取得了国家美术作品外形专利，并在去年一年销售达万件。

杨丽萍孔雀系列缘起著名艺术家杨丽萍老师与七彩云南跨界合作设计，以孔雀为设计核心，先后征集国内外上万名珠宝设计师的踊跃投稿，根据不同受众，衍生出万花筒、春满园、翠玉缘、翠香囊四个系列，而采用设计的巧思和多种宝石镶嵌的层次艺术，让孔雀系列获得了女性消费者的好评。自2013年推出后，孔雀系列成为七彩云南的经典系列产品，每年都会融入新设计元素，并推出升级产品。

为了填补行业空白，七彩云南翡翠先后与中国地质大学珠宝学院、国家珠宝首饰检测中心联合引进美国珠宝学院全套GIA设备，根据翡翠"种水色工"的四大品质特征和48项科技指标，在全球率先建立了科学规范的翡翠商业分级和定价体系，将"良心品质、良心价格"的

七彩云南翡翠孔雀系列珠宝之"雀之舞"

经营理念融入大众和市场，保障消费者权益，也让玉文化从此触手可及。

如今，与中国国际珠宝展并肩15年的北京七彩云南，在用传统文化诠释珠宝的同时，也跟随时代的脚步、世界的眼光，将更多创意融入珠宝。未来，七彩云南也将秉承传统文化为本的精神核心，致力于将美的内涵和美的设计传达给每一位消费者。

—【七彩云南的发展历程】—

1992年6月，昆明诺仕达工贸公司成立，开启实业报国的梦想征程。在全球率先创建翡翠研究中心。

1993年1月，诺仕达集团旗下开业的怡心园及在此基础上建设的南亚风情园火红滇池路，带动了昆明餐饮美食一条街的发展。深圳莱英达昆明商业大厦开业。"扶我上路，助我升华，请您关照莱英达"，诚恳的服务和优质时尚的商品，使莱英达快速成为云南四大零售商场。

1996年1月，南亚风情园开业。"一派金碧辉煌、万般南亚风情"，引领和带动着滇池路餐饮娱乐一条街的发展和兴旺，在云南人心中留下了挥之不去的依恋，怡心园菜系也成为昆明人最喜爱的云南味道。与中国地质大学珠宝学院等联合，确立翡翠的七大品质标准，制定翡翠商业分级体系和翡翠定价体系的48项分级指标，确立中国第一个翡翠商业分级体系，形成了对珠宝业界影响深远的翡翠质量管理体系。

1999年1月，昆明七彩云南实业股份有限公司开业，按照在石林建成的国家4A级旅游景区标准建设的昆明七彩云南，是融合版纳风情、南国气息于一身，集旅游观光、旅游餐饮、旅游商品为一体的高档次、综合性景区。以"明码实价、童叟无欺"的经营理念，成为"中国旅游行业的一面旗帜"。迄今已接待中外嘉宾亿万人次，是云南旅游的标杆和形象代表。

2000年12月，云南诺仕达金宝山艺术园林有限公司开业，"用历史告诉未来，用生命感动生命"，围绕"生命公园"创造性地将现代陵园建设与城市文化相融合，成为诺仕达旗下的又一个全国性品牌。

2004年，云南省商务厅授予七彩云南"云南翡翠第一家"的称号。"七彩云南"翡翠，已成为云南商品珠宝类的首选品牌。9月，北京七彩云南开业，将翡翠、滇菜、普洱茶带进首都，开创了云南企业在全国人民心中的新形象，将七彩云南的美，带向全国。诺仕达集团引滇菜入京，创办七彩云南大酒楼，先后在西城区月坛北街、东城区安贞桥开办了七彩云南餐厅，独创新派高端滇菜，成为北京餐饮业的新贵，是奥组委高度肯定的北京奥运会定点接待单位，被世界烹饪联合会、国际蘑菇协会联合评定为"中国食用菌餐饮名店"。

2005年6月，进军地产界，拍下新昆明新城核心CBD项目，被业界誉为"新城第一标"。7月，七彩云南（国际）翡翠珠宝公司成立。七彩云南翡翠珠宝产业进军国际市场，营销网络触及加拿大等欧美国家。

2006年9月，诺仕达投入巨资组建昆明七彩云南庆沣祥茶业股份有限公司，打造了一条集源头种植、科研、生产、陈化、销售和茶文化推广于一体的产业链，以及"七彩云南""庆沣祥"两大知名品牌。

2008年11月，取得"七彩云南"商标权证。

2009年1月，被誉为"新区第一店"的新南亚风情园开业，成为呈贡新区商业发展的原点。7月，时任联合国秘书长潘基文访华，第一站就来到七彩云南大酒楼感受新派滇菜。9月，诺仕达集团旗下昆明新南亚风情园商贸有限公司与豪生国际酒店集团签订了委托管理合同，委托豪生国际酒店集团对昆明南亚风情园豪生大酒店按国际五星级酒店标准进行管理。至此，昆明南亚风情园豪生大酒店开启了云南酒店行业的集团化、品牌化和国际化的道路。

2011年5月，诺仕达集团斥资建设的昆明南亚风情园豪生大酒店正式开业。昆明南亚风情园豪生大酒店是诺仕达集团与豪生国际酒店集团（Howard Johnson International）强强联手打造的云南省第一家国际品牌五星级酒店。8月，麦当劳正式在中国启动特许经营模式，诺仕达成为麦当劳在中国的第一个特许式发展商，全面接手云南省麦当劳市场。持牌经营后，云南麦当劳销售增长连续3年领跑全中国，雇员满意度调查全部满分。12月，云南省首个城市综合体"南亚风情·第壹城"开城运营。2012年4月，"七彩云南"被国家工商行政管理总局商标局评定为中国驰名商标。6月，七彩云南温德姆至尊豪廷大酒店开业，这是诺仕达集团与温德姆国际酒店集团（Wyndham）强强联手打造的云南省首家以国际白金五星级标准建设的酒店，是云南酒店行业的世界级酒店代表。云南省委、省政府做出了建设云南十大历史文化旅游项目的战略决策，"七彩云南·古滇文化旅游名城"项目位居十大项目之首。

2013年，《舌尖上的中国》第一季播出，第一集首先出场的就是七彩云南大酒楼的大厨及代表菜——烤松茸。8月，"七彩云南·古滇名城"实质性动工。

2014年4月，点亮呈贡·兑现"新"城——昆明呈贡新城发展价值高峰论坛暨七彩云南·第壹城"166联盟"签约仪式举行。

2015年11月，"七彩云南·古滇文化旅游名城"首期项目——"古滇艺海大码头"及"古滇湿地公园"面向世界开放。同月，中共中央政治局原常委、全国政协原主席贾庆林参观考察项目，评价古滇精品湿地公园为"世界一流水准的精品湿地公园"。2016年3月，"七彩云南·古滇名城"二期项目——"樱花谷""爱心广场"正式对外开放。6月，七彩云南·第壹城购物中心开城。8月，七彩云南·古滇名城建成的"幸福里"回迁安置区共计1892套回迁安置房顺利交付。

2017年3月，"七彩云南·古滇温泉山庄"建成对外运营，作为"七彩云南·古滇名城"的重要组成部分，"七彩云南·古滇温泉山庄"以古滇传奇文化、云南民俗风情文化和生态温泉旅游度假为核心内容，树立西南地区温泉旅游新标杆，打造昆明生态旅游金名片。7月，七彩云南·滇池国际养生养老度假区活力小镇开业。12月，"七彩云南·第壹城"的南区商业"166天阶"正式开业。166天阶将与"七彩云南·第壹城"北区商业形成互补，打造一个位于新昆明城市中心的全天候慢生活休闲情调商业街区。

2018年5月，七彩云南品牌受邀参与致敬改革开放40年——2018首届中国品牌发展论坛。7月，"七彩云南·欢乐世界""古滇皇冠假日酒店"同步开业。

2019年4月，七彩云南庆沣祥茶业2019全国重点经销商大会在西双版纳云投喜来登酒店拉开帷幕。8月，以"盛世同庆，品牌强国"为主题的"中国品牌档案·七彩云南纪录片首映礼"在北京国家会议中心举行。10月，在第十五届中国茶叶经济年会暨2019中国英德红茶文化节上，七彩云南庆沣祥茶业先后斩获"2019中国茶业最受消费者认可品牌""2019中国茶业百强企业""2019世界红茶产品质量推选'大金奖'"三项殊荣，彰显了品牌的雄厚实力。"伟大的中国工匠精神——特种工艺镜展"在北京七彩云南翡翠珠宝旗舰店（月坛店）开幕，展览打破了传统文物展览固有的时空概念和模式，在弘扬传统文化之时，让文物触手可及。11月，"七彩云南·一带一路"媒体杯传统武术交流大赛在七彩云南·古滇名城开赛，这是首个以"一带一路"为主题的武术盛会。2019七彩云南·秘境百马环滇超级马拉松在七彩云南·古滇名城鸣枪开跑。

—【七彩云南的转折点】—

创业之初的第一笔订单开启了诺仕达企业发展的序幕

1992年，一场被称之为"春天的故事"的南方视察让这一年成为了中国企业家成长的转折年。就是在这一年，邓小平发表了改变众多人命运的"南方谈话"。也是在这一年，国家体改委颁布了《有限责任公司暂行条例》《股份有限公司暂行条例》。还是在这一年，党的十四大决定抓住机遇加快发展，确立了建立社会主义市场经济体制的改革目标。

"南方谈话"在经济界产生了强烈的震动，也让一批原本生活于广义的体制内，在政府部门、科研机构、国营企业等单位担任一定职务的"有志者"毅然决然地选择了离开体制，成为了下海创办实业的先行者，很多人称其为"92派企业家"。而创办了诺仕达集团和七彩云南品牌的任怀灿即是其中的代表。

"用我们的智慧和双手，摆脱历史遗留给我们的贫困包袱，使国家富强，人民富裕。"怀抱着这样的实业报国理想，任怀灿放弃了自己的干部身份，开始了"用智慧和双手去创一番事业"的征程。

1992年6月6日，诺仕达工贸公司成立。和很多民营企业一样，在创业的最初要面对许多起步的艰辛。当时的诺仕达只有7名员工，资金仅有5万元，只能在火车站旁的联贸大厦租了一间36平方米的办公室进行办公。面对艰难的开端，任怀灿没有气馁，凭借着真诚平和的个人魅力和特有的责任感，结合自身多年来积累的阅历和经验，任怀灿在商界结交了众多朋友，也获得了大量的人脉和资源。

云南物产丰富，具有独特的饮食文化，出于对市场趋势的洞察，任怀灿将业务范围圈定在土特产经营和餐饮运营领域。果然，没过多久，公司的业务就打开了局面。在公司成立1个多月后，诺仕达获得了第一笔订单，有客户向诺仕达购买2000吨蚕豆。诺仕达出动了所有的员工，深入到农户家里收购蚕豆，并人背肩扛地把货物打包送上货车。虽然辛苦，但这第一笔订单让诺仕达的资产一下子增长到了30万元，诺仕达从此正式开启了企业发展的序幕。

随后，诺仕达在经营中凭借着卓越的市场预见和对地域资源的深刻了解，一路稳步前行，在多个行业取得了优异的成绩。1995年，基于在餐饮行业的零售行业积累的资本，诺仕达挺进旅游行业，也开启了品牌化发展的历程。

形成覆盖大众与高端、特色餐饮与西式快餐的餐饮品牌体系，成就餐饮长青树

在诺仕达旗下的众多品牌中，七彩云南无疑是家喻户晓的品牌之一。七彩云南品牌涉及珠宝、地产、旅游、茶业和餐饮。虽然餐饮板块在七彩云南的品牌布局中并非占比最重的部分，但餐饮对七彩云南乃至诺仕达集团都具有重要意义。

1993年，诺仕达创办的第二年，诺仕达的第一家餐厅怡心园开业。凭借着独具特色的菜系，"怡心园"成为春城的著名餐饮品牌，并且形成了云南独具特色的餐饮文化，吸引了本地消费者和海内外游客的青睐。这座滇池路上的红房子成为了诺仕达餐饮业发展的起点，也为未来诺仕达集团餐饮品牌集群的打造奠定了坚实的基础，也带动了昆明餐饮美食一条街的发展。

以怡心园在大众餐饮领域打下的基础为契机，诺仕达趁势推出了偏重于高端商务餐饮的南亚风情园。南亚风情园以其独具东南亚风格的建筑和综合高档的功能设施，以及细致入微的优质服务，一经推出就受到了市场的好评。发展至今，南亚风情园已成为云南旅游、娱乐、休闲、度假业的一个窗口。

与麦当劳的强强联合，则让诺仕达形成了覆盖中国特色餐饮与西式快餐的餐饮品牌矩阵。

2011年，世界知名快餐品牌麦当劳正式在中国大陆启动发展式特许经营模式。凭借在餐饮行业积淀的丰富经验和良好的商誉，诺仕达一路过关斩将，最终在竞争中胜出，成为麦当劳首位来自中国大陆的特许发展商，负责麦当劳在云南市场已有餐厅的经营和新餐厅的拓展。此后，麦当劳在云南区域的销售业绩连续3年名列前茅，雇员满意度也全部满分。

从大众家常菜到高端商务宴，从地方特色美食到西式快餐名牌，诺仕达形成了完整的餐饮产业体系，成就了餐饮矩阵的布局，也让其成为餐饮界的常青树，让诺仕达集团进入了发展的新篇章。

一【七彩云南的与众不同】一

首创中国翡翠品牌，建立科学的分级定价体系，改变中国翡翠行业格局

在七彩云南的产业体系族谱中，珠宝是非常重要的一部分，不仅是因为翡翠产业是七彩云南品牌旗下资产规模、影响力最大的一个部分，更是因为七彩云南结束了中国翡翠行业"黄金有价玉无价"的历史，打开了云南翡翠通往世界的大门，改变了中国翡翠行业的格局。

经过几年的发展，诺仕达已由当初的贸易工坊成长为跨行业多元化的综合集团，企业面临着转型升级。经过反复研究，诺仕达最终把目光聚焦在云南的39万平方公里的土地上。深入挖掘云南优质资源，积极发展云南富民产业，引领云南新的生活方式，成为其接下来更加精准的前进方向。而翡翠产业成为其有力的抓手。

云南自古以来就是翡翠的集散地，在全国的翡翠行业占有重要的地位。但20世纪八九十年代的云南翡翠珠宝市场，夫妻店、兄妹店等众多，价格混乱，品质参差不齐，市场不成规模，极大地消减了消费者的购买欲望。而诺仕达早在成立初期就对翡翠产业进行了深入的研究。

早在1992年，诺仕达集团便在全球率先创建了专业的翡翠研究中心，这也是中国第一个翡翠专业研究机构，并从美国宝石学院引进了全套的鉴定设备。5年后，又首创翡翠价值体系的48项分级指标，确立翡翠分级的八项指标、翡翠的七大品质标准和第一个翡翠商业分级体系，这是中国第一套翡翠商业分级和定价体系，由此打破了翡翠漫天要价、就地还价的格局。

1999年，后来在翡翠珠宝行业响当当的品牌七彩云南诞生，在昆明开设了七彩云南翡翠的第一个旗舰店，经营面积3800平方米，是当时整个中国最大的翡翠专营市场，也成为中国旅游购物的一面旗帜。

2001年，七彩云南成为中国珠宝首饰业的驰名品牌。七彩云南翡翠的知名度不断地提升。

2004年，中国最大的博物馆概念翡翠旗舰店在北京落成，营业面积6800平方米，是当时全国规模最大、档次最高、商品最丰富的翡翠旗舰店。同时，七彩云南被云南省商务厅授予"云南翡翠第一家"称号。经过北京七彩云南旗舰店的尝试和探索，确立了七彩云南翡翠的服务标准营运模式。以此为基础，从2005年开始，七彩云南走向全国市场，以规模化、品牌化、专业化的经营，在全国各地不断地开辟连锁店。七彩云南所到之处，除了带来丰富的翡翠产品，还不遗余力地进行翡翠文化的普及，翡翠文化活动的宣传等活动，来弘扬翡翠文化。也是在这一年，七彩云南（国际）翡翠珠宝有限公司开业，七彩云南珠宝产业正式进军国际市场。

如今的七彩云南翡翠，已发展成为一个集翡翠开石、科研、设计、生产、销售、连锁经营一体化的国际翡翠企业，创建了国内经营规模最大、档次最高、环境最优的翡翠珠宝玉石生产销售联网，以强大的资源优势、人才优势、品牌优势享誉国内外，在山东、山西、陕西、浙江、江苏、河北、河南、内蒙古、湖北、福建等22个省市建有39家加盟连锁旗舰店。

"七彩云南"翡翠，已成为云南旅游商品珠宝类的首选品牌，以无条件退换货的承诺，树立了诚信经营标杆，更是在20多年的经营中，保持了上千万件翡翠零退货率的经营奇迹。七彩云南以强大的资源优势、人才优势、品牌优势享誉国内外。

"七彩云南"规模化、节约化、标准化的市场经营理念，打造了现代翡翠珠宝玉石产业，遏制了云南翡翠行业的乱象，保住了"玉出云南"这块金字招牌，让混乱的翡翠市场回归清明，促进了云南翡翠市场的繁荣，也带动了全国翡翠市场的整体发展。

以商业地产重构城市商业格局，创造商业发展奇迹

2008年，诺仕达集团响应政府建设新昆明、改造城中村的布署，投资启动"南亚风情·第壹城"项目。在打造之初，诺仕达集团就决心要为昆明创建一个具有国际都市水准的现代城市综合体，这是诺仕达人给"南亚风情·第壹城"立下的目标。

当时，昆明整个南市区还"不成气候"，而诺仕达就大胆地将位于南市区的"南亚风情·第壹城"定位为昆明南市区的区域中心。这种魄力，一方面来自于企业领导者的远见卓识，也源自于企业横跨商业零售、酒店、旅游、餐饮娱乐等行业带来的足够信心。

2011年12月，"南亚风情·第壹城"开城运营，马上成为云南最繁华的超明星综合体、春城最具人气的消费中心。作为云南首个城市综合体，它的出现和成功运营首开城市商业综合体先河的"南亚风情"，彻底改变了昆明原有的城市商业格局，开启了昆明商业地产单一中心向多中心发展的大门，引领了昆明城市商业的全面发展，实现了"社会、政府、百姓、企业"四赢的局面，也在昆明商业地产发展史上留下了重要的一笔。

继南亚风情·第壹城之后，诺仕达以城市运营商的高度，率先进入呈贡新区，打造"七彩云南·第壹城"这一商业运营的又一精品力作。"七彩云南·第壹城"不论在规模体量、规划设计、建筑风格、业态配比上，都远远超越南亚风情·第壹城，还以其绝无仅有的区位优势，集各种城市功能业态于一体，必将成为呈贡新区CBD，填补了呈贡新城大型商业的空白。2016年6月18日，"七彩云南·第壹城"全面开城运营，以引擎般的作用带领呈贡地区商业的崛起。

如今，不仅是"七彩云南·第壹城"，"七彩云南花之城""七彩云南·古滇名城"等众多的商业和旅游地产项目也相继问世。进入商业地产领域开启了企业的又一个新起点，也推进了昆明的发展进程，以商业地产重构

了城市的商业格局，也用一个个商业发展奇迹验证了诺仕达人"成就一番精忠报国事业"的情怀，并不是一句空话，而是企业始终在奋斗的方向和目标。

以规范化的标准保质保真，引导茶产业规范化、标准化发展

云南是世界茶树发源的核心地区，种植面积和规模始终在全国位列前三位。上世纪70~80年代，云南茶叶也曾经创造了辉煌的成绩，但随后的十几年，云南茶产业进入了低迷期。

凭借着以农产品贸易起家的优势，诺仕达早在1999年便涉足了茶叶产业。只不过当时只是把茶叶作为云南的地域特色产品推广到全国市场，并未把它作为七彩云南的一个支柱产业来规划。

进入新世纪，基于对云茶产业和健康产业未来发展的预判和信心，以及"让每位茶农多挣100元钱，让真正的云南好茶走向世界"的信念，七彩云南决定全面进入茶产业。

为了更好地开展工作，2006年，诺仕达投入巨资组建了昆明七彩云南庆沣祥茶业股份有限公司，随后，七彩云南一头扎进了万里茶园。经过多番对比，七彩云南最终把茶叶基地选在了西双版纳勐海，在此建立了面积超过万亩的生态茶园种植基地。还在昆明和勐海两地建立了现代化的茶叶工厂，成立了茶叶科技发展研究院和全国首个普洱茶酝化中心——七彩云南东莞酝化中心。

七彩云南庆沣祥南糯山初制所

通过一系列的举措，七彩云南成功打造了一条复合化的茶叶产业链，从源头的茶叶种植，到研发、生产、陈化等生产环节，再到销售和茶文化推广的终端环节形成了全面覆盖，也由此拥有了"七彩云南"知名茶叶品牌和百年老字号"庆沣祥"高端商务茶庄品牌。

作为普洱古树茶品牌的代表者，七彩云南庆沣祥充分发掘云南古树茶一山一韵百山百味的资源特色，一品一码，溯源保真，打造有标准的古树茶。为了让普洱茶行业规范和古树普洱茶概念更加明确，引导生产企业规范生产，指导消费者正确认知，七彩云南以《GB/T 22111-2008地理标志产品普洱茶》国家标准为基础，与行业专家一起编写了《Q/QFX 0014 S-2019古树普洱茶》企业标准，力求产品的品质与保真。

七彩云南以自身的规范化和标准化，引领着云茶产业的正向发展。面对2007年全国热炒普洱茶的诱惑，七彩云南坚持认认真真地夯实基础，认认真真做好产品的理念，正本正源说普洱，货真价实卖普洱，禁止和抵制不理性、不客观、甚至违背市场原则的炒作行为，由此保证了七彩云南品牌的良好口碑。

如今，七彩云南凭借多样化和多规格的茶叶产品顺利进入了全国各地的茶叶市场，打通了家乐福、沃尔玛等大型商超渠道，更在全国范围内自建了超过2万家销售终端。具有200多年历史的庆沣祥茶庄也成为高端商务休闲游的首选目的地。

—【七彩云南的品牌经营策略】—

翡翠产业：以产品创新+真不二价的品牌发展策略重塑行业形象

七彩云南诞生在上世纪90年代初的昆明，彼时翡翠市场可谓乱象丛生、鱼目混珠、泥沙俱下。而七彩云南在诞生之初就立志要以"良心品质、良心价格"的理念成就百年品牌，它选择了与当时大环境格格不入的做法，从翡翠原石的开采开始严格把关，保证"七彩云南"翡翠的纯真品质，店内只售A货，且坚持"一口价"销售。

为了确保原料的品质，任怀灿亲自带领专业人员深入到翡翠唯一的产地缅甸，采购原石。采购的原石不假他人之手，而是直接运送到七彩云南的翡翠加工厂，经过设计和加工，制成首饰成品，配送到七彩云南的自建终端和加盟店进行销售，产品绝对不会对外配送或批发。从原石采购到生产加工，再到运输和专供销售的整个过程独立且封闭，有效确保了七彩云南翡翠的品质。正是这样一个管控严格的闭环系统让七彩云南翡翠几乎成了A货翡翠的代名词。几十年来，七彩云南没有接到一起关于翡翠质量的投诉。

七彩云南还通过建立科学的标准体系，量化了翡翠的价值，为翡翠行业的发展开拓了更大的空间。

自古就有"黄金有价玉无价"的说法，翡翠由于其多晶体的矿物特性，鉴别、分级难度极大，甚至一度没有价值体系。由于价值标准的不确定，普通消费者更是不易知道翡翠的价值优劣，容易出现溢价的情况，不利于整个翡翠行业发展。

七彩云南率先引进美国珠宝学院全套GIA设备，根据翡翠"种水色工"确立了翡翠的七大品质标准和48个科技指标，在全球率先建立了科学规范的翡翠商业分级体系和翡翠定价体系，形成了对翡翠行业影响深远的质量管理体系，为翡翠的大规模推广奠定了基础。

由于宣传不足和产品设计老化等因素，翡翠产品一度被认为是"祖母级"的饰品，年轻消费群体对其关注度不高。通过市场实践与探索，七彩云南找到了满足90后、甚至00后对首饰、饰品的需求。

在产品构成上，七彩云南涵盖了高中低三档位的产品，以高端产品来塑造品牌形象，以中端产品来创造利润，以低端产品来抢占市场和培养消费习惯。并且根据不同专卖店所在城市的消费习惯和水平，调整产品的结构占比。

在产品设计上，七彩云南一直都非常重视，2005年就成立了设计中心，其中的设计师在国内珠宝设计大赛中多次获奖。设计中心除了进行整体产品的研发设计，还会根据高端客户的个性化需求进行一对一专业珠宝定制服务，有效提升了产品的附加价值。

更重要的是，七彩云南还一直致力于宣传与推广玉文化，对于市场和消费习惯的培养大有助益。七彩云南的旗舰店都是以"博物馆"的概念进行规划的，比如七彩云南北京旗舰店内不但是翡翠制品的海洋，更是翡翠文化的博物馆。除了琳琅满目的近十万件翡翠产品，七彩云南还开辟出专门的展示空间，通过图片、文献、实物等形式介绍翡翠文化和翡翠专业知识。店内的销售人员都经历了从服务礼仪到专业珠宝知识的系统培训，全程为消费者提供五星级服务。让消费者收获优雅广博专业知识的同时，还能对宝石文化历史、艺术价值有更多的了解。

七彩云南将翡翠文化带入了新阶段，其以传统文化精粹为内核，注重创新发展，不仅规范了行业市场，使翡翠文化与时代相融，更推动了翡翠的大众化和国际化。

茶产业：打造全产业链模式，形成强有力的普洱茶品牌竞争优势

七彩云南最初涉足茶产业时，还没有成立专门的公司去运作，只在公司的部门板块里进行业务工作。但后来发现了其中蕴含的巨大商机，以及"产业富民"的愿景，2006年，七彩云南成立了专门的公司来进行茶叶的系统化经营。

对于发展悠久的茶产业，七彩云南属于后来者，但也正是因为起步较晚，让七彩云南可以深思熟虑，寻找如何打造全产业链模式，以形成强有力的普洱茶品牌竞争优势是其在一开始便定下的发展策略。

全产业链模式包含原料、生产、产品、渠道等方面。七彩云南以囊括生产基地、加工工厂、茶叶研究院、产品销售和茶文化推广五大领域的全覆盖模式打造了茶叶全产业链，产业链中的每个环节相互作用，互相支撑，相辅相成，形成了强有力的品牌优势。

原料是茶企生存的根本，七彩云南拥有70余家茶叶初制所和原料采购点，辐射10万亩云南最优质的高山生态茶园，同时有着"七彩云南万亩有机生态茶园"作为自有基地，从上游起严格把控产品品质。依托云南省农业科学院茶叶研究所的全方位技术指导，茶园从2007年开建初期便严格按照"等高开梯，表土回沟"的原则进行开垦，让表层丰富的有机质为茶苗的生长提供营养。在茶园四周种植防护林，茶园地表种植豆科植物，形成上中下茶园立体生态结构，使茶园的生态系统保持稳定性和可持续性。

同时，七彩云南在昆明和勐海设立了现代化的茶叶加工工厂。其中勐海七彩云南茶厂是云南省普洱茶生产的示范性工厂，承担"勐海普洱茶现代加工工艺展示及储存陈化研究工程中心"的基地职能。而昆明七彩云南茶叶总厂内设立了普洱茶工程研究中心，专注研发普洱茶的衍生产品。

在产品生产方面，七彩云南将传统的制茶工艺附着于现代科技，并配有现代监控检测手段以确保品质。比如，为了避免机制过程中产生扬尘等对茶叶品质造成污染，勐海工厂车间内设有国内先进的空气净化系统。针对普洱

茶的生产特点，还定制了超静音液压压茶设备，可使茶饼的压制速度较传统压茶机提高3倍。同时厂区采用全套桑拿式烘房设备，可实现电脑控温、控湿，确保茶叶全方位立体式受烘，缩短烘制时间，提高生产效率等。生产过程中，七彩云南的茶叶产品从采摘到成品要历经18道工艺环节、137道品质控制细节。按照ISO9001国际质量管理体系、HACCP国际食品安全管理体系来组织生产，对生产过程的31项理化指标进行严格控制，还在国标的基础上提升了标准线。

在产品研发上，为了扭转多数茶企业较传统的做茶风格，实现现代企业规范化运营，七彩云南筹建了茶叶科技发展研究院和全国首个普洱茶酽化中心——七彩云南东莞酽化中心。茶叶科技发展研究院已研发出100多种成熟产品，而东莞酽化中心可以实现的顶级普洱茶茶管家服务。2012年，七彩云南增设了普洱茶仓储服务模式，率先推出"24小时×360°"的全天候、全方位茶管家式服务。茶管家式服务通过超大型的普洱茶仓储库，为普洱茶产品建立生命指数档案，以科学的监测和管理体系，对普洱茶产品实施定期监测，精准控制普洱茶的酽化情况，确保陈化过程的完美进行。

在渠道建设方面，七彩云南充分发挥了细分渠道策略，已经形成"直销+经销""传统+现代""线上+线下"的完整营销网络构架，并针对不同渠道特征对应不同类型产品。

在实体渠道领域，除了在云南、浙江、北京、江苏、山东等二十余省市开设300余家特许加盟店之外，七彩云南还从2008年切入了商超渠道，并针对商超渠道的消费习惯开发了普洱袋泡茶和小金沱等方便、快捷的产品品类。目前七彩云南茶叶产品已经进入沃尔玛、家乐福、屈臣氏、物美、大润发等知名连锁超市及便利店，覆盖全国12个省、3个直辖市和90余个城市。

在线上渠道领域，七彩云南借助与天猫、京东等国内知名电商平台的强强联手，建立了七彩云南旗舰店和"有cha"旗舰店，借助电商渠道与消费者形成深度互动，更深入了解消费者的产品需求，进而指导产品研发，以推出更贴近消费者的产品。

七彩云南茶产业打造全产业链的过程，就是不断形成品牌影响力的过程。通过全产业链模式的打造，七彩云南完善了普洱茶生产加工各环节的全程监管，构建起"从茶园到茶杯"的全链条质量安全保障体系，也以自身品牌的发展"擦亮了普洱茶的金字招牌"。

商业、旅游地产业：打造商业运营的"一站式"服务模式

中国已成为全世界旅游消费第二大国，旅游消费市场空间巨大。在消费升级的时代背景下，旅游地产的外延无限扩展，与文化、金融、教育、医疗、体育和娱乐等众多产业实现了融合贯通。旅游地产已超越了生活平台的属性，成为圈层入口和产业聚集中心。

诺仕达抓住了"将云南定位为全国的一个旅游、养生养老、休闲度假类重要区域"的主要契机，推出了以"七彩云南·古滇名城"为代表的一系列商业和旅游地产项目。

早在2008年筹建"南亚风情·第壹城"这一云南首个城市综合体的时候，诺仕达就创造了城市综合体建设的中国速度。"南亚风情·第壹城"的成功运营也改变了昆明的商业格局。在此基础上，诺仕达又相继推出了"七彩云南·第壹城""七彩云南花之城"以及"七彩云南·古滇名城"等众多商业和旅游地产项目。

尤其是"七彩云南·古滇名城"项目位于云南省建设云南十大历史文化旅游战略项目之首，是"云南省旅游产业转型升级三年行动计划"的核心项目，也是云南省实现旅游转型升级，推动全域化旅游发展，着力于供给侧改革的重大行动。

云南省的旅游地产行业曾经经历过一轮"去粗取精"的规整，一些鱼目混珠、定位混乱或重复建设的项目被淘汰，而作为留下来的精品项目，"七彩云南·古滇名城"的成功则在于其将景区、度假区、旅游小镇和现代新城完美融合的高规格规划设计。

"七彩云南·古滇名城"项目将以文旅产业为核心，打造以古滇历史文化、古滇青铜文化为灵魂的古滇文化核心区，再现云南古滇文化。同时，还融合现代旅游特征，打造设施设备完善的现代文化旅游服务配套区。并融入健康养老产业，形成养生与养老相结合、生态观光与休闲度假相结合、商业配套与文化体验相融合，满足都市人群全生命周期、全生活周期的健康养生度假需求。

"七彩云南·古滇名城"凭借在生态效益、经济效益、社会效益和文化效益上的突出贡献，获评2015"国家生态旅游示范区"荣誉称号，成为2015年云南省唯一上榜景区，并获评2016云南十大特色旅游新地标。

"七彩云南·古滇名城"可以说是整个云南的浓缩。它的建成改变了昆明旅游项目结构单一、缺乏大项目、留不下客人等问题，成为云南旅游途径地的窘态，从而实现昆明旅游产业转型升级、加快世界知名旅游城市建设。

为了打造一站式云南旅游目的地，诺仕达近年来一直在不断提升旅游服务地配套设施的建设。

早在10年前，诺仕达就委托豪生国际酒店集团对昆明南亚风情园豪生大酒店按国际五星级酒店标准进行管理，开启了云南酒店行业的集团化、品牌化和国际化的道路。2011年，诺仕达又与豪生国际酒店集团联手打造了云南省第一家国际品牌五星级酒店——昆明南亚风情园豪生大酒店。2012年，诺仕达与温德姆国际酒店集团合作打造了云南省首家以国际白金五星级标准建设的七彩云南温德姆至尊豪廷大酒店，成为云南酒店行业的世界级酒店代表。

"七彩云南·古滇名城"项目开始建设后，诺仕达又引入了洲际、万怡、皇冠假日三大酒店，建设了南城CBD等规模宏大的现代城市旅游配套和民族特色旅游配套设施，致力于将"七彩云南·古滇名城"项目打造为一站式深度体验云南的目的地。

通过一系列商业、旅游地产和配套设施的建设，诺仕达打造了持续创新的商业运营"一站式"服务模式，推动了云南省旅游产业的整体升级，也引领了云南省品牌经济的持续发展。

一【结语】一

古滇大地，彩云之南，上天赐予了它独特的优势资源，孕育了神奇的多元民族文化和鲜明的地域文化。就在云南这片沃土上，在近30年的成长过程中，七彩云南这个品牌正在把云南推向全世界。

一个人的成就取决于他的胸怀和眼界，一个企业的腾飞亦是如此。一位从云南乡野走出来的企业家，带领着一个根植于云南的集团企业，打造出"七彩云南"这张耀眼的云南名片。

植根云南，实业报国。近30年的岁月，打磨出这份对家乡热土的深沉热爱，他们所迈出的每一步，都有高于金钱之上的思考，在推动企业发展的同时，也引领整个行业的变革与前行。

葫芦娃药业：

济世情怀，精益求精

　　葫芦娃药业只用了十二年，便从零起步成长为国内知名企业，在国内儿科呼吸系统治疗领域占据了领先地位，其后更是以稳定高速的发展成为行业内一匹引人注目的黑马。它的出现，改变了过去"用药靠掰、剂量靠猜"的局面，让儿童用药更加标准化、专业化。

─【事件】─

2019年度最具市场竞争力儿科用药"金砖品种"评选活动于2019年6月落下帷幕。此次评选活动的目的是给予真正优秀的儿科用药品种一个向行业、商业、终端、医生，乃至患者等关注儿科用药的人士展示自身实力与品质的平台和机会，加速品种自身的成长，扩大品牌影响力，推动儿科用药市场有序发展和健康成长。

在一个月的时间内，历经线上、线下报名，线上投票和组委会、媒体评审，一共七个品种获得儿科用药"金砖品种"荣誉称号。葫芦娃药业两大主力产品"小儿肺热咳喘颗粒""肠炎宁颗粒"双双上榜，分别位列第二名和第四名。

"小儿肺热咳喘颗粒""肠炎宁颗粒"是葫芦娃药业儿童用药的两大代表品种，其中，小儿肺热咳喘颗粒2016、2017连续两年荣登全国医药经济信息发布会"新锐榜"，赢得了良好的市场口碑。

最为人熟知的"小儿肺热咳喘颗粒"在儿童止咳化痰药品类市场中，占有率达到四分之一，已经成为治疗儿童呼吸道感染口服用药的主流品种。凭借着优秀的临床价值，国家卫健委将"小儿肺热咳喘颗粒"列入《流行性感冒诊疗方案》（2018年版）进行重点推荐，2018年又将该产品纳入新版《国家基本药物目录》，并于2017、2019年连续两次入选《国家医保目录》。

而在近日发布的2019"中国医药·品牌榜"中，葫芦娃牌"小儿肺热咳喘颗粒"凭借近年来在零售市场的强势表现荣登"零售终端榜单"，跻身中国儿童感冒药零售业态三大品牌。

"肠炎宁颗粒"是葫芦娃药业"名方战略"的成果之一，是在东晋著名道医大师葛洪所创"地金丹"的基础上，辅以现代工艺萃取而成，是结合中国儿童生理特点量身定制的儿童止泻药，入选"儿童用药研究课题示范项目"等国家重点科研项目。市场占有率稳步提升。

葫芦娃药业两大品种的获奖续写了葫芦娃儿童用药品牌的荣耀。

一【葫芦娃药业的发展历程】一

2008年，葫芦娃药业正式启动。

2009年，公司获得GMP证书。

2010年3月，"小儿肺热咳喘颗粒"的制备方法荣获国家发明专利证书。4月，海南新中正有限公司被海口市总工会评为"工人先锋号"。7月，公司经商务部国际贸易经济合作研究院信用等级与认证中心核准，同意建立企业信用档案，被授予"海南国际旅游岛建设与发展新兴产业十佳科研成果创新奖"。8月，公司经商务部国际贸易经济合作研究院评价，并经公示程序，诚信综合等级为AAA级。公司成为商务部《商贸企业信用管理技术规范》标准试点单位。10月，葫芦娃药业被评为"高新技术企业"。

2011年11月，葫芦娃"头孢噻肟钠他唑巴坦纳复方制剂"（4：1）被评为"海南省高新技术项目"奖。

2012年1月，新的生产基地在海口药谷顺利奠基。6月，成功收购承德新爱民制药有限公司。8月，公司更名为海南葫芦娃制药有限公司。

截止2012年，葫芦娃制药有限公司与世界卫生组织儿童卫生合作中心、中华医学会儿科分会、中华预防医学会儿童保健分会、中国医师协会儿科医师分会等机构联合举办"量身定制儿童药物暨儿童用药安全"高峰论坛等系列活动，组织基层医生安全与规范用药知识科普的普及教育培训活动累计5000多场次，培训基层医生超过15万人次。

2013年，葫芦娃药业被评为世界卫生组织儿童卫生合作中心量身定制儿童药物突出贡献企业。在郑州成功举办"中国儿童安全用药高峰论坛"，正式启动儿童呼吸系统感染性疾病知识的基层医生普及教育项目。10月，葫芦娃药业被再认定为高新技术企业，并作为制药企业成功入选中华中医药学会儿科分会副主任委员单位。11月，世界卫生组织WHO儿童卫生合作中心专家莅临公司考察指导，药谷基地顺利建成，针剂生产线顺利通过国家新版GMP认证。12月，葫芦娃药业被评为海口市创新型企业。葫芦娃药业成功独家协办第五届"量身定制儿童药物暨儿童用药安全"高峰论坛，公司荣获"量身定制儿童药物"突出贡献奖。

2014年1月，葫芦娃药业被评为"2013年度中国最具成长性医药企业100强""2013年度全国医药行业诚信企业""2013年度中国医药行业质量管理先进单位"。5月，董事长刘景萍博士荣获"海南省创业英才奖"第一名。10月，举办"畅想葫芦娃分享葫芦娃"第一届营销论坛。

2015年5月，举办"畅想葫芦娃、分享葫芦娃"第二届营销论坛。8月，营销中心各事业部启动全国终端推广大练兵活动。9月，荣获海口市科技成果转化奖，成功并购广西南宁最大的一家制药企业——南宁维威制药有限公司，包括全部64个产品批文，销售网络、生产设备、原有员工等，并在2015年11月份完成生产销售的无缝对接。10月，公司产品"小儿肺热咳喘颗粒""肠炎宁颗粒"双双入选国家卫计委示范课题项目。11月，葫芦娃管理商学院正式揭牌成立，中国医药企业的"黄埔军校"就此诞生；举办"葫芦娃小儿肺热咳喘颗粒4克新装"新品发布会，葫芦娃公司相继在央视一套、河南卫视、安徽卫视、山东齐鲁频道、湖南经视等多个媒体进行广告投放，"甜甜的味道，暖暖地喝"成为了当时儿童药的流行语。从2015年底开始，影响中国的葫芦娃品牌宣讲会正式启动，用一年的时间在全国300多个地区相继组织了近千场品牌宣讲，成功塑造了葫芦娃中国儿童健康守护者的形象。再次牵手第14届中国大学生广告艺术节学院奖，让大学生们的年轻思想融入葫芦娃的品牌文化，创意征集葫芦娃年轻化的品牌形象，传递"葫芦娃，健康中国娃"的品牌声音，强化葫芦娃品牌美誉度。

2016年2月，"葫芦娃小儿肺热咳喘颗粒四克新装"电视广告在央视一套开播。3月，葫芦娃作为大健康产业品牌代表受邀为第14届中国大学生广告艺术节学院奖春季赛命题；公司正式更名为海南葫芦娃药业集团股份有限公司。4月，"葫芦爸新肠炎宁暨十大星品上市新闻发布会"在杭州隆重举行；海南省中药制剂工程技术研究中心在葫芦娃药业设立。8月，葫芦娃商标被评为海南省著名商标，葫芦娃品牌被评为优秀企业品牌。9月，董事长刘景萍女士当选为中国非公立医疗机构协会儿科分会常务委员；葫芦娃药业在东盟博览会上与广西南宁市政府签订战略合作协议；葫芦娃药业广西来宾中药提取基地动工。10月，董事长刘景萍荣获"中国广告长城奖广告主奖年度品牌创新人物奖"。11月，葫芦娃药业广西维威制药基地项目开工奠基；葫芦娃药业挺进中国OTC市场2016年度制药工业百强企业品牌榜前三十强；"葫芦娃小儿肺热咳喘颗粒"被评为2016中国制药品牌榜新锐品牌；海南生产基地通过ISO9001质量体系认证；与刘昌孝院士达成建设院士工作站协议。12月，葫芦娃药业集团通过国家高新技术企业再认证。

2017年2月，"小儿肺热咳喘颗粒""肠炎宁颗粒"双双入选国家新医保目录。3月，葫芦娃药业集团广西维威制药有限公司获"品牌工

葫芦娃药业参加大国品牌高峰论坛现场

业最佳贡献奖"。5月,"葫芦娃4克肺热十亿战略发布会"在海南海口隆重举行;由中国医药教育协会主办、葫芦娃药业集团承办的国家级继续医学教育项目"儿童安全用药知识普及教育项目"正式启动。6月,葫芦娃作为中国儿童制药行业代表性品牌成功入选央视一套"大国品牌"。7月,《大国品牌养成记——葫芦娃篇》在CCTV-1隆重播出。9月,葫芦娃药业集团荣获"全国品牌故事大赛海南赛区冠军"殊荣。葫芦娃药业集团储备干部精英特战训练营在杭州开营。11月,葫芦娃牌"小儿肺热咳喘颗粒"和葫芦爸牌"肠炎宁胶囊"双双登上2017"中国制药·品牌榜锐榜"。12月,葫芦娃药业荣获"大国品牌"荣誉称号。

2018年1月,葫芦娃药业集团与老百姓大药房战略合作正式启动;葫芦娃药业"百亿工程"之克咳战略启动会在杭州隆重举行。2月,葫芦娃药业集团儿科药物研发院士工作站正式启动;葫芦娃药业集团与重庆万和药房连锁签订战略合作协议。3月,葫芦娃药业荣获中国品牌药店工商峰会"品牌引领奖";葫芦娃药业携手国内龙头连锁共同启动"健康中国娃爱心大行动"。5月，葫芦娃药业集团与陕西怡康医药签订战略合作协议。6月，葫芦娃药业荣获中国医药商业协会"VIP战略合作企业"称号；葫芦娃药业与全国优秀经销商一起开始"重走长征路"活动。7月，中国医药物资协会"双星计划"星发布暨落地推进会在重庆隆重举行，葫芦娃药业作为五家"星工业"企业之一成功入选首期"双星计划"；葫芦娃药业品牌故事片——"大国品牌养成记"之葫芦娃药业《一克的重量》在CCTV-1播出。葫芦娃药业集团与山东漱玉平民大药房签订战略合作协议。8月，葫芦娃百亿工程之新感林战略正式启动。9月，葫芦娃药业集团广西维威制药基地竣工投产；葫芦娃药业集团董事长刘景萍当选中国医药物资协会副会长，同时被评为"海南省领军人才"。10月，葫芦娃药业集团董事长刘景萍再度当选中华中医药学会儿科分会副主任委员，同时被聘为云南中医药大学名誉教授；"葫芦娃4g装小儿肺热咳喘颗粒"入选2018版基药目录；葫芦娃药业集团海南省博士后科研工作站正式获批；葫芦娃药业再度荣获"CCTV大国品牌"荣誉。11月，葫芦娃药业跃居中国非处方药生产企业综合排名第24名。

葫芦娃药业荣获"CCTV大国品牌"荣誉

百亿工程之肠炎宁战略发布会现场

2019年3月，葫芦娃药业集团成功承办中国儿童肠道健康高峰论坛。葫芦娃百亿工程之肠炎宁颗粒战略正式启动；葫芦娃药业董事长刘景萍荣膺2019西湖论坛"大健康产业风云人物奖"。5月，葫芦娃药业集团正式申报IPO；葫芦娃药业跻身"中国中药企业百强"。葫芦娃药业与中国药店签订"金牌儿药师"战略合作协议。葫芦娃药业董事长刘景萍当选中国医药物资协会儿童用药专业委员会首任会长。10月，葫芦娃药业荣获新中国成立"70年70品牌"殊荣。

—【葫芦娃药业的转折点】—

成为中国OTC市场年度制药工业品牌榜单前三十强，奠定品牌地位

2008年才起步的葫芦娃药业在动辄拥有百年历史的中国医药界可以说是"小"字辈，但是"有志不在年高"，年轻的葫芦娃药业却拥有着"做高质量发展行业先锋"的大志向。

自2008年起，葫芦娃药业就一直以传承中医药文化为己任，以中药名方

为其产品研发的一大核心来源，在恪守传统名方的基础上，用现代化的工艺研发生产了一批有突出疗效的中成药，用更全的品类、更高的标准、更好的药效解决中国儿童用药难题。

作为极为特殊的商品，葫芦娃药业深知药品品质的关键性，哪怕一分一毫的差错都会导致患者发生意外，进而伤害整个家庭的幸福。据统计数据显示，我国儿童药物不良反应率为12.5%，是成人的2倍，每年约有3万名儿童因用药不当造成耳聋。而儿药缺乏的现状又导致儿童用药普遍出现"成人化"现象，而只是把成人剂型的药物减轻分量服用难免会因用药不当造成儿童药物不良反应。这就形成了一个恶性循环。

为了改变这种状况，葫芦娃药业10余年来一直专注量身定制儿童药物。为了保证产品的效果，葫芦娃药业成立了专业研发机构的海南葫芦娃科技开发有限公司，建造了40条化药、中药专业生产线与五个智能化、标准化生产基地，以提升研发的科技性，保证生产的专业化。同时，从研发到生产的每一个环节都秉承精益求精的工匠精神。

多年的努力也换来了丰硕的成果，葫芦娃药业以平均30%的速度高速增长，成为中国医药行业的一匹黑马。2016年，葫芦娃药业的明星产品——葫芦娃牌"小儿肺热咳喘颗粒"，位列2016年度中国制药工业中药感冒咳嗽类非处方药销售前3强。除了儿科用药，成人药品中，葫芦爸牌"肠炎宁胶囊"跃居2016年度中国制药工业中成药消化类产品非处方药销售前8强，葫芦爸牌"奥美拉唑肠溶胶囊"位列2016年度中国制药工业消化类产品非处方药销售前15强。葫芦娃药业也成功挺进中国OTC市场制药工业百强企业品牌榜前三十强，一举奠定了葫芦娃药业在中国医药界的品牌地位。

在此基础上，葫芦娃药业在此后更是以精益求精的态度和锲而不舍的精神不断追求创新，创造了一个又一个的行业奇迹。

—【葫芦娃药业的与众不同】—

瞄准细分市场，以"健康中国娃"为使命

作为中国医药行业的后来者，葫芦娃药业在创业之初就制定了极为清晰的发展路径，没有像一些药企那样走成人药物的路线，而是瞄准儿童用药这一细分市场进行突围。

与竞争激烈的成人药品市场不同，儿童药品市场一直呈现"缺医少药"的局面。与成人用药相比，儿童用药的生产工艺更加复杂，生产成本偏高，批量少，批次多，新药研发周期较长，销售利润却偏低，所以国内的药品生产企业大多以成人药品的生产为主，儿童药品只是附带生产。在我国6000多个制药企业中，专业生产儿童用药的企业寥寥无几。

而儿童药品生产企业的不足也导致了我国儿童用药市场发展速度相对缓慢、市场不成熟的现状，儿童用药市场规模仅占医药行业的5%。同时，儿童药品的品种也偏少，且存在剂量模糊、标识不清、规格缺乏等问题。

而与之相对的是，我国儿童人口的庞大基数，占人口总量近两成，随着"二胎"政策的全面放开，未来儿童的数量还将明显增加。儿童用药市场因此具备较大的发展空间。长期以来，我国儿童用药市场约90%的份额被外资品牌把持，儿药品牌也是外资企业领先。

基于对市场现状和未来趋势的把控，葫芦娃药业在成立之初便制定了"以儿童药品为核心"的发展路线，并一直将"健康中国娃"作为自己的企业使命。

除了企业发展路线制定，在配套的产品研发品类、团队建设和儿童安全用药知识科普教育上，葫芦娃药业都遵循"儿童用药"的核心，做了大量的基础工作。

在产品品类研发上，葫芦娃药业一直专注量身定制儿童药物，坚持执行"名方战略"，在中医传统名方基础上结合现代工艺和技术，研发出"小

儿肺热咳喘颗粒"等疗效明显的儿童药品外，并陆续推出了"肠炎宁颗粒""小儿氨酚黄那敏颗粒""小儿康颗粒""小儿清咽颗粒""小儿化积颗粒"等一系列优质的儿药品种。其中小儿肺热咳喘颗粒已成为葫芦娃药业的明星产品，入选《儿科用药指南》，荣登中国非处方药中成药儿科感冒咳嗽类第二名，并被国家卫计委纳入中药儿童用药课题研究首批示范项目。

在建立团队之初，葫芦娃药业便采用了与众不同的团队构建策略。首当其冲的一条就是坚持团队的专业化。由于儿童群体的特殊性，在药品知识积累方面比成人用药的要求更高，而基层医疗机构在这方面的知识储备相对匮乏，为此，葫芦娃药业对团队在儿童药品知识储备方面推出了更加专业化和严格化的要求，要求团队人员必须具备较为丰富的儿药知识，可以通过专业化服务指导基层医疗机构和消费者安全用药。

为践行"健康中国娃"的企业使命，葫芦娃药业还通过多样化的活动进行儿药知识的普及和推广。比如2017年由中国医药教育协会主办，葫芦娃药业承办的国家级继续医学教育项目"儿童安全用药知识普及教育项目"的启动，葫芦娃药业计划用三年时间在全国组织基层医生、药店店员培训5000场次，培训人群超过20万人次，让更多的基层医药工作者能够学到安全用药、合理用药、规范用药、精准用药的知识和技能。

正是这份对儿药事业的执着与坚持，葫芦娃药业在儿童制药领域的行业地位迅速提升，成长为在业内具有领先地位的儿童药专业品牌企业。

通过核心单品实现突破，成为细分品类的代表性产品

作为中国药业行业的"新生代"，葫芦娃药业要想在众多实力雄厚、历史悠久的大型药企中实现突围，必须避免与这些药企的强项进行正面冲突，需要另辟蹊径。

儿童用药的品类大多集中在感冒类、清热类、抗生素类以及维生素类等几类中。其中以感冒类最为常见。葫芦娃药业选择以最常见的感冒类品类为突破口，但又没有墨守成规地局限于此，而是在感冒药的品类中找到了止咳类这一更为细分的品类进行突破。

在日常生活中，咳嗽是极为常见的病症，无论是常见的感冒、呼吸道感染，还是更为严重的肺部感染、肺结核、哮喘等病症都会引发咳嗽。因为本身抵抗力偏弱，儿童极易受外界病毒感染而引发咳嗽，所以儿童止咳类药物具有极为良好的市场空间，需求量呈逐年递增的态势。

而中成药因为治疗较温和，对较弱体质的儿童副作用小，在止咳类药物中具有明显优势。为此，葫芦娃药业以传承多年的中药名方为基础，结合现代先进的工艺手段进行了研发，推出了"小儿肺热咳喘颗粒"等产品。

其中"小儿肺热咳喘颗粒"这一核心单品更是在一经推出就获得了良好的市场反馈。2016年，"小儿肺热咳喘颗粒"获得中国非处方药产品综合排名中成药儿科感冒咳嗽类前3强，2016年、2017年连续2年蝉联中国制药品牌榜"新锐品牌"。更是凭借杰出的临床价值，被国家卫健委列入《流行性感冒诊疗方案》（2018年版）进行重点推荐，又被纳入新版《国家基本药物目录》，并于2017年、2019年连续两次入选《国家医保目录》。

借助"小儿肺热咳喘颗粒"这一核心单品的突围，葫芦娃药业在中国儿童用药领域抢占了位居前列的身位，树立了良好的品牌形象。而为了保持领先的身位，葫芦娃药业近年来依然坚持精益求精的原则，对核心单品不断进行完善。

为了让剂量更为精准，疗效更明显，葫芦娃药业决定将原有的3克规格升级为4克规格，看似只是小小的1克变动，却凝聚了葫芦娃药业研发团队5年的心血。而升级到4克的规格不再是简单的规格改变，而是推出一个全新的产品。

首先是标准化的提升。"小儿肺热咳喘颗粒"是基于中医名方基础上研发出的中成药，对其进行标准化提升就意味着要进行中药现代化的转变。为此，葫芦娃药业的研发团队花费了5年时间，对其中的麻黄碱等成分进行了明确的量化控制，在确保疗效的同时，更好地确保了用药的安全性；其次是一些功能性成分的含量提升。比如其中的银翘苷从以前每袋0.32毫克到现在每袋4毫克，提升药品疗效；其三是对投料量和产药量进行了严格的控制，制药流程控制非常严格，制备工艺也达到了一个新的高度；其四是药的口感也进行了优化。儿童药成功的关键，一是疗效，二是口感。疗效再好，孩子不愿意喝也达不到治病的效果。所以葫芦娃药业对药品的口感也进行了改善，甜甜的口感比以前的产品更适宜儿童。

而新的"小儿肺热咳喘颗粒"一经面世，就凭借更好药材、更高标准、更快起效、更佳口味轰动行业内外。葫芦娃药业也借助这一核心单品的畅销，再一次稳固了自身在中国儿童制药领域的品牌地位。

—【葫芦娃药业的品牌经营策略】—

通过自建、并购等多种形式不断强化品牌综合实力

为了提升品牌的综合实力，葫芦娃药业通过自建、并购等方式，不断整合国内医药生产行业最好的资源，实现企业规模化。同时，还收购了大量优秀的中药产品、儿科产品，完善整个集团的产品结构和战略布局。

2012年6月，葫芦娃药业收购承德新爱民制药有限公司。2013年，建成海口药谷基地，针剂生产线和固体口服生产线顺利通过国家新版GMP认证。2016年4月，在葫芦娃药业集团设立海南省中药制剂工程技术研究中心。9月，葫芦娃药业与南宁市政府签订战略投资协议，随后，广西来宾中药提取生产基地和广西维威制药新生产基地先后开工建设。同时，海南省院士工作站落户葫芦娃药业集团。

截至目前，公司拥有海口药谷、海口保税区、广西南宁、广西来宾、河北承德、广东遂溪六个智能化、标准化生产基地，逾40条中药及化药专业生产线，生产现场完全按照5S管理模式进行规范管理，质量管理体系严格执行

GMP标准。

同时，葫芦娃药业一直致力于生产专业化与生产质量管控的极致化。为保证产品质量，根据国家新版GMP要求，葫芦娃药业制定了以周为单位进行GMP自查工作的制度，即检查即整改，不留任何隐患，开创了海南制药行业自查制度的先河，更是全省制药企业中第一个实行周GMP自查的企业，使得葫芦娃药业的产品出厂合格率几乎达到了100%。

而在提升科技水平和研发能力方面，葫芦娃药业更是不遗余力，连年加大在研发方面的投入。为了进一步提升自身实力，也为了更好推动中国民族药产业的发展，葫芦娃药业专门成立了海南省中药制剂工程技术研究中心，拥有专业的研发人才，生产设备、研发仪器均在国内处于领先水平。葫芦娃药业还与国内多家科研单位、高校合作研发新药、特药。目前有57个品种尚在研发当中，拥有自主知识产权的专利药品70个。同时，葫芦娃药业还专门设立了海南省中药制剂工程技术研究中心，与中国药代动力学专家、中国工程院刘昌孝院士合作建立海南省儿科药物研发院士专家工作站，继续加大在儿童药的研发研究方面的投入力量。葫芦娃药业还积极参与由世界卫生组织带头倡导的"量身定制儿童药物"运动。

正是因为在研发上敢于投入，在生产上严格要求，葫芦娃药业自创立以来，取得了良好的发展成果。目前，葫芦娃药业已形成了以葫芦娃、葫芦爸、葫芦妈三大品牌为主体的葫芦世家系列产品群，拥有295个药品批准文号，其中58种产品进入国家基本药物目录，97种产品进入国家医保目录。特别是在儿科用药领域，拥有"小儿肺热咳喘颗粒""肠炎宁颗粒""头孢克肟分散片""小儿氨金黄敏颗粒""小儿止咳糖浆""小儿清咽颗粒"等在内的24个优质口服儿科用药品种，涵盖了儿童呼吸系统、消化系统及全身抗感染用药，形成较为完整的儿科用药产品群。葫芦娃药业更是以平均30%的发展速度引发了行业和消费者的高度关注，成功挺进中国OTC市场制药工业百强企业品牌榜，更有力的推动了中药的标准化和国际化。

借助渠道、传播和知识普及等多重策略，不断塑造品牌，培育市场

不同于普通的快消品，药品作为一种特殊的商品，在品牌塑造上也具备了一些特性。快消品的品牌塑造侧重于知名度的打造，知名度提升了，品牌形象就树立了，产品销量也会随之提升。而药品则不同，除了知名度，品牌的质量更是大众关注的焦点，所以品牌美誉度的塑造也至关重要，甚至比知名度更为重要，只有美誉度提升了，才有可能塑造品牌的忠诚度。

为此，葫芦娃药业在品牌推广上，遵循了"传播专业、专业传播"的传播原则，采取的是学术层面的专业推广与大众层面的品牌推广相结合的策略。

在学术层面的专业化推广方面，葫芦娃药业大多与政府部门、行业组织进行公益性的合作，采用儿科医学知识的普及教育方式，从呼吸系统、感染性等方面的疾病入手，落实基层医生的教育培训工作，推动基层医生对儿科呼吸系统知识的科普教育。

比如与《中国药店》杂志合作，共同推进"金牌儿药师"城市训练营及评选活动。与世界卫生组织儿童卫生合作中心、中华医学会儿科分会、中华预防医学会儿童保健分会、中国医师协会儿科医师分会等机构联合举办"量身定制儿童药物暨儿童用药安全"高峰论坛等系列活动。10多年来，葫芦娃药业集团组织基层医生安全与规范用药科普知识的普及教育培训活动累计5000多场次，培训基层医生超过20万人次。

2017年，葫芦娃药业还承办了由中国医药教育协会主办的国家级继续医学教育项目——儿童安全用药知识普及教育项目，计划用三年时间在全国组织基层医生、药店店员培训5000场次，让更多的基层医药工作者能够学到安全用药、合理用药、规范用药、精准用药的知识和技能，预计培训人群将超过20万人次。

而在大众层面的品牌推广方面，葫芦娃药业与中央电视台、河南卫视、安徽卫视以及部分地方频道强势合作，同时结合报刊杂志等平面媒体、互联

网和新媒体对葫芦娃的品牌进行广泛传播。葫芦娃药业还通过品牌宣讲会等地面活动的形式，在全国300多个地区进行品牌宣讲，让葫芦娃的品牌形象走进了千家万户。在对终端医师进行安全用药知识科普教育的过程中，也会结合葫芦娃药业的产品，将葫芦娃的专业化形象传递给终端医生，再由终端医生将葫芦娃品牌的质量、疗效传递给消费者，让消费者真正树立起对葫芦娃品牌的美誉度，从而建立起对葫芦娃产品的忠实度。

为了进一步扩大品牌的影响力，除了品牌传播，葫芦娃药业在营销网络体系上也不断构建与完善。销售网络已经覆盖全国所有省份，包含300多个地区，2000余个城市、乡镇及农村销售终端。同时与十大连锁为龙头的众多连锁药店达成战略合作协议，形成覆盖不同终端渠道的销售与服务体系。葫芦娃药业还持续对基层医护人员、经销商、合作零售终端进行综合教育和培训，以提高基层医生和零售药店安全用药和规范用药水平。

借助学术层面的专业推广、大众层面的品牌推广、地面活动推广和营销网络体系的支持，葫芦娃药业不断深化对市场的渗透和品牌形象的塑造，取得了良好的市场效果。自2016年以来，葫芦娃药业进入快速发展阶段，三年的年营收分别为4.87亿元、6.55亿元和9.84亿元。

─【结语】─

与中国医药行业动辄百年历史的"老资格"相比，只有10余年历史的葫芦娃还是一个"孩子"。可就是这个"孩子"，只用了短短数年，便从一个地方小企业成长为国内知名企业，在国内儿科呼吸系统治疗领域占据了领先地位，其后更是以稳定高速的发展成为了行业内一匹引人注目的黑马。它的出现，改变了过去"用药靠掰，剂量靠猜"的局面，让儿童用药更加标准化、专业化。

　　回顾过去，厉兵秣马，葫芦娃药业经过十余年的市场磨砺已经逐步适应了市场的发展和竞争。面对未来，在行业增速放缓、同行竞争激烈的大环境下，葫芦娃药业必将积极进取，厚积薄发，从而揭开全面布局、快速发展的崭新一页。

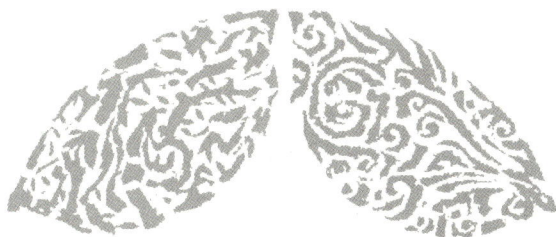

石湾玉冰烧：

豉香白酒经典，岭南文化代表

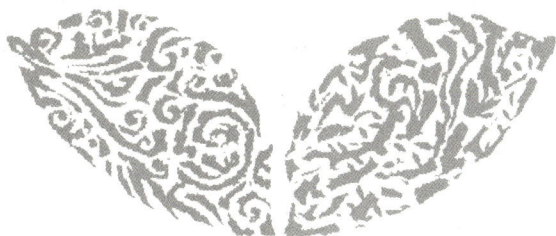

在190年的历程中，历经七代人的努力，石湾酒厂集团多年来保持高速发展，作为中国豉香型白酒标准的起草者，石湾酒厂集团开创了粤酒洞藏的先河。以陈太吉酒庄为代表的中国白酒酒庄是中国白酒文化自信的旗帜。

—【事件】—

　　2019年8月25日，"振兴粤酒·世界共赏"2019年粤酒产业高峰论坛暨石湾玉冰烧战略新品上市发布会在广东佛山举行，会上正式成立了振兴粤酒发展战略委员会，由石湾酒厂集团董事长、广东岭南酒文化研究院理事长范绍辉兼任会长，聘请广东省酒类行业协会会长彭洪为委员会名誉会长，并特聘行业专家为粤酒发展出谋划策。这将成为广东酒业振兴粤酒首个专家智库平台，汇聚众多高端人才，为振兴粤酒提供强大的顶层智慧力量，使振兴粤酒战略落地更为可行有效，推动粤酒产业全方位快速发展。

　　振兴粤酒产业委员会的成立是顺应市场发展的潮流，粤酒也应发出自己的声音。接下来在振兴粤酒方面，将从文化引领、品质保障、品质创新、人才储备等四个方面出发，打造平台化、强职能、专组织、短链条的复合型组织，同时推进粤酒文化传播和营销功能的有效落地。

"振兴粤酒发展战略委员会"成立仪式现场

在这次发布会上，石湾酒厂集团还首次推出粤酒新标杆产品"石湾玉冰烧·洞藏20"，标志着石湾玉冰烧作为粤酒领航者和代表品牌首次步入中国白酒行业的中高端阵营。

"石湾玉冰烧·洞藏二十"是企业历史传统的"清雅型"高端产品，酒体既有显著岭南"清雅纯净"的独有特色，又有"丰满醇厚"特点，符合现代人对白酒口感偏爱趋势，是石湾酒厂集团历经3年筹备雕琢的力作，是"中国白酒纯净之美"石湾玉冰烧洞藏酒系列代表产品。

—【石湾酒厂集团的发展历程】—

广东石湾酒厂集团有限公司前身为创立于1830年（清朝道光十年）的"陈太吉酒庄"，迄今已有190年历史，是广东真正还在原址生产的中华老字号。其山洞储藏酒窖是在天然山洞基础上进行必要的安全修整而成，也是广东省罕有的山洞酒窖。

1895年，陈太吉酒庄第三代传人翰林学士陈如岳放弃仕途后，回家乡潜心酿酒，在继承家传的酿酒技艺基础上，不断研究新的酿酒手法，创立了中高端产品"清雅型"酿造技艺和"肥肉酿浸，缸埕陈藏"的豉香型玉冰烧酿酒工艺。从此陈太吉酒庄因玉冰烧酒名闻遐迩，其独特的酿酒技艺一直传承至今。陈如岳创建的豉香型白酒工艺技术，为豉香型白酒奠定深厚的基础。但当时受制于佛山酒业行业的垄断，玉冰烧只能在石湾市场经营，并没能打入佛山市场。

甲午战争后，佛山酒业萧条，陈太吉酒庄顺势逆转垄断，产品迅速打入了佛山市场。1900年，陈太吉酒庄开始在石湾的亲睦坊（即后来石湾酸陶厂内）开设了第一家分栈，增设二条蒸酒甑。此后，陈太吉酒庄开始在佛山相继开设分栈，产品销往佛山各大酒楼。

陈太吉酒庄

1914年，陈太吉酒庄第四代传人陈道富接管酒庄的管理经营，延续以往的发展势头，加大整体扩张，让玉冰烧产品走出佛山市场。

1917年，陈太吉酒庄的产品开始出口海外市场。

1920年，陈太吉酒庄在广州的汉民路、河南洪德马路、第十甫路、海珠路开设分栈销售，在广州河南洪德路和南敖洲设有四条蒸酒甑，日产酒已经从600斤增加到2400斤。通过广州把产品销往各地，其中包括香港、澳门地区。产品种类已经包括了白酒类的玉冰烧酒和果酒类的青梅酒、桂圆酒等十五种产品。酒庄业务开始走出佛山向外扩张，获得转折性的突破。陈道富将热销的玉冰烧酒产品由"顶上名贵酒"更名为"驰名醇旧太吉酒"，给产品贴上了"商标"，人们可从"太吉酒"的名称第一时间了解到原产地的佛山"陈太吉酒庄"，同时，"醇旧"二字概括了石湾玉冰烧醇和甘爽的品质口感和缸埕陈藏的技艺特点，使玉冰烧的产品特性深入人心。此举反映了陈道富在当时已经具备了现代品牌意识，使企业（酒庄）名称、商标名称和产品名称形成统一。

1945年，陈太吉酒庄的业务已经从广州发展到香港、澳门地区，并分别在广州的南洪德路、鳌洲外街以及澳门的群队街设蒸酒甑共六条。

1951年，从1830年沿用的石湾酒厂集团"陈太吉龙凤牌"商标在中央人民政府重新取得注册。

1952年，陈太吉、永联兴、品栈酱园等私营作坊联营，组成"石湾酒联组"，政府派杜国桢同志任公方代表，生产工场分开，分配独立核算。

1955年，永联兴歇业，同年7月至1956年9月因酿酒粮食紧缺，不能继续生产，国家把部分人员（14人）安排到顺德县北滘粤中酿酒厂。

1956年9月，由到粤中酿造厂的14人加上原陈太吉酒庄的人员共32人，以陈太吉酒庄作为厂址组建成公私合营的陈太吉酒厂。

1957年，陈太吉酒厂开始使用大电网电源，同时实现电动泵水，率先开始了以电力为动力的生产方式。而人力和生产设备的增加，产能得到逐渐扩大，1957年恢复出口后至1978年间，成为全省纯米酒出口量较多的加工型生产厂之一。

1968年，陈太吉酒厂易名为石湾酒厂集团。

1981年，石湾玉冰烧被评为"广东省优质产品"。

1984年，石湾玉冰烧获得轻工业部酒类质量大赛银杯奖和"国家优质酒"称号。

1989年，石湾玉冰烧再获"国家优质酒"称号，并获得酒类质量大赛银质奖，是豉香型白酒行业唯一获得此殊荣的产品，石湾系列米酒获得首届轻工博览会金奖。

上世纪80年代，石湾酒厂集团出口量每年多达3000吨，创汇达到300万美金。

上世纪90年代起，为了满足消费者消费结构日益高档化、个性化的需求，石湾酒厂集团借助传统百年技艺的积累，结合现代人对品质的喜好特点，加强推广中高档产品生产工艺的清雅型白酒系列和具有岭南特色果酒工艺的果露酒系列，石湾酒厂集团的企业技术工艺和产品结构得到进一步发展和丰富，企业规模实现从酒作坊发展到现代化大型酿酒企业。

1996年，由石湾酒厂集团主导起草的豉香型白酒国家标准正式发布实施。

1999年，石湾酒厂集团企业转制，成立佛山市太吉酒厂有限公司。

2000年，石湾酒厂集团建立豉香型白酒行业第一个博士后工作站，开展豉香型白酒深层次的研发工作。

2003年，石湾酒厂集团通过ISO-9001-2000质量体系认证，取得全国工业产品生产许可证，入选"中国白酒百强企业"。

2006年，"石湾玉冰烧"被评为中国白酒香型（豉香）代表产品，石湾酒庄酒行会馆被佛山市人民政府公布为文物保护单位，是全国唯一一间建于清朝并保留下来的酒行会馆。

2007年，"石湾"被认定为"中国驰名商标"，石湾酒也被国家评为"中国历史文化名酒"。推出清雅型"石湾玉冰烧"产品，成功实现了中高端白酒市场的突破，有效提升了产品品质形象和价值形象。

2008年，石湾酒厂集团被评为"国家信用等级AAA级"企业，石湾酒厂集团首家高端形象店——石湾酒庄开业。

2009年，石湾玉冰烧酒酿制技艺被列入广东省非物质文化遗产名录；企业通过HACPP食品安全体系认证。

2010年，佛山市太吉酒厂有限公司升级成为广东石湾酒厂集团有限公司，"石湾玉冰烧·六埕藏酒"及"佛山小酒"正式上市，石湾玉冰烧荣获联合国千年优秀奖。

2011年，石湾酒厂集团入选中华老字号，石湾酒庄入驻岭南天地商业街并托管酒行会馆，作为体验式酒历史文化展馆正式对外营业，酒行会馆是佛山市人民政府公布为文物保护单位，是全国唯一一间建于清朝并保留下来的酒行会馆。

2013年，广东石湾酒厂集团有限公司通过注资重组和自主扩建发展成为石湾酒厂集团，成为广东首家专业酒业集团。注资重组并购阳春酒厂，将其定位为岭南养生酒生产中心，并从工艺融合、管理运营和市场推广等多方面进行综合性完善提升。入选"广东省非物质文化遗产生产性保护示范基地"名录，中共广东石湾酒厂集团有限公司委员会成立。石湾玉冰烧基金同期揭牌成立。

2014年，广东岭南酒文化博物馆、新石湾美术馆开馆，春花红新品正式上市。石湾酒厂集团注资重组三水酒厂和佛山市帝一酒业有限公司。石湾酒厂集团阳春生产基地完成一期技改扩产，成为广东省养生酒生产规模最大的企业。中国酒业协会"中国白酒酒庄联盟"正式成立，陈太吉酒庄作为002酒庄成功入选。

2015年，石湾酒厂集团入选亚洲品牌成长100强，品牌价值名列广东省白酒第一名，位列中国白酒五十强。石湾玉冰烧酒被批准为国家地理标志保护产品，成为广东省首个同时荣获三大国誉奖项的代表产品。"石湾玉冰烧·六埕藏酒"获得2015布鲁塞尔烈性酒大奖赛大奖。

2016年，石湾酒厂集团对阳春酒厂进行全资收购，由石湾酒厂集团总投资达2亿元的阳春酒厂二期扩建项目即将启动，二期项目建成后，预计年销售收入将突破5亿元，年纳税1亿元以上。石湾酒厂集团董事长、陈太吉酒庄第7任"掌门人"范绍辉被推选为佛山市酒类行业协会会长，代表粤酒荣登"广东年度经济风云榜"，并荣获"十大经济风云人物"称号，成为广东地产酒唯一获此殊荣者。"石湾玉冰烧"获得"1985-2015中国白酒（区域性）历史标志性产品"荣誉称号，是此次评选唯一入选的广东地产酒。石湾酒厂集团董事长范绍辉荣获中国酒界最高奖项"仪狄奖"卓越成就奖，彰显出石湾酒厂集团在中国酒业重要的行业地位。

2017年，实现全年销售收入和利润均超20%以上的增长，开年以后迎来历史性产销创新高纪录。"石湾玉冰烧·洞藏九"及"洞藏十二"两款产品在广州市场达到60%以上的大幅增长。"石湾玉冰烧·洞藏九"荣获2017布鲁塞尔烈性酒大奖赛大奖。石湾酒厂集团入选广东企业500强，广东制造业100强，春花红酒荣获中国酒业"欢伯奖"年度产品殊荣。

2018年，陈太吉酒庄作为唯一的粤酒代表，参加"中国酒业协会白酒酒庄联盟年会"。石湾酒品牌价值评估为85.64亿元，位列中国白酒六十强。阳春酒厂定位为中国养生酒的高端"春花红酒"及其他春花系列新品正式上市。中国首部养生酒微电影《零·zero》上映发布。广东石湾酒厂集团临澧生产基地项目签约仪式举行，这是石湾酒厂集团的首个省外生产基地，也是其第五个生产基地，石湾酒厂集团

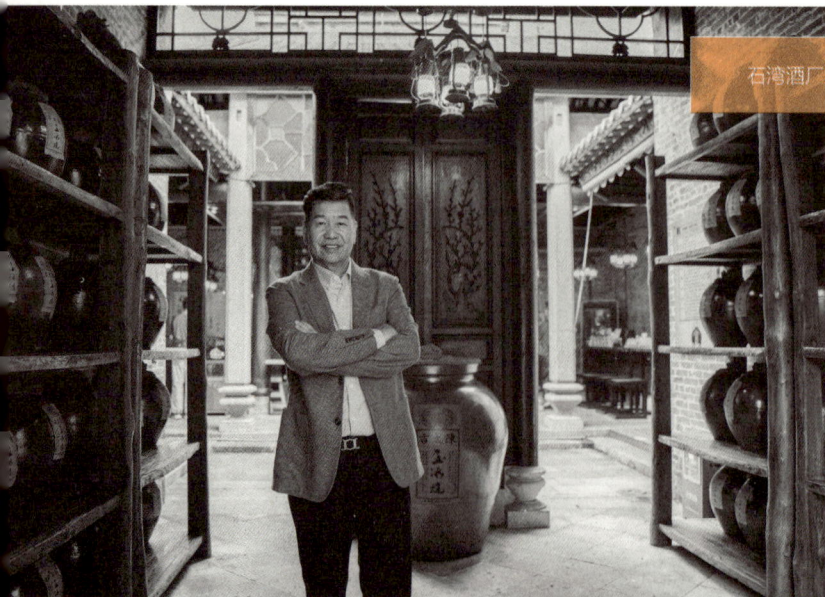

石湾酒厂集团董事长范绍辉

由此正式开启"粤酒全国化系列工程"。下阶段集团将从生产规模、技术研发到市场开拓、品牌建设、酒文化建设等多方面全面推进粤酒全国化进程。

2019年，"振兴粤酒发展战略委员会"正式成立，由石湾酒厂集团董事长、广东岭南酒文化研究院理事长范绍辉兼任会长。"石湾玉冰烧·洞藏20"清雅型白酒正式上市，标志着石湾玉冰烧作为粤酒代表品牌首次步入中国白酒行业的中高端阵营，开启粤酒走中高端之路。石湾酒厂集团历时四年打造，投入超千万元的"朱紫街复原项目"正式落成。

2020年，石湾酒厂集团迎来190周年之际，正式形成了"陈太吉酒庄酒"高端产品、"清雅型石湾玉冰烧"中档产品和"豉香型石湾玉冰烧"大众产品的高中低档白酒产品结构。

—【石湾酒厂集团的转折点】—

借势白酒发展机遇，以自身品牌带动粤酒整体发展，推进粤酒全国化进程

近十几年来，由于广东人低调的性格、文化宣传不足和粤酒普遍为大众产品等因素的影响，消费市场对粤酒的了解极为有限，粤酒一度被认为缺乏历史文化底蕴，甚至导致了人们对粤酒"低度、低档、低值"的形象误解。

事实上，粤酒曾经享誉全国，"岭南万户皆春色""荔枝新熟鸡冠色，烧酒初开琥珀春"等文人墨客的记载无不显示了粤酒曾经的辉煌。然而，这些曾留下浓墨重彩的一代名酒，如今却鲜有耳闻。如何摘掉长久以来"低价低端"的对外标签，是粤酒加快向中高端市场发展需要破解的问题。

广东作为全国最重要的白酒消费市场之一，销售额位居前列的居然是外来品牌，在本地生产销售的粤酒长期以来一直被"价值低估"。近来，以石湾酒厂集团为代表的粤酒企业也开始通过战略布局和行动积累，尽力扭转广东地产酒低端低值的形象，希望重振粤酒辉煌。

石湾酒厂集团深知中国白酒行业将迎来品质战略驱动时代，只有品牌价值型和品质稀缺型企业才能在新的机遇下实现"弯道超车"。而实现弯道超车的唯一途径就是以物超所值为起点，通过创造差异化给消费者一个购买的理由。为此，近年来，石湾酒厂集团一直从工艺技术提升、产品价值提升和企业规模拓展等方面进行战略布局与行动积累。

工艺技术方面，石湾酒厂集团组建了由1名中国首席白酒品酒师、3名国家级白酒评委、14名高级品酒师、8名高级酿酒师、3名高级工程师等技术人员组成超过100人规模的工艺技术团队，在传承"陈太吉酒庄"近200年的酿酒工艺上，进行了符合现代人口感的升级，推出了清雅型"石湾玉冰烧"系列产品，产品经过恒温山洞酒窖陈藏自然老熟，形成酒色微黄、酒香清雅、入口绵甜醇和、酒体丰满、后味悠长的岭南清雅风格，成为具有全国性口感偏好和符合现代人体验需求的前瞻性产品。

在产品价值方面，清雅型"石湾玉冰烧"系列产品的推出改变了酒厂没有中高端品牌的局面，不但在酒的口味上纯净清爽的清雅风格日益成为中国白酒主流发展方向，在包装上也极具地方特色，充分融合了岭南文化的设计元素。清雅型"石湾玉冰烧"推出后迅速在消费者中形成了良好的口碑，其酒体"微黄"的品质特点成为消费者衡量高品质酒的显著标准。

清雅型"石湾玉冰烧"系列产品的出现不但提升了石湾的品牌形象和价值形象，也让石湾品牌实现了对中高端市场的突破。更重要的是，它改变了广东地区中端酒市场长期被外来品牌把控的格局，成为真正能与外来品牌同台竞争，并有一定市场规模的产品。石湾酒厂集团以清雅型"石湾玉冰烧"系列产品的推出为契机，制订了粤酒走向全国的产品体系战略。

在企业规模方面，石湾酒厂集团自2013年起便通过资本重组和自组扩建的方式迅速扩大企业规模。2013年，石湾酒厂集团收购了拥有50多年历史的粤西最大酒厂阳春酒厂，2014年又注资重组了三水酒厂及帝一酒业，加上三水自建的厂区，石湾酒厂集团由原有5万吨产能的中型酒厂拓展为豉香型白酒10万吨、清雅型白酒3万吨和露酒5万吨规模的酒业集团。布局全省形成了包括佛山市禅城区、三水区和阳春市三地共四大基地的产业规模，形成豉香型、清雅型白酒和养生酒三大品类结构。

2018年，石湾酒厂集团抓住白酒行业下一个"黄金十年"的发展风口，将第五个生产基地落户湖南省常德市临澧县，这是石湾酒厂集团的首个省外生产基地。借助此次省外生产基地的构建，石湾酒厂集团计划在未来通过生产规模的扩大和产地前置提升区域产能配套和辐射强度，优先布局湖南周边省份市场，成为粤酒全国化发展前沿支点。石湾酒厂集团也由此进入了重要的发展转折期，将借势白酒发展机遇契机，以自身品牌的全国化发展为基础，带动粤酒整体发展，以此推进粤酒全国化进程。

2019年，由石湾酒厂集团牵头成立了振兴粤酒发展战略委员会，更是标志着石湾酒厂集团将从生产规模、技术研发到市场开拓、品牌建设、酒文化建设等多方面全面推进粤酒全国化进程。

—【石湾酒的与众不同】—

凭借酿造工艺的"秘密武器"，创造"豉香型"新品类

石湾酒厂集团最与众不同的一点是凭借其在酿造工艺上自创的"秘密武器"，创造出了"豉香型"这一白酒的新品类。

在成立之初，陈太吉酒庄刚蒸出来的酒，味道偏辛辣，香气也不够柔缓，整体口感不够醇和，酒体也偏混浊，且酒的度数只有30度左右。为了让酒的口感醇化，酒体变得澄清，新酒必须经过长时间的存放才能面世销售。

怎样才能改善酒的口感，并且缩短酒体变澄清的过程呢？陈太吉酒庄第

三代传人陈如岳绞尽脑汁。他发现一些年老的人特别爱吃肥猪肉，原来是因为肥猪肉不仅入口香润，而且滑腻甘和。加上广东地区本身就有用蛇或毛鸡浸酒的传统，陈如岳突发奇想，决定尝试用自家产的米酒添加肥猪肉，以石湾陶埕浸泡陈酿。

经过反复试验发现，经过酝浸肥猪肉，原本混浊的米酒变得清醇甘滑，不但去除了原本的苦味和辣味，也让口感变得绵甜柔和，而且还滋生了一种与众不同的独特香味。他由此创制出了一种新的米酒酿造工艺。

因为在酒中加入了猪肉，所以一开始陈如岳为这种米酒取名为"肉冰烧"，后来感觉"肉"字缺乏雅致的感觉，因为被酒浸泡后的肥猪肉晶莹剔透，仿佛冰块，而粤语的"肉"与"玉"同音，最终将"肉冰烧"改为了"玉冰烧"。此后"玉冰烧"闻名遐迩，由此改变了蒸馏米酒全部叫烧酒的历史，也创造了豉香型玉冰烧这一新品类。

看似与酿酒完全不搭的猪肉，成就了玉冰烧的百年传奇，而这一"秘密武器"也让石湾酒厂集团在工艺上与其他白酒生产企业明显区分开来。

上世纪90年代，经过国家十几年的调研，石湾玉冰烧被确定为中国白酒第五种香型——豉香型白酒的唯一代表产品。凭借着新的品类，石湾酒厂集团有效地树立了自身的品牌地位，石湾酒厂集团也成为"豉香型白酒国家标准"的起草单位，由其主导制定的"豉香型白酒国家标准"在1996年施行。

除了工艺创新，陈如岳还利用石湾酿酒产业的资源进行了模式创新。他改造了家乡的桑基鱼塘，将碾出来的谷壳和稷米运回乡下混合草料作为饲料。同时，又以酒糟养猪，落塘的猪粪培养微生物喂鱼。在塘泥覆盖基面培肥土壤，将江西庐山的"大矛竹"和本地的"象竹"杂交，培育出岭南著名的竹笋品种——大头扁，布种在鱼塘基，称为"竹基鱼塘"。

这种与现代循环生态养殖系统极为相似的基塘系统模式一直在沿用。陈如岳利用自己的才学整合利用资源，更新了劳作模式和产业发展观念，推动了社会的进步。

—【石湾酒厂集团的品牌经营策略】—

坚持"产品必须忠于品质"的理念，从品质和文化入手，从根本上提升产品的品牌力

历经190年风雨仍屹立不倒，这不仅得益于石湾酒厂集团对传统粤酒酿造技艺的坚守，对粤酒文化的传承，更得益于其在产品上的不断创新，也由此让这个古老的品牌焕发了源源不断的活力。

"产品必须忠于品质，才能不断地传承下去。"这是石湾酒厂集团董事长范绍辉一直以来坚持的理念。可以说，石湾酒厂集团能有今日的成就，与董事长范绍辉有着密不可分的关系。

和很多企业家不同的是，范绍辉这个让石湾酒厂集团焕发新的活力，甚至带领粤酒走向全国的领头人并非做白酒本行出身。

上世纪90年代末，范绍辉曾下海创业，尝试过出口贸易等多种行业，积累了一定的经验和资源。2006年，拥有170多年发展历史的石湾酒厂集团因为经营不善公开挂牌拍卖。范绍辉从中发现了发展机遇，经过对盛产米酒的日本市场调研和对中国白酒行业发展的预判，他认为，"一家企业经历了170多年都没有倒闭，它的产品没有问题。酒在中国的历史悠久，是非常成熟的产品，迭代不容易。时间越长，对酒来说反而是优势。关键是要在文化和意识方面占领空间，就有市场议价能力。"于是，他买下石湾酒厂集团67%的股权，成为石湾酒厂集团新一代掌门人。

接手石湾酒厂集团后，如何在保持传承的基础上迎合时代发展的需求成为范绍辉首当其冲面对的问题。为此，他保留了原来的管理人员和员工，并用文化引领的理念，给企业所有员工来了一场"头脑风暴"。

首先是消费人群的升级，转变原有以中老年人为主要消费群体的思路，升级为在保留原有消费群体的基础上吸引年轻消费群体的思路。而要想实现对年轻群体的吸引，必须在产品工艺、产品种类甚至传播方式上进行新的尝试。

根据这一思路的指引，石湾酒厂集团组建了研发团队，在不断改良与优化酿造工艺、提升产品品质的基础上，整合优势资源，根据消费需求的转变不断研发新产品。在研发的新产品中，石湾酒厂集团精选出最具发展潜力的产品推向市场，剩余的新产品作为储备产品，留在日后使用。

基于研发的成果，石湾酒厂集团从2006年开始，在原来豉香型传统米酒系列的基础上，加强推广清雅型、养生型等多个系列中高档产品，丰富自身的产品线。

在品牌传播上，范绍辉从入主石湾酒厂集团的第一年就开始斥巨资赞助珠江小姐评选。面对厂内普遍认为赞助费用"极贵"的质疑，范绍辉却认为值得就可以去干。就这样，石湾酒厂集团成了赞助商。在赞助的前两年，市场效应并不明显，于是纷纷响起了质疑的声音，但是范绍辉依然坚持赞助，因为做品牌不是短期行为，而在于长期的坚持。直到第三年，品牌积累效应开始显现，石湾酒厂集团的销量开始井喷，此时大家才明白范绍辉坚持的价值，也看到了做品牌的市场影响力。继赞助珠江小姐评选之后，范绍辉又组建了佛山玉冰烧女子高尔夫球队，并且连续数年冠名赞助"石湾玉冰烧杯搏击王者争霸赛"。

此外，石湾酒厂集团也一直在坚守品质的基础上，把粤酒文化带向更大的市场。2010年，石湾酒厂集团硬件建设投入超过4000万元打造岭南酒文化博物馆，历时4年，终于在2014年正式对外开放。这是范绍辉带领石湾酒厂集团振兴粤酒经典之作。

岭南酒文化博物馆系统梳理了岭南酒文化的脉络，将粤酒乃至岭南文化的历史原貌进行总结归纳，重新树立其文化内涵，为社会各界全面了解粤酒提供了窗口。

石湾酒厂集团还建设了新石湾美术馆，定期邀请国内名家和本土艺术新秀开展讲座与展览。新石湾美术馆通过白酒和艺术的跨界结合，用一种新的方式来促进岭南酒文化的传播。石湾酒厂集团借助博物馆和美术馆的构建，给曾经被认为文化底蕴不足的粤酒赋予了更多的文化内涵，也有效改善了企业的品牌形象。

2015年，石湾酒厂集团又把"陈太吉酒庄"原址的石湾朱紫街打造成为岭南文化街区。此后，石湾酒厂集团还出版《岭南酒文化》专著，成立"广东岭南酒文化研究院"，完成全国最大米罐彩绘等。同时，石湾酒厂集团还积极参与一些传统民俗活动，如三月三、龙舟赛等，将民俗与酒文化衔接起来，赋予酒更为深厚的内涵。

通过搭建岭南酒文化系统平台，石湾酒厂集团有效传播粤酒文化，提升粤酒品牌的全国影响力。

在品质、技术、文化上不断发力，石湾酒厂集团的产品品质与品牌价值、市场运营等综合实力也在不断提升。从2006年开始，石湾酒厂集团的年平均增速保持两位数，从一家普通的中型酒厂发展成为拥有4家酒厂的酒业集团，销售规模增长超过10倍，利润增长近20倍，资产规模增长近16倍。产品已经覆盖到中高端，摆脱了低端的品牌形象，"石湾玉冰烧"也更深入民心，成为豉香型白酒典范。

加强推广中高端产品，塑造品牌高端形象的同时，实现产品构成的阶梯化

为了改变"低价低端"的品牌形象，也为了丰富自身的产品序列，在传承陈太吉酒庄传统酿造工艺的基础上，石湾酒厂集团注重传统清雅型白酒工艺，加强推广清雅型玉冰烧系列产品，以价位高结构、产品高品质对接主流消费圈层与阶层，实现了消费者体验的迁移，成功切入白酒中高端市场，有效提升了品牌高度。

同时，石湾酒厂集团对阳春酒厂所生产的春砂仁酒工艺体系进行提升革新，自2014年推出的春花红系列新产品，迅速获得了专家和市场的认可。

2019年，石湾酒厂集团推出粤酒新标杆产品"石湾玉冰烧·洞藏20"，

拥有高品质、高颜值、高文创等特点，属于国内首创的"清雅型"高端产品，符合现代人对白酒口感偏爱趋势，是石湾酒厂集团历经三年筹备雕琢的力作，创造了粤酒新高度。它的推出也标志着石湾玉冰烧作为粤酒领航者和代表品牌首次步入中国白酒行业的中高端阵营。

石湾酒厂集团凭借传统豉香型白酒、中高档清雅型白酒和以春砂仁为原材料的养生型露酒所形成的三大技术工艺和产品体系，以及其本身具备的独特差异化竞争力，通过三大品类的联合驱动，进行品牌提升和市场扩容。以广东这个世界级经济湾区战略纵深推进为契机，占领省会高地、经济商业高地、消费圈层高地和消费场景高地，形成与全国一线品牌和进口洋酒竞争的区位优势。

为了加快发展步伐，石湾酒厂集团还成立了营销公司，下设豉香型事业部、清雅型事业部、高端事业部和养生酒事业部四大品类销售管理机构，通过营销手段挖掘三大品类的历史内涵和文化价值。

借助与石湾公仔陶艺相结合的酒瓶设计和融入岭南文化经典元素的包装设计，有效提升产品的价值。比如"陈太吉·布袋罗汉酒"的瓶体设计由中国工艺美术大师梅文鼎设计，"石湾玉冰烧·酒醉诗仙"的酒瓶由中国陶瓷艺术大师黄志伟设计。通过产品的产业联动，体现艺术性与实用性自然的融合，让产品更具有文化附加价值，提升了产品整体饮用价值、收藏价值和观赏价值，形成了不可复制的差异性竞争力。形成"到岭南就要喝石湾酒"的消费引导，使"经典岭南味"的品牌形象定位深入人心。

此外，石湾酒厂集团还不断加大营销推广力度，借助一系列的营销案例，推广粤酒文化。比如"粤菜配粤酒"项目，就像西餐讲究菜品与美酒的搭配一样，石湾酒厂集团也打造了中国传统名菜粤菜与粤酒代表玉冰烧的完美组合。作为中国八大菜系之一的粤菜，一向具有用料精细、技法考究的特点，菜品品相和口感都极为精致，具有十分牢固的消费基础。而作为粤酒代表的石湾玉冰烧与粤菜搭配相得益彰，口感协调，二者是完美的搭配。为了让粤菜与粤酒形成深度链接的搭配组合，石湾酒厂集团积极参与各种美食文化节，进行粤菜配粤酒的集中推荐，并策划组织了陈太吉家宴，用家宴的形式教育市场，引导美食和美酒形成稳固衔接。

借助产品创新和配套的营销创新，石湾酒厂集团借助标杆性中高端产品的推出，切入中高端市场，塑造品牌高端形象的同时，丰富了产品序列，实现了高、中、低档位的全面覆盖。

石湾酒厂集团通过产品品质、工艺技术、包装、营销等方面的全面提升，进一步构建品牌高端化、形象国际化、品类价值化三大价值引擎，确立战略向上走的差异化方针，以产业扩张、产品提升和品质升级等多位一体跨越发展，引领粤酒的全国化发展。

—【结语】—

在190年的历程中，历经七代人的努力，石湾酒厂集团多年来保持高速发展，作为中国豉香型白酒标准的起草者，石湾酒厂集团开创了粤酒洞藏先河。以陈太吉酒庄为代表的中国白酒酒庄是中国白酒文化自信的旗帜。

石湾酒厂集团在坚持传承传统酿造工艺的基础上不断创新，借助多种形式传播粤酒文化，借助资本整合和营销体系的构建，有效提升粤酒在全国乃至世界的综合竞争力，不断向世界输出中国白酒文化和中国酒庄文化，也为粤酒振兴而奋斗探索出成功的经验。

面对中国酒业新一轮的黄金发展契机，石湾酒厂集团将以高质量和强规模的双崛起，引领粤酒的新发展。

欣龙控股:

志当存高远，敢争天下先

作为中国无纺新材料行业的龙头，从产业空白到建立生产线，建设大型科研基地，再到成立国际化科研中心，欣龙控股集团一直为中国无纺工业的发展贡献着自己的力量。用态度、用实力、用科技开拓创新，欣龙控股集团积极推动无纺行业的发展，深化产业结构，开辟事业版图。

—【事件】—

2019年7月，欣龙控股集团在上海召开战略合作新品发布会，宣布与拟重组的孕婴联实业和炫萌科技运营的优幼母婴，联合推出首个合作品牌"麻王棉后"及其新产品。

在2019年2月，欣龙控股集团公告称，公司拟分别以整体估值3.6亿元和1.4亿元的价格，收购孕婴联实业（上海）有限公司60%股权和上海炫萌网络科技有限公司51%股权，两家标的公司分别从事线下母婴门店的加盟连锁运营和线上母婴产品的渠道批发销售等。

"优幼母婴"是孕婴联和炫萌科技运营的母婴行业品牌，专业从事母婴护理研究、母婴产品研发、全球供应链整合、品牌推广与销售、母婴培训和婴童产品连锁战略联盟。

此次欣龙控股集团发布和启动销售首个"麻王棉后"品牌系列母婴产品，也是集团对孕婴联实业实施重组的重要目的之一。欣龙控股集团希望通过孕婴联实业庞大的线上线下资源迈出从初级制品向终端制品战略延伸的实质性步伐。

据欣龙控股集团介绍，近年来，集团加快了从无纺卷材向无纺终端转型升级的工作进程，并创新推出了汉麻系列涉及妇婴个人护理、家居清洁擦拭等多品类的终端产品。对于主推的汉麻系列产品，集团运用了多年来的科研成果和专有技术，赋予了该系列产品独有的特性，提高了产品的市场竞争力。

欣龙控股集团二十多年来在新材料领域不断研发创新，借助资本市场的力量，整合行业上下游资源，目前拥有国内无纺行业唯一的国家工程技术研究中心和企业博士后科研工作站，组建了非织造新材料高新技术产业化基地等重要的科研机构。未来，欣龙控股集团还将积极整合资源和平台，延伸产业链，丰富产业结构，利用自身强大的创新研发能力、完备的生产运营体系、先进的质量管控体系、丰富的资本载体等，以"产业+资本"的形式与众多行业渠道主体一起共同服务市场和消费者。

—【欣龙控股的发展历程】—

1993年7月16日，海南欣龙无纺实业有限公司经海南省政府批准成立。年末，欣龙公司的无纺布项目立项报告获海南省计划厅批复，欣龙公司在国外考察的基础上，完成了与国外设备供应商的技术商务谈判。

1994年1月，欣龙公司与德国赫格特公司、巴斯蒂安公司、福莱斯拿公司签订了引进技术设备的捆绑合同。同年3月底，欣龙公司项目工程正式破土动工。经过半年多的建设，到1994年末，欣龙公司浆点无纺布生产线建成、试车，成功生产出了第一批合格服装衬布产品。

1995年1月，欣龙公司的第一条热轧生产线开始安装，至4月中旬全线安装完成，在单机调试的基础上，6月中旬开始联动试车，6月23日正式投料试车。经过近半年的建设和试验，7月31日，欣龙公司从德国、法国引进的世界最先进的生产线同时也是我国第一条水刺无纺布生产线的第一次投料成功，生产出了中国第一块水刺布。8月26日，生产出了中国第一块水刺纱布。

1996年1月，举行"海南欣龙无纺实业有限公司一期工程投产暨二期工程奠基庆典"大会。6月，海南欣龙无纺实业有限公司经批准改为国有控股企业。8月，欣龙营销公司成立。

1997年3月，欣龙控股集团被国家认定为"大型一档企业"。10

月，欣龙控股集团第二条水刺生产线开始试车调试。

1998年10月，欣龙公司通过了ISO9001质量体系认证。

1999年12月，欣龙公司以"欣龙无纺"的名称在深圳证券交易所上市。

2001年1月，在欣龙公司成立"全国非织造技术中心"。

2002年1月，欣龙公司博士后科研工作站正式挂牌。

2003年4月，以欣龙公司为基础组建的"国家非织造材料工程技术研究中心"正式挂牌。

2003年4月，"国家非织造材料工程技术研究中心"正式挂牌

　　2005年1月，海南欣龙无纺股份有限公司更名为欣龙控股（集团）股份有限公司。3月，欣龙控股集团与天津工业大学签订"科技合作暨人才培养协议"。4月，欣龙控股集团代表中国参加在瑞士日内瓦举行的世界非织造展览会。

　　2006年5月，欣龙控股集团组团赴日本参加国际非织造材料展览会。

　　2008年9月，欣龙控股集团熔喷、SMS试验线建成，并通过省级验收。

　　2009年1月，"国家非织造材料工程技术研究中心"在北京进行答辩并获得通过，同时获得"优秀"评级。8月，欣龙控股集团成为国家级标准化良好行为企业试点单位。

　　2011年7月，欣龙控股集团被评为中国低碳纺织领军企业。8月，欣龙控股集团非公开发行股票的申请获发审委审核通过。

　　2012年1月，欣龙控股集团与广西北部湾银行股份有限公司签订《战略合作协议》，确定双方形成长期的战略合作伙伴关系。4月，欣龙控股集团成功完成定向增发1.21亿股A股的工作，募股资金5.4亿元人民币。5月，欣龙控股集团内控规范化体系建设正式启动。7月，欣龙控股集团非织造材料生产二期工程启动仪式举行。

　　2015年，欣龙控股集团确立"大健康、大医疗"发展战略。

　　2016年，欣龙控股集团成立了医药健康事业部，组建中医药研究院并布局医药贸易公司。10月，欣龙控股集团与遵义市人民政府、财达证券签署战略合作框架协议，逐步加大医药健康产业领域的布局和发展。11月，"木浆复合水刺无纺布的研究开发与产业化"项目荣获第八届中国技术市场金桥奖优秀项目奖。成功研发了全球首创的汉麻零添加抑菌工艺，为全球消费者打造出第一款汉麻系列高端日用产品。并成立了广州市欣龙卫生用品有限公司，该公司是欣龙控股集团无纺终端产品的全国营销中心。

汉麻零添加抑菌工艺开创

2017年4月，美国棉花公司与欣龙控股集团确立合作伙伴关系，授权欣龙控股集团使用美棉全球认证标志。7月，欣龙控股集团新材料产业再获重大突破，推出新零售品牌"PurNatural欣龙无纺"，正式迈入无纺终端产品行列，成功开创了"中国棉麻无纺卫生护理用品第一品牌"。12月，欣龙控股集团在上海举办"大健康大医疗战略"投资者交流会。

"大健康大医疗战略"投资者交流会

2018年7月，欣龙控股集团与石药控股集团签署合作框架协议，双方拟在营销渠道、医药板块经营、深度合作建设优质项目等方面合作。8月，欣龙控股集团受邀参与环太平洋汉麻国际会议，获得"全球汉麻技术创新"大奖。

2019年2月，欣龙控股集团宣布拟以3.6亿元的价格收购阿拉小优母婴连锁品牌方孕婴联实业（上海）有限公司60%股权，成为后者新控股股东。7月，欣龙控股集团在上海召开战略合作新品发布会，宣布与拟重组的孕婴联实业和炫萌科技运营的优幼母婴，联合推出首个合作品牌"麻王棉后"及其新产品。

一【欣龙控股的转折点】一

进入无纺布产品终端市场，由单一材料供应升级为材料供应和自主终端品牌产品销售相结合的复合模式，开拓了更广阔的发展空间

无纺布又称为非织造布，其源头发端于上世纪40年代。上世纪70年代后期，因为加工技术与工艺取得了突破，让无纺布产品的性能也随之得到了明显提升，也让无纺布的应用领域得到了极大的扩展。

按照无纺布行业的产品生产工艺进行划分，可分为水刺法、纺粘法、针刺法等类型，其中水刺法属于中高端品类，技术壁垒较高。近20年来，水刺法无纺布是无纺布行业发展速度最快的工艺。

过去的欣龙控股集团也像大多数中国企业一样，在全球整个产业链条中充当着原料供应商的角色，虽然与众多国际知名品牌保持着长期稳定的合作关系，产品销量也一直良好，但单一的销售模式不足以满足企业长久发展的需要。

为了进一步开拓市场，寻求更大的利润空间，2016年，欣龙控股集团正式向高端个人卫生护理用品和家用卫材领域进军，从过去单一的无纺卷材生产销售延伸扩展到集先进新材料供应与自有品牌消费品销售于一体的战略升级转变，由以往单一的原材料供应商开始向集终端于一体的复合型产业链经营体转型。

作为一个后来者，进入终端市场，必须依靠更多满足市场寻求的产品来迅速提升关注度和认知度。为此，欣龙控股集团进一步拓展了无纺布的应用领域，不断开发高附加值的新产品，切入个人卫生护理和美容化妆等日常消费领域，走了一条与同业者不同的道路。

2017年，欣龙控股集团在汉麻美棉非织造新材料这一科研成果基础上，推出了"PurNatural欣龙无纺"自主品牌，以全新姿态进军高端个人卫生护理产品市场。

产品问世后，凭借着素有"天然纤维之王"美誉的汉麻所具备的吸湿排汗、透气导热、抗菌抑菌等功能，吸引了极大的市场关注。而"PurNatural欣龙无纺"的成功则得益于欣龙控股集团的"知己知彼，百战不殆"。

一方面，欣龙控股集团多年深耕无纺领域，积累了雄厚的技术实力和优势，更重要的是能够密切把握行业未来的发展趋势，坚持水刺工艺的研发和投入，努力扩大产能。另一方面，在切入终端市场时没有盲目上马，而是选择了个人卫生护理产品这个既有良好发展前景又与自身主业关联密切的行业作为突破口。再一方面，随着中国经济的发展，民众收入水平的提高，以及国家生育政策的调整，母婴孕市场的繁荣将与老龄化护理需求形成共振，无纺行业的下游需求必将稳定高速增长。欣龙控股集团选择进军消费端个人护理市场可谓恰逢其时。

与做中游供应商不同，进入终端市场渠道的布局十分关键。所以，欣龙控股集团的终端产品采取"线上+线下"的全渠道布局，根据产品品类的不同配合选择适合的营销渠道。全渠道的布局是品牌经营的重要环节，只有通过线下实体渠道的运营，才能在终端消费者心目中树立强势的品牌形象，让消费者"看得到"并"记得住"。而结合线上渠道的推广，能够最大效率地推动销售，让消费者时时能够"买得到"。

根据市场的竞争态势，欣龙控股集团的线下实体渠道主要布局在二、三、四线城市的母婴连锁店，社区门店、便利店等，电商渠道主要在淘宝、天猫、京东等平台开设企业专营店和旗舰店。

2019年7月，欣龙控股集团与优幼母婴联合推出首个合作品牌"麻王棉后"及新产品，计划借助合作品牌庞大的线上线下资源，将欣龙控股集团的优质系列产品推广到更多的消费者眼前。

通过切入终端市场，推出自由品牌并进行全渠道布局等一系列举措，欣龙控股集团开启了更为广阔的发展空间和应用市场，进入到新的发展阶段。

—【 欣龙控股的与众不同 】—

作为国内首家水刺无纺材料生产企业，以全球领先的创新能力和生产工艺成为中国无纺工业的开拓者

欣龙控股集团是国内首家水刺无纺材料生产企业，也是中国无纺布行业第一家上市公司，最先引进水刺无纺材料制造技术，具有行业先入的优势。

在1993年，欣龙控股集团在中国改革开放的大潮中诞生，从此成为中国无纺工业的开拓者。2年后，欣龙控股集团生产出中国第一块水刺无纺布，填补了国内无纺行业多项空白，也为中国无纺工业添上又一笔浓墨重彩。

从成立伊始，欣龙控股集团就坚持以"高科技、高起点、大规模、国际化"为发展方向，始终把自主创新和技术研发放在首位。经过二十多年的发展和提高，欣龙控股集团旗下公司已达到29家，在北京、上海、海南等多地建立了自己的运营基地和营销体系。凭借水刺无纺产品逐步树立起优质、高端的产品形象，在国际国内市场上建立了良好的品牌认知度，产品远销欧美、日韩等国家和地区，"欣龙"品牌在国内外无纺材料行业中有较高的知名

度和美誉度，与宝洁、强生、3M等多家世界500强企业达成了长期稳定合作。

一直以来，欣龙控股集团专注于非织造行业，在非织造新材料领域积累了深厚的技术优势，作为国家级高新技术企业和国家大型一档企业，欣龙控股目前拥有国内无纺布行业唯一的"国家非织造材料工程技术研究中心"、"博士后科研工作站"和"亚洲非织造材料工程技术中心"。欣龙控股集团被指定为国家级火炬计划项目重点执行单位，先后获得"全国设备管理优秀单位""全国质量效益型先进企业"等荣誉称号。其海南基地还被认定为"国家非织造材料高新技术产业化基地"。

在行业内，欣龙控股集团也有极高的话语权。比如在产品定价领域，欣龙控股集团的产品定价是其他企业类似产品的价格风向标，而如此高的地位则源自于其卓越的产品品质和独特的产品形式。

欣龙控股集团每年投入不低于年营收的5%进行研发，具备良好的研发创新能力和先进的生产工艺技术。在引进国外先进设备和技术的基础上，通过消化吸收再创新，欣龙控股集团研究开发了一批具有自主知识产权的技术和产品，拥有一批世界先进、国内领先、可持续发展的项目和产品储备。目前已经申请发明专利和实用新型专利45项，取得国家火炬计划项目7项、

引进国外先进生产设备

国家重点创新技术项目4项、国家863引导项目1项、"九五"国家技术创新优秀项目奖2项、国家重点新产品计划项目10项，海南省科技成果转化奖10项、科技进步奖6项、重点科技项目32项、海口市科技进步奖2项以及多项非织造企业专有技术。

通过建立"研究——中试——产业化"的完整链条，欣龙控股集团以"跨国联姻"引进并自主升级的十余条具有国际先进水平的生产线，将全球前沿的纤维新型材料运用到化工医疗、国防军工以及个人护理和清洁卫生领域的产品当中，实现了根据全球市场需要，将研究、集成、配套工程化成果向企业的辐射、转移与扩散。

以独创性的创新材料增强了竞争区隔，实现了品类突破

欣龙控股集团最初的主业为无纺卷材生产和销售，无纺卷材是半成品和原材料，处于产业链的中游，某种程度上属于初级制造，往往针对下游企业销售，相对来说品牌附加值低，品牌力偏弱。近年来，欣龙控股集团由OEM和ODM自然过渡到打造自主品牌，不断将业务向下游终端产品市场延伸，通过品类创新，将自身在无纺领域多年积累的技术优势直接引向面向终端消费者的产品，完成了从以往工厂生产思维向现代品牌经营观念的跨越。

凭借二十多年专注于无纺材料的研发努力和无纺新材料的生产经验，欣龙控股集团拥有了强大的产品研发能力，在产品开发上一直是新品迭出。近年来，欣龙控股集团相继开发了莱赛尔纤维、超细纤维、超柔棉纤维、功能性纤维等新型材料，储备了一批技术含量高、产品市场潜力大的优秀项目，并先后承担完成了多项国家和省部级科研项目，并且获得了多项奖励。仅2017年就推出了薄型抗血尿渗漏的新型卫生材料和汉麻零添加天然抑菌材料。

其中汉麻零添加天然抑菌材料是欣龙控股集团通过军民融合在无纺新材料领域取得创新性突破，采用融合多种特殊工艺处理后用于现代专门无纺工艺的汉麻纤维结合美国棉花等全球优质材料筛选后，综合而成。相比传统材料，它具有更强的抑菌效果和更好的吸湿性与吸附性，在女性卫生巾、干湿

巾等领域具有广泛的应用前景。

此外，依托欣龙控股集团建立的中国无纺行业唯一的国家非织造材料工程技术研究中心，联合其在国内的湖南基地和海南基地的内部科研团队，欣龙控股集团还创新性地推出了新型SMS防渗漏超透气新材料。

欣龙控股集团以独创的创新材料为基础，对同行业品牌形成强有力的竞争区隔，打造出独具特色的天然抑菌透气防血、尿渗漏的妇婴用品，投放市场后引起极大震动，也快速有效地塑造了欣龙控股集团自有品牌的品牌形象。凭借将汉麻纤维在无纺材料上的创新应用，欣龙控股集团还获得了2018环太平洋地区国际汉麻会议的技术创新奖。

以独创性的创新材料增强竞争区隔，欣龙控股集团借助新产品的推出实现了品类突破，不但强化了其在行业内的品牌地位，也在新的发展空间中树立了品牌形象，抢占了市场份额。

—【欣龙控股的品牌经营策略】—

采取组合化的品牌经营策略，切入无纺产品终端市场

我国无纺布行业起步于20世纪70年代，发展较晚。近几年，受消费升级、产品渗透率提升、老龄化及婴儿潮并行等多方面原因，下游需求被持续拉动，我国的无纺布行业发展迅猛。

而一般来说，无纺新材料生产企业都是作为产业链的中游环节，只为下游不同行业的企业提供各种无纺布作为生产的原材料。近几年，欣龙控股集团经过多年在无纺新材料领域积累的品牌优势和对终端市场需求的准确把握，逐步将目光投向了终端市场，确定了向下游高端个人卫生用品进军的战略方向，并采取了组合化的品牌经营策略，取得了良好的市场突破。

2017年7月，欣龙控股推出了蓄积多年倾力打造的新零售品牌

"PurNatural欣龙无纺"。"PurNatural欣龙无纺"采用了组合化的品牌发展策略，旗下囊括了恩兰（ENLANG）、奥兰恩宝（Olanby）、洁之梦（JEZMON）、扣扣爱（Holdlove）、小秀裤、舒健达等系列产品子品牌，产品涵盖了母婴健康护理用品、家庭卫生用品、个人健康护理用品、美容化妆及医用防护用品等方面，旨在用高品质的卫生护理产品全面提升人们在各个场景中的生活质量。

其中，恩兰品牌是高端的女性卫生用品品牌。其自主研发的物理抑菌丝薄女性护理卫生巾，一经上市即获得了消费者的好评。2017年推出的汉麻棉柔真透气卫生巾，是国内首款天然抑菌透气防渗漏高端卫生巾。采用欣龙控股集团创新防渗漏无纺布取代传统PE塑料膜，实现了表层、芯层、底层的真透气，确保人体祛湿排热，天然亲肤抑菌。

母婴产品品牌有奥兰恩宝和扣扣爱，分别针对中端市场和高端市场。母婴品牌充分发扬了欣龙控股集团常年在无纺材料的技术优势，开发出与人体接触最舒适的材料，采用天然的汉麻纤维与美国优质有机棉花纤维混纺而成，使产品具有汉麻的天然抑菌和棉花的柔软亲肤双重特性，非常适合新生宝宝娇嫩的肌肤。

居家生活用品品牌洁之梦系列产品天然抑菌、柔韧耐用，是健康环保生活的领航者，推动家庭厨卫的改善。产品备受国内外消费者的青睐，畅销海内外。

欣龙控股集团以不同品类的子品牌各自领衔不同类别产品线，再以组合化的形式以"PurNatural欣龙无纺"母品牌进行呈现。结构化的品牌经营策略极大加强了"PurNatural欣龙无纺"与个人卫生护理用品这一大类产品的联系，使品牌成为品类的代名词，甚至消费者一想到相关场景，一遇到特定的情况，脑海中就会浮现出品牌的名字。

欣龙控股集团组合化的品牌经营策略不但体现在产品线的布局与配合，还体现在渠道以及销售层面。除了单品销售，"PurNatural欣龙无纺"还结合使用场景，推出了奥兰恩宝新生儿礼包。

新一代的父母对育儿的理念与老一代有着明显的不同。老一代熟练的"操作规程"已达不到新一代父母的标准，而新一代年轻父母们却又缺乏经验，面对新生命往往顾此失彼、手忙脚乱。考虑到这一普遍情况，欣龙控股集团把婴儿看护所需的主要应用品整体打包，一次性提供给年轻父母。

礼包中的产品全部是在新生儿护理中极为实用的产品，而不是过去商家常用的捆绑销售策略中让消费者被迫买下的毫无用处的搭售商品。欣龙控股集团通过预先替用户考虑使用场景，并一次性提供所需的所有选择，以具体场景化的一站式服务有效提升了消费体验，让消费者真切地感受到"来的值""买的值"。

在"大健康、大医疗"战略指引下进行产业链延伸

欣龙控股集团除了发挥主业优势，在原有无纺新材料的基础上进行终端产品延伸，还在"大健康、大医疗"战略指引下，整合多方资源，将产业链向外延伸，进行"大健康、大医疗"产业的战略规划布局，不断推进其健康医疗产业实现快速发展。

2016年2月，国务院正式发布《中医药发展战略规划纲要（2016-2030年）》，提出要加大中医药政策扶持力度等保障措施，随着中医药被确立为大健康服务业支撑产业，中医药产业发展已进入黄金时期。同时，随着消费结构升级、人口老龄化和人口城镇化进程的加快，健康服务业注定成为未来中国发展潜力最大且增速最快的产业之一。

在此背景下，欣龙控股集团顺应相关政策导向，依据海南岛得天独厚的地理优势，加大投资规模，布局了康养、医疗、中医药道地药材种植基地、中成药研究与生产和医院建设等项目，进一步向大健康大医疗产业转型升级。

在十几年前，欣龙控股集团旗下的产品就涉及了保健品行业，产品涵盖乙型肝炎、妇女更年期综合症和男性前列腺炎保健治疗等领域，在有效率方面处于当时全球领先水平。在确定"大健康、大医疗"战略之后，欣龙控股

集团立即成立了丹东欣龙生物科技有限公司，恢复了这几种中成药的生产，并建成了大规模的科研、养植、生产基地，推进驯养野生柞蚕的"政府+公司+农户"模式，为中成药提供高质量的原料。

同时，欣龙控股集团还先后对多家中医药企业进行收购。比如2016年，收购山西华卫药业有限公司100%的股权和安徽德昌药业股份有限公司70%股权。山西华卫药业有限公司是红花注射液的原研单位及质量标准起草单位，在红花注射液、红花口服液等领域的自主研发、创新能力在行业处于领先地位。安徽德昌药业股份有限公司是安徽省中药饮片生产领域的龙头企业。通过收购，欣龙控股集团将聚焦发展中医药产品，初步形成涵盖中药材种植、饮片加工、中成药研发、生产及销售一体化的中医药产业链。

欣龙控股集团还结合自身在无纺产业领域的优势，陆续推出高品质多系列的无纺终端医疗健康产品，实现了健康医疗产业链的深度延伸。欣龙控股集团又相继成立海南欣安生物制药有限公司、广州聚元堂药业有限公司、贵阳欣龙上医堂中药研究有限公司、贵阳欣龙上医堂医院有限公司、贵阳欣龙上医堂高血压中医医院等，并在全国各省市均设有办事处，与超过5000家医院终端和超过30000家连锁药店进行紧密合作。

通过这些布局，欣龙控股集团不仅把无纺卷材更加紧密地与人们的医疗健康生活联系起来，还能依据自身掌握的对无纺技术和基础材料的天然优势，不断地丰富、完善和提升医疗健康产品的品质，直接打通了无纺医用健康产品的制造和使用渠道。

欣龙控股集团还通过在海南省澄迈县开发康养地产的方式，加速"大健康，大医疗"战略的布局。海南省澄迈县被联合国认定为"世界长寿之乡"，气候温和、日照充足、资源丰富、水路交通十分便利，是名副其实的生态之地、宜居之地、养生之地。

欣龙控股集团早在2003年便成立了海南欣龙丰裕实业有限公司，利用在澄迈县的土地资源，与国内外有实力有经验的企业合作，引进全新的医养结合健康防治管理、技术和经营模式，因地制宜地发展融合医疗保健、休闲养生、康复养老等多种功能的康养地产。借助资源优势以及板块协同效应，推动医疗、养生保健的联动发展，开发养生医疗旅游，同时挖掘特色医药养生文化资源，建设一批医药健康旅游示范基地和医药健康文化科普教育基地。扩大市场知名度，突出区域特色，形成自主品牌。

2016年，欣龙控股集团还与药投公司、财达证券、明天财富签署了《遵义欣龙大健康医药产业基金合作协议》，共同成立基金管理公司，设立健康医药产业基金。通过此次合作，欣龙控股集团充分利用当地的政策优势和广泛的社会资源，并借助专业机构先进的管理理念和优秀的运营团队以及丰富的资金来源，更加科学有效地使用金融工具，促进"大健康、大医疗"战略的布局。

欣龙控股集团的产业延伸并非毫无关联，而是有的放矢。其所选择的领域主要涵盖医疗、健康、养老、地产等要素，这些看似分散的产业却都集中服务于公司主营业务的最大客户群——母婴人群和老年人群，由此对主要消费人群形成了无所不在的"包围"，潜移默化地渗透到目标消费人群的生活中，形成强效的品牌联想。

—【结语】—

从上世纪70年代末传入中国，并开始工业化生产，到上世纪90年代中后期出现发展无纺产品高潮，中国无纺行业以每年8%~10%的高速增长大大超越了纺织工业的平均发展速度，成为纺织工业中发展最快的一个行业。

作为中国无纺新材料行业的龙头，从产业空白到建立生产线、建设大型科研基地，再到成立国际化科研中心，欣龙控股集团一直为中国无纺工业的发展贡献着自己的力量。用态度、用实力、用科技开拓创新，积极推动无纺行业的发展，深化产业结构，开辟事业版图。

如今，欣龙控股集团毅然开启了品牌化和国际化的发展道路，向全世界的同行发起争夺品牌影响力和产业附加值的竞争。而标杆企业品牌意识的觉醒，也将带动全行业乃至上下游产业思维观念的革新。在欣龙控股集团的引领下，将以新材料、新技术、新工艺为抓手推动无纺工业整体的差别化、功能化、绿色化发展。

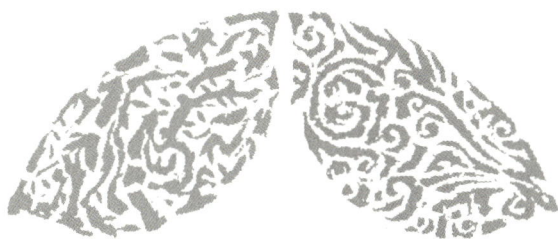

格力：

业精于专，兴于创新

凭借着一直以来对技术的追求与积累下的成本优势，从实际出发，不断创新的销售模式，以及在海内外市场累积多年的口碑和市场占有率优势，格力自1995年开始，就稳坐中国空调行业的头把交椅。坚持走自主创新道路，格力正在不断掌握核心技术，丰富品牌内涵，真正让世界爱上中国品牌。

─【事件】─

第44届国际质量管理小组会议（简称"ICQCC"）在日本东京召开，中国取得了41项2019ICQCC金奖的可观成绩，其中格力电器斩获三项金奖，展现出卓越的质量管理实力。

国际质量管理小组会议始创于20世纪70年代，由中国质量协会、新加坡生产力协会、日本科学技术联盟、韩国标准化协会等13个国家与地区行业标准化协会联合发起，具有规模大、涉及面广、凝聚力强的特点，在质量管理领域享有盛名，被誉为"质量奥林匹克"。

本届ICQCC共有来自全球21个国家和地区的350多个参赛团队共2000余名代表参赛。经过激烈的角逐，格力的三支QC小组脱颖而出。其中，来自格力质控部"大圣归来"QC小组对《降低变频外机控制器器件破损故障率》研究成果做了精彩展示，展现了格力精准高效的质量管理模式的优越性，赢得了评委和观众的高度赞扬。

格力质控部"大圣归来"QC小组通过数据分层分析抓住器件破损这一主要矛盾，通过水平对比、标杆对比设置合理目标，团队成员群策群力共同寻找导致问题的原因，提出彻底整改方案，最后将所得成果标准化，纳入质量管理体系，并通过现场培训、监督检查等方法巩固贯彻落实的效果，保证改善成果的可持续性。

此次参赛课题是格力质控部"大圣归来"QC小组自2011年成立以来众多研究成果之一。在质量管理领域，格力有着完整的体系建设和执行流程，以确保产品高质量下线。

—【格力的发展历程】—

1985年，珠海市政府决定以公司为主体开发北岭工业区，珠海经济特区工业发展总公司——珠海格力集团公司的前身由此诞生。

1991年，在"冠雄塑料厂"和"海利空调器厂"合并的基础上，格力空调器厂正式成立。以行业内少有的专利产品，为格力电器的发展壮大打下了坚实的基础。

1992年，珠海格力电器股份有限公司正式成立，"海利"牌空调正式更名为"格力"牌空调。时任华东区业务经理的董明珠率先打破"代销"的市场规则，确定"先付款后发货"的原则。

1993年，格力研制出了节能型分体机"空调王"，它是当时世界上制冷效果最好的空调器，能效比超过3.3（当时的国家标准是2.3），不久，"空调王"投放市场，立即引起轰动。

1994年，格力空调通过GS认证，成为中国企业第一个拿到"欧洲家电市场通行证"的产品。格力电器开始实施"精品战略"，奠定了格力产品在质量上的竞争优势，创出了"格力"这一著名品牌，在消费者心中树立了良好的口碑。首创"淡季贴息返利"模式。

1995年，格力空调的质量体系开始与国际接轨，成立了空调行业至今独一无二的"筛选分厂"，对所有采购进厂的零部件进行全面检测。这一年，格力空调的产销量一举跃居全国同行第一。格力电器荣获欧盟认证机构颁发的中国企业第一份CE审查证书，标志着格力电器从此稳握开启欧盟市场的"金钥匙"。全年销售业绩翻7倍，格力空调产销量跃居全国首位。

1996年，格力电器股票在深圳证券交易所上市。格力空调年产能力达到250万台（套），单产规模跃居世界第一位。同年，格力向市场推出分体空调"冷静王"，是当时国内噪声最小、制冷效果最好的空调，立刻引起国内外市场的极大轰动。首创"年终返利"模式，被誉为"格力模式"，业内沿用至今。

1997年，格力独创了以资产为纽带、以品牌为旗帜的区域性销售公司模式，被经济界、理论界誉为"二十世纪经济领域的全新革命"。格力空调荣获欧洲企业家协会颁发的"第22届国际最佳品牌"，这是国际权威组织颁发给中国空调行业的唯一大奖。

1997年至2001年间，格力电器狠抓市场开拓，组建的"区域性销售公司"成为公司制胜市场的"法宝"。

1998年，格力电器以"提高质量，降低成本"为目标，在质量控制和成本管理上取得双丰收。格力进入巴西市场。

2001年，格力电器的产量、销量、销售收入、市场占有率一直稳居国内行业领头地位，在竞争激烈的家电业内一枝独秀。格力电器在巴西投资建厂，开创了中国空调企业向国际市场输出技术的先河。

2002年，格力在质量管理上不断创新，引入六西格玛管理法，并全面系统性运用。

2003年，全球著名的投资银行——瑞士信贷第一波士顿对中国1200多家上市公司进行分析，格力电器被评为"中国最具投资价值的12家上市公司"之一，成为中国家电行业唯一入选的企业，被誉为"中国家电最佳上市公司"。格力被巴西民意调查局授予"巴西人最满意品牌"称号。

2004年，格力电器收购珠海凌达压缩机有限公司、珠海格力电工有限公司、珠海格力新元电子有限公司和珠海格力小家电有限公司四家企业。格力电器总年产能也由此突破1000万台（套），成为全球规模领先的专业空调生产基地。格力宣布退出国美，自建渠道销售。

2005年，格力电器连续三年被授予中国"节能贡献奖"称号，是空调品牌云集的广东省内唯一连续三年获得这一称号的空调企业。

2006年9月，格力空调获得中国"世界名牌"产品称号，是中国空调行业第一个也是目前唯一一个获此殊荣的企业。11月，格力电器获得了中国质量领域的顶级荣誉——"全国质量奖"。同时，格力电器获国家质检总局颁发的"出口免验"证书，从而成为中国空调行业首家获得"出口免验"的企业。格力电器收购珠海凯邦电机有限公司，开始整合上游资源，完善空调产业链，充实营销网络，为企业进一步做精、做强、做大奠定良好的基础。格力电器确定了"打造精品企业，制造精品产品，创立精品品牌"的发展方向。

2007年1月，格力品牌被国家商务部授予"最具竞争力品牌"。7月，格力电器被国家人事部、国家质检总局联合授予"全国质量工作先进集体"称号，是家电业唯一获此殊荣的企业。格力电器巴西工厂实现销售3000万美元，成为中国企业"走出去"的典范。格力空调被评为"最具市场竞争力品牌"，格力卧室空调"睡梦宝"隆重上市。这一年几乎成了"格力年"，格力空调实现出口600万台（套）以上，总销量达到1600万台（套），销售额达到380亿元。

2001年至2007年，格力电器连续七年入选美国《财富》杂志"中国上市公司100强"，连续5年进入国家税务总局评选的"中国上市公司纳税百强"。

2008年，在"2008中国消费者理想品牌大调查"中，格力成为中国消费者选购空调的第一"理想品牌"。

2009年，格力分体挂壁式空调器又获"出口免验"资格，成为中国行业第一个也是唯一一个同时获得两项殊荣的企业。格力推出新的变频空调控制技术。2005年至今，家用空调产销量连续4年位居世界第一。

2010年，国家科技部组建国家节能环保制冷设备工程技术研究中心落户格力，这是中国制冷业第一个也是唯一的国家级工程技术研究中心。

2011年，国内首台自主研发的集装箱空调在格力电器问世，填补了国内空白。此前，冷藏集装箱所需制冷组主要被日美公司所垄断。格力冷藏集装箱制冷机组的问世对中国冷藏海洋运输业务的发展起到积极的推动作用。全球首条碳氢制冷剂R290（俗称"丙烷"）分体式空调示范生产线在格力电器正式竣工，被中德两国联合专家组一致鉴定为"国际领先"。全球首台直流变频离心机组在格力下线，并鉴定为"国际领先"，引领大型中央空调走进直流变频时代。

2012年1月，格力电器获得Intertek天祥集团"卫星计划"最高级别资质认可。格力由此比传统的测试认证1年节省超过40万美元的费用，缩短约500天的测试认证周期，获得宝贵的上市时间。如此，格力以后技术转化为产品并上市的时间将大大缩短，有利其进一步增强产品竞争力，并提升其在全球的品牌影响力。2月，格力1赫兹变频技术获国家科技进步奖，成为该奖项设立以来唯一获奖的专业化空调企业。同时，格力电器在业内率先承诺，格力变频空调两年免费包换，又一次为行业的售后服务树立新标杆。12月，格力电器环保成果获联合国认可，率先承诺全部采用新冷媒，引领行业环保升级。格力"双机增焓变频压缩机的研发与应用"被鉴定为"国际领先"，改写空调行业百年历史，引领空调行业进入新时代。

2013年，格力中央空调"石家庄工业余热热泵供暖项目"完成试行，有效利用废弃热能，大幅度降低建筑能耗，推进冬季集中供暖模式变革。

2014年4月，格力电器发布了2013年年度报告，格力电器实现营业总收入1200.43亿元，净利润108.71亿元，纳税超过102.70亿元，是中国首家净利润、纳税双双超过百亿的家电企业。9月，联合国开发计划署授予董明珠董事长"城市可持续发展项目宣传大使"荣誉，以表彰

格力家用空调健康款

格力电器长期以来在技术创新、提高能源利用效率和保护环境所做出的不懈努力与贡献。

2015年1月，格力电器基于掌握核心科技的自主创新工程体系建设项目荣获"国家科学技术进步奖"。5月，格力电器挺进全球500强企业阵营，位居"福布斯全球2000强"第385名，排名家用电器类全球第一。9月，格力光伏直驱变频离心机组获得英国RAC制冷行业大奖（RAC Cooling Industry Awards）——年度国际成就大奖，这是中国企业首次获此殊荣。

2016年，格力电器通过了国家工业和信息化部对于"2015年国家级工业设计中心"的认定及复核，成为"国家级工业设计中心"。格力电器"基于双级增焓变频压缩机的空气源热泵技术"作为中国的十

授予董明珠女士城市可持续发展项目宣传大使
Ms. Dong Mingzhu a messenger of ...le Urban Development Project

联合国开发计划署授予董明珠董事长
"城市可持续发展项目宣传大使"荣誉

大节能技术之一被推荐到IPEEC（中国国家发展改革委员会和澳大利亚工业部在国际能效合作伙伴关系），并成功获得IPEEC评选的"双十佳"（十大最佳节能技术和十大最佳节能实践）称号。格力电器成为首批进入国家工信部发布的"电器电子产品生产者责任延伸试点名单"的企业之一。

2017年，格力电器产品荣获德国红点设计"红点概念奖"。格力电器参与美国和加拿大空调的国家标准制定。2018年，格力电器发布2017年年报。报告显示，2017年格力电器实现营业总收入1500.20亿元，同比增长36.24%；实现归属上市公司股东净利润224.02亿元，同比增长44.87%。格力电器"光伏直驱变频空调系统研发及应用"项目获2017年度国际质量创新大赛国际质量创新大奖（Quality Innovation Award），成为国内家电行业唯一获得该奖项的企业。珠海格力电工有限公司检测中心获得中国合格评定国家认可委员会（CNAS）国家认可实验室牌照，成为国家级检测中心。2017年中国知识产权领域最具影响力榜单发布，格力电器获评"2017中国知识产权领域最具影响力创新主体"，居榜单第五位。

2018年，美国《福布斯》杂志发布2018年"全球上市公司2000强"排行榜，其中，格力电器排名294，较上一年跃升70位。格力电器以787项专利授权在国家知识产权局发布的2018年上半年我国发明专利授权量排名中位列第七，成为唯一进入前十的家电企业。

2019年，格力电器发布2018年报，报告显示，2018年公司实现营业总收入2000.24亿元，同比增长33.33%；实现归属上市公司股东净利润262.03亿元，同比上涨16.97%。格力自主研发的工业机器人乐队亮相央视春晚舞台。国家知识产权局在京公布了2018年中国发明专利授权量排行榜，格力电器凭借1834件专利授权量，位居全国第六位。

"红点概念奖"颁奖现场

一【格力的转折点】一

讲到格力电器几十年的飞跃发展，离不开两个关键人物，一个是朱江洪，一个是董明珠。朱江洪的锐意改革，提升产品力让格力从不起眼的小厂成为行业巨头，董明珠的营销创新让格力电器成为中国制造的示范者和擎旗者。

"狠抓质量，打造精品"的改革成为格力电器转型升级的关键点

在进入格力之前，朱江洪是珠海冠雄塑胶厂的厂长，当时国内空调业的龙头是华宝与春兰，而冠雄塑胶厂是华宝空调器厂大型注塑件的供应商。后来，因为海利空调厂经营不善，政府决定由冠雄接管合并海利，朱江洪由此创立了格力品牌。

朱江洪极其重视产品的研发能力和技术提升，可以说他是从研发、生产到销售的"全能型"企业家。他认为品牌不是吹出来的，而是一点一滴慢慢创建起来的，这其中最重要的是科技创新和质量提高。而质量提高，也要靠科技创新。所以，打造品牌，一定要以科技创新为主导。

面对市场购买力低迷的局面，朱江洪没有抱怨市场不景气，反而反省自身产品，他认为，"购买力随时都有，主要是你没有科技创新，没有深入解剖影响产品质量的技术因素，拿不出让消费者耳目一新的产品。那么打造品牌，肯定是空谈。"

于是，他通过观察、灵感、实验的格力创新"三部曲"，有效提升了格力的产品质量。所谓观察，是对事物进行深入而不是表面的察看，从中了解事物之间的本质和内在的联系。就像乔布斯曾经说的，创新就是把相关的事物连接起来。在朱江洪看来，观察事物不能只看到这个问题，还要联想到另一个问题。

灵感，是我们把事物观察完了后，进行联想。一定要把观察到的事物，在脑袋中反复思考，甚至胡思乱想。世界上所有法律，只是不准胡作非为，但没说不准胡思乱想。爱因斯坦说过，思考、思考、再思考，他就是依靠这个成为科学家的。

为了把设想变为现实，就要多做实验。在这期间，可能会碰到很多困难，但是一定要排除万难。在朱江洪看来，"成功的人有两种，一种是傻子，一种是疯子。傻子是不怕吃亏、做别人不愿做的傻事，疯子是愿意做别人想做又不敢做的'疯癫'事，即使遇到天大的困难也一往无前。"

也正是凭借着创新"三部曲"，格力推出了创新产品，一举击败了当时的空调龙头企业春兰。1992年，朱江洪到美国验收空调"两器"的冲床。在此期间，洛杉矶机场大厅中一个可以发出彩色光芒的可口可乐售卖柜吸引了他的关注，也让一直思索产品如何出奇制胜的朱江洪突然诞生了"灯箱柜机"的灵感。彼时的格力还只是不起眼的小厂，与行业龙头春兰相比，柜机销量相差千里。春兰柜机一年的销量突破30万台，而格力仅有1000多台。而格力灯箱柜机在1994年一经问世，一下子就让格力这个品牌大受关注，两年销量超过100万台，产品供不应求，一举击败了春兰。

但是良好的市场销量也带来了新的问题，由于销量良好导致格力空调的销售人员收入远高于科研人员，厂内的技术尖子不可避免地产生了人心浮动，出现试图转行的情况。为了安抚技术人员，确保研发的顺利进行，朱江洪进行了锐意改革，大幅调低销售人员提成的比例，将薪资政策向技术人员倾斜。

此次改革一下子捅了"马蜂窝"，格力大批的销售人员集体辞职，并跳槽到格力的竞争对手中山汇丰空调，还扬言要在三年内打败格力。面对销售人员锐减的危机局面，朱江洪并没有后悔改革，他始终认为产品才是撬动市场的关键。

1995年海外市场的一次质量事件，也坚定了他改革的决心。朱江洪在意大利进行考察期间，正好碰上一个客户因为格力空调噪音大的原因要申请退货。经过检查发现，造成噪音过大的原因是空调外壳内的保温降噪海绵没有贴好。从根本上来说，引发这次退货的"质量问题"其实是工人操作不严谨不规范造成的，在某些人眼中并非大问题，但是在朱江洪眼中却是影响到尊严的大事件。尽管当时空调供不应求，但很注重口碑和消费者使用体验的朱江洪，还是下令开始整顿。他让人在每个工作台上都贴上醒目的《总裁十四条禁令》，立下了"狠抓质量，打造精品"的口号。

经过此次改革，格力愈发注重科技创新，在多年的持续努力下，格力的产品在创新和品质上都跃升到了新高度。朱江洪深有感触地说："没有科技创新，就没有过硬的产品质量，就拉不开与竞争对手的距离，企业只有死路一条。作为一个制造企业，说一千道一万，第一你必须有产品，第二产品必须要好，否则消费者怎么会愿意掏钱买你的东西。"此后，格力的空调质量大大提升，得到了更多消费者的青睐，实现了腾飞。

格力在参加一次变频一拖多中央空调的投标项目时中标，此后实际生产的时候才发现，以格力当时的技术水平无法独立生产此类产品，最后只能购买日本产品，更换商标来应付，最后订单是顺利完成了，但格力非但没有盈利反而亏损了一大笔钱，这也让朱江洪再一次意识到技术提升的重要性。

他马上带领一班技术骨干到日本买技术，并计划支付2亿~3亿元的高价，但是日本三菱对此直接予以拒绝。三菱表示，他们花费了六年才得到这个技术，并且三菱的产品要在中国销售，和格力是竞争关系，怎么可能把技术转让给格力呢。引进技术的尝试以失败告终，朱江洪意识到试图靠引进来获得世界一流的技术不可行，必须自己掌握核心科技才有可能走得更远。

朱江洪回到国内，马上组织技术骨干开会，下"死命令"不惜代价要实现技术突破。最终，格力的科技人员不负重托，夜以继日，成功研发了"一拖四"变频空调多联机，不久后又研发出"一拖八""一拖十"。尝到了科技创新甜头的格力继续加大投入，每年花大量资金购买实验设备、建实验室、扩充技术部门。格力电器凭借着科技创新成为年产量250万台的行业巨头。正是朱江洪这种产品至上、打造精品的理念，让格力成为全球最大的家用空调生产企业，并带动了上下游产业链企业的同步快速成长，也为如今

"千亿级"的格力打下了坚实的基础。

营销模式的创新为格力缔造了强大的销售网络，开拓了更广阔的市场

朱江洪的改革也让影响格力发展的第二个关键人物崭露头角，那就是董明珠。在格力销售人员大批量辞职的时候，董明珠临危受命，出任公司经营部部长。上任后的董明珠大刀阔斧地对格力进行了一系列的改革，这才有了如今高速发展的格力。董明珠一直被业界公认为最具营销创新意识的格力掌舵人，她从未停止过挑战自我。

在成为格力业务员的时候，董明珠早已年过而立，虽然具备一些管理经验，但是对销售毫无经验。本着不会就学的理念，她不断学习，最终凭借超出常人的勤奋和毅力成为格力的明星业务员。在对空调销售规律和经销商需求进行了深入的研究之后，她创新性地提出了联合经营的新模式，让格力和渠道商共同组建联合经营实体，执行统一的价格体系，确保合作双方都可以获得稳定的利润。

1997年，格力在湖北市场的四大经销商为了抢占市场，大打价格战，严重搅乱了湖北市场的价格体系。为了稳定市场，尽快扭转混乱的市场局面，已经升任为格力销售总经理的董明珠又提出了建立区域销售公司的设想。最终，格力自有渠道的雏形——格力湖北销售公司诞生，这种双赢的联营模式最终被证明是合理且适用的，并得以向全国推广。

2001年，董明珠升任格力总裁，在面对大经销商、渠道商的利益博弈时，凭借过人的胆识、坚韧的毅力改变了营销规则，主动对渠道"动手术"，通过资本的介入、管理层人员派遣、重新划分销售区域等手段，加强了格力对经销商的控制力，形成了厂家（决策层）——厂商联营体（执行层）——渠道体（终端）的三级体制，也由此开拓了更广阔的市场。

2004年，格力在全国各地开始了大规模建专卖店的扩张运动，2004年底，仅广州一地格力的空调专卖店就达到50家，全国达到上千家。格力专卖店渠道模式不仅提升格力品牌形象，而且专店专营的营销模式有利于整合优势资源，为消费者提供更为周到和专业的售前、售中和售后服务，从根本上保障了厂家、商家、消费者三方的利益。

2007年，格力在专卖店的基础上成立了"4S+1"专业店，通过"4S"的专业服务打造强有力的零售终端。如今，格力在全球已有15000多家专卖店，独立于各大连锁之外，2011年专卖店系统的销量占格力空调总销量的90%。董明珠"布局渠道、驱动市场"的策略结出了丰硕成果。

董明珠对格力的贡献不仅仅在于连年攀升的出色业绩，还在于建立了以营销为核心的发展战略，并以这一战略为基础，建立了创新性的联合经营新模式，以及确立了自主技术创新和国际化发展路径。她成功地让格力及早跳出了价格战的窠臼，让格力走上了价值化和高质量发展的道路。

—【格力的与众不同】—

凭借多样化和独特性的营销模式，灵活掌握市场的主动权

科技创新是企业发展的源动力，营销创新则是企业立足市场、棋行天下的锐利武器。格力的成功与其营销模式的常变常新关系密切，格力将销售看作是"另一个车间"，严格遵照市场规律，又具备一定的灵活性。

在格力电器创业的初期，格力自身的实力不强，无论是产品还是品牌的知名度都不高，与当时市场上的强势品牌华宝、春兰难以抗衡，于是格力采取了"曲线救国"的战略，集中优势力量，开发"春兰""华宝"等知名品牌影响较弱的地区，在皖、浙、赣、湘、桂、豫、冀等省成功地树立了较为强势的品牌形象，逐步建立了稳固的市场阵地。同时，配合建立格力的专卖店，以及良好的售后服务，来保证顾客利益，占领了一定的市场份额。

在取得一定市场份额之后，格力开始调整市场开发的重心，在巩固原有市场的基础上，开始向国内影响较大的城市挺进，进军北京、广州、南京等

地发展，同时逐步进入海外市场。借此进一步扩大了格力的品牌影响力和市场占有率。到了上世纪90年代末，格力在全国主要城市的市场占有率名列前茅，达到了35%，而曾经辉煌一时的春兰只有11%左右。同时，格力产品的出口量也位居全国同行的第一。格力成功地凭借"农村包围城市"的战略奠定了其在消费者心中的地位并占领了市场份额，巩固了自己的品牌地位。

随后，根据市场的变化和需求，格力独创了"股份制区域销售公司"模式，这为格力的进一步发展提供了良好的保障。在开拓新市场的初期，格力执行"发展大户，开拓市场，均衡大户，稳定市场"的开发战略，采取大户激励机制，鼓励经销商做大规模，再由大经销商发展更多的二级经销商。为了确保大经销商的利益，格力对不同级别的经销商采用不同的返利标准。这样大经销商尝到了拓展下级经销商的甜头，更加卖力地拓展销售网络，让格力没有花费多少人力成本，却保证了销售网络的迅速扩张。

为了更好地协调商家和厂家之间的利益关系，格力将各大经销商联合起来，组成股份制销售公司，统一渠道、统一网络、统一市场，保护二三级经销商和消费者的利益。它把商家当作厂家的延伸，厂商平等合作。控制产品价格的同时，又充分考虑如何保障经销商合理的利润空间，这样既保证自己对产品价格的控制，又保障经销商可以获得恰当的利润空间。

在吸引经销商方面，格力运用"年终返利"和"淡季贴息返利"的独创模式，在与竞争对手的比拼中成功胜出。空调销售的季节性强，淡季销售业绩一般，回款也慢，势必会影响厂家的生产。而产品的体积较大，厂家也不可能在淡季大量存货来应对旺季的供不应求。因此，销售淡季的业绩和回款速度对于空调厂商来说非常重要。通过"年终返利"模式，格力在销售淡季，提取部分年销售收入去补贴经销商，使得每个经销商都不会亏本。借助"淡季贴息返利"模式，实行"淡季让利，提货越早，让利越多，淡旺挂钩"的策略，向经销商贴息返利，促进了淡季的销售。

同时，为了减少经销商对产品积压长时间销售不出会造成货款解压、甚至产品贬值等情况的担忧，格力还实行了按银行利息返利给商家的政策，给经销商吃了定心丸。此举吸引了经销商在淡季大量投入资金，既解决了淡季生产的资金问题，又缓解了旺季供货的压力。

凭借着这些灵活、多变且独特的营销策略，格力在竞争激烈的空调市场中成功抢占了较大的市场份额。

从市场中悟出"产品是营销之本"，对技术持之以恒的追求造就了格力的核心竞争力

董明珠曾经说过，"产品是营销之本，没有好的产品，再好的营销也没法持久。"格力空调1996年实现了全国销量第一，但和第二名、第三名的差距并没有拉开。而到了2010年以后，格力空调与第二名的差距拉伸到了上百个亿，拉开这个差距的真正原因不是营销，而是格力的技术和质量，以及消费者对格力产品的满意度。

2001年的那次技术引进失败让格力下定决心实施自主技术研发，他们仅靠一套从日本带回来的产品说明书开始了变频多联技术的攻关。一年之后，格力研发人员不负众望，成功研制出具有自主知识产权、成熟的变频多联技术。

此后，格力对技术的追求更加强烈，正式确立了技术创新型企业的发展战略。2005年，格力成功制造了中国第一台离心式冷水机组。当时只有美国约克和日本大金等少数几家国际知名企业掌握离心式冷水机组的核心技术和生产工艺，格力的成功一举打破了这一技术领域被海外企业垄断的局面。随后，格力又陆续推出了全球第一台数码涡旋超低温空气源热泵多联机组和高效直流变频离心机组等具有划时代意义的创新产品。

格力用于空调相关技术研发的费用投入属行业之最，对研发经费的投入格力可谓不设上限、不计成本。2009年投入20亿元，2010年超过30亿元，2011年近40亿元……2018年投入72亿。如今，格力拥有近千个国际认证的实验室，研发人员高达14000多名。

研发的高投入也换来了技术的快速提升，美国权威媒体曾经评价"日本用10年走的路，格力空调用1年走完。"多年来，格力坚持自主创新，深耕核心技术，累计获得三次国家科技进步奖，多项技术被鉴定为"国际领先"，在2016年中国发明专利排行榜中，格力电器位于家电行业第一名。坚持自主创新，格力电器随之发生了翻天覆地的变化。

现在，格力空调的产品已涵盖了家用空调和商用空调领域的10大类、50多个系列、500多种品种规格，成为国内目前规格最齐全、品种最多的空调生产厂家，形成了业内领先的主导优势。

2013年起，格力集中布局智能装备、精密模具等工业版块，并在2016年宣布"相关多元化"。如今，这家以空调起家的专业化企业已经蜕变成为一家科技型、创新型的全球工业化集团。

—【格力的品牌经营策略】—

坚守专注主义，适时多元拓展的经营策略让格力迅速树立国内空调第一的品牌形象

格力的成功很大程度上是因为专注和坚守，格力多年来专注空调产业，2005年至今，格力家用空调产销量已连续14年领跑全球，成为全球空调行业的领先企业。

家电行业可以说是中国市场化最成熟、竞争最激烈的一个行业，为了提高市场占有率，扩展获取利润的途径，许多家电企业都选择了多元化的发展策略。而格力则与众不同，从成立之日起，格力就将空调作为主要经营业务，一直专注于空调产品的研发与制造，没有做品牌的多元化延伸。

在家电行业的几大厂商纷纷投身到房地产和金融等"钱途"更为乐观的领域的时候，格力是当时唯一坚守专一化的大型家电企业。凭借良好的产品品质和服务，格力空调成功抢占了消费者市场，赢得了消费者的信任和口碑。在"空调"这个品类上，"格力"已成为空调的代名词，牢牢占据了第一的位置。而经过多年持续在技术研发领域的高投入，格力也逐渐稳固了自身在高端空调领域的品牌地位。

当然，格力的专注并不意味着墨守成规，固步自封。近几年，在品牌地位逐渐稳固之后，格力出于对产业进行整合的宗旨，开始逐渐通过收购、并购方式，对凌达压缩机、格力小家电、格力电工、格力新元等公司逐步整合，使之配套完善，形成产业优势，并开始布局智能制造、新能源产业、数控机床和智能家居等领域，以此进一步提高自身的核心竞争能力，成功地抢占行业制高点。

"现代家电连锁+销售股份公司"的战略模式让格力借助渠道优势叱咤业界

随着中国空调业的发展，空调行业已进入买方市场，在经历了最初级的价格竞争阶段之后，已逐步向更深层次的销售渠道竞争转化。市场份额主要集中在格力、美的、海尔等几个主导品牌上，这些主导品牌在产品的技术性能和品质服务等方面的差别已经微乎其微，已不再能对消费者的购买决策产生差异化的指导，那么购买场所的信誉程度以及购买是否便捷、能否提供购买过程中完善及时的服务等因素则成为对消费者影响更大的因素，也是消费者更为关注的因素。这就意味着销售渠道成为了品牌赢得市场、提升竞争力、掌握市场主动权的关键。

格力及早看到了这一点，在业内率先开始着手建立自己的销售渠道，逐渐形成了以城市为中心、以地县为基础、以乡镇为依托的三级营销网络。这一营销网络不但是产品销售的重要途径，还是格力进行市场开拓、品牌推广、信息反馈、用户服务的重要途径，极大提升了格力自建渠道对供应链终端的掌控能力。

同时，格力还与家电连锁企业、商场超市、批发商和零售商等进行合

xx作，构建了以专卖店为主的"多元渠道共存"的销售模式。"多元渠道共存"模式对各类终端渠道进行了整合，让各类渠道在产品流通的各个环节实现了信息共享和风险共担。而厂商联营的渠道管理模式则转变了家电生产企业和销售企业之间原本的竞争关系，提升了自身对供应链的控制能力，进而让格力保持较高的利润率。

2004年左右，格力的自建专卖店已近万家，遍布全国。也正是得益于遍布全国的销售网络，格力在与当时国内第一的家电销售连锁企业"国美"决裂之后，销售额并没有就此受到太大影响。

"先有市场、后有工厂"的国际化经营战略

在进行海外市场开拓时，格力遵循"先有市场、后有工厂"的发展策略，先在市场上提升格力品牌的影响力，待奠定一定市场基础之后，再根据企业发展规划，挑选恰当的国家或地区建立生产基地。

早在1998年，格力就将眼光瞄准了海外市场，具备良好发展前景的南美洲进入格力的视野。南美洲的巴西是一个快速发展的国家，空调消费需求增长可观，国内购买力也较强。且巴西市场当时的空调产品样式老旧，品种单一，外观和质量均一般，分体式壁挂空调市场尚属于空白状态，而格力空调在这些方面具备较强的竞争优势。同时，巴西位于南半球，与处于北半球的中国市场正好形成销售季节的互补，开拓巴西市场可以让格力的年生产安排更加均衡，不再受淡旺季的影响。

于是，格力把国际化的第一步迈向了巴西市场。进入巴西之初，当地人对格力并不熟悉，格力空调的销售量表现平平。随着市场的深入，格力空调的高科技含量和优良品质逐渐被消费者接受和认可，半年后，格力就在巴西市场销售了1.2万多套空调。

格力在开拓巴西市场的时候，依然坚持走品质和技术路线，而不是简单的价格路线。在逐步摸清了在巴西销售空调的规律后，格力决定在巴西建厂，将其作为格力国际化的试金石。2001年，格力斥资2000万美元，在巴西

建立年产30万台（套）空调器的生产基地，并选择了具有30多年自由贸易港经验的玛瑙斯作为格力的投资地点。2003年，格力又在巴西追加投资，建立电机厂。2009年，格力一年在巴西的销量已经超过50万台。格力已成为巴西家喻户晓的知名品牌，许多名流如罗纳尔多都愿意选购和使用格力空调。

格力在2006年以技术支持的形式在巴基斯坦与当地经销商合作建立了工厂。借助这种格力出技术，合作方出资金和工厂的合作方式，格力既规避了投资风险，也加快了市场拓展进程。

2008年的金融危机让格力获得了业务结构调整的契机，出于风险考量，格力主动放弃贴牌加工的大额订单，让格力自主品牌获得了更大的市场发展空间。

2011年，格力海外销售收入已经占到格力总销售额的四分之一，格力自主品牌空调出口超过250万台（套），同比增长近50%。在西欧地区，格力空调的市场占有率达到30%。在巴西、俄罗斯等多个国家，格力是当地的第二大空调品牌。在意大利，市场占有率更是突破60%。

格力展会

—【结语】—

凭借着一直以来对技术的追求积累下的成本优势，从实际出发，不断创新的销售模式，以及在海内外市场累积多年的口碑和市场占有率优势，格力自1995年开始，就稳坐中国空调行业的头把交椅，更成为国内家电企业走出去的先行者，产品远销国内外160多个国家和地区。2017年，格力已经占据了全球空调行业30%以上的份额。2018年，格力营收达到2000亿元。2019中国品牌价值评价信息榜单上，格力电器凭借943的品牌强度和1040.37亿元的品牌价值位居轻工行业第二和家电行业榜首。

如今，格力在稳固空调市场的前提下，开始布局智能环保家居战略，打造格力的特色产业坚持走自主创新道路，格力正在不断掌握核心技术，丰富品牌内涵，真正让世界爱上中国品牌。

后 记

　　从事品牌领域探索二十余载，越来越感受到品牌的重要性。品牌不仅仅是满足人们对美好生活的追求，也是企业获利的最好工具。如今，品牌已上升为国家战略，其重要性显而易见。

　　品牌的重要性不仅表现在产品的输出，更为关键的是，它还承载了一个民族文化的国家名片，是文化输出的重要载体。品牌不仅是国家经济的核心要素，更是国家发展战略实施的重要推手。

　　早在2009年，韩国成立了国家品牌总统顾问委员会，专门负责品牌指数的调研与管理，包括分析韩国品牌在全球消费者心中的形象、口碑和形成这些印象的原因。除此以外，韩国还在30多所大学中设立了韩流文化研究所，专事研究韩国文化在世界各国的影响，并将研究结果形成报告，指导韩国企业在全球范围内更好地推广自身的品牌和产品，扩张韩国文化的世界影响力。

　　近年来，韩国品牌的影响力越来越大，完全超越了日本品牌，中国市场表现尤甚。以三星为主的家电企业在影视和娱乐方面远远超过了日本品牌，在化妆品领域，韩国品牌的影响力仅次于法国品牌，已成为中国市场的第二大化妆品进口来源国。

韩国品牌的崛起有赖于国家战略的重视，更得益于韩国企业普遍具备的较强品牌意识。在商品同质化严重和供给饱和度日增的市场现状下，商品对于消费者来说，唯一的区别就在于品牌。

从消费者切身利益的角度来看，发展品牌经济有利于提高产品和服务的质量，满足大众消费升级的需求。从企业本身发展的角度来看，发展品牌经济将有助于企业以品牌为切入点，让消费者得到更多的体验感和获得感，从而与消费者建立稳固的信任感。

在国际品牌价值评估权威机构Brand Finance发布的"全球最具价值品牌500强"中，苹果、谷歌、亚马逊、微软、沃尔玛、可口可乐和麦当劳等美国品牌高居前列。而反观中国品牌，在世界各类品牌价值评价排行榜单上虽然也有四大国有银行、中国移动和"两桶油"等体量庞大的国企、央企位居前排，但真正的商业公司只有华为和联想等寥寥几家勉强撑场。与前面提到的那些美国知名品牌相比，它们不仅在营收上差距明显，在全球知名度方面更是望尘莫及。

改革开放40年，我国经济长时期保持稳定增速，越来越多的企业开始关注品牌化发展，摆脱了低质廉价的旧有形象，涌现出一批批重视品牌建设和品牌战略投入的优秀企业。并且，在2017年，国务院批准设立了"中国品牌日"，正式确定将每年的5月10日设为"中国品牌日"，让中国品牌终于有了自己的节日，也意味着中国自主品牌的建设已上升到国家战略层面，标志着"发挥品牌引领作用"上升到了前所未有的高度，对中国品牌的发展具有里程碑的意义。

笔者作为改革开放和国民经济快速增长的亲历者，也一步步见证了中国品牌的发展历程。笔者长期以来一直从事品牌研究和分析、定期出版中国品牌相关专著、发表中国品牌相关理论研究和评论文章等，其目的就是为了探究中国企业的品牌发展之路。

在此前已出版《品牌真相》《品牌影响中国》的基础上，此次出版《走向大国品牌》，将以品牌的角度诠释企业，以消费者的视野解读品牌，以案例的方法解码品牌成功的奥秘，让更多的企业可以借鉴品牌打造的基本理论和可行性方法，让更多的品牌得以涌现来满足消费者日益增长的对美好生活的需求，也让更多的企业可以进入品牌发展进程，并逐步走向世界。

《走向大国品牌》的完成离不开编委成员的大力支持，他们在资料收集、数据确认和编辑校对等方面做了大量的工作，在此对编委成员杨颖、许适灵和何晓亮等表示深深的感谢，同时对新华书店总店总经理茅院生先生的大力支持表示感谢。

尹杰
于北京